교육과정 강의

김봉석 저

강현출판사

서 문

독자 여러분, 안녕하세요. 저는 교직과목인 《교육과정》을 함께 공부할, 김봉석 교수입니다. 교직과목은 독자 여러분들이 교사가 되기 위하여 이수해야 하는 교육학 계열의 과목들로 구성되어 있지요. 교육학 계열의 교직과목은 교직과정을 이수하는 학생 여러분들에게 교육현상을 바라보는 안목과 식견, 교사로서의 태도와 자세, 교수·학습활동을 구성하고 실행하는 수업역량, 교육적 문제에 대응하는 문제해결역량 등을 배우고 익히도록 하기 위하여 편성된 '교원양성 교육과정'입니다. 이 가운데 《교육과정》 과목은 학생 여러분들로 하여금 교육의 내용을 교육학적 시각에서 이해하도록 하고, 교육과정을 개발하고 편성하는 원리와 방법을 체계적으로 적용할 수 있도록 하기 위하여 공부하는 과목입니다.

이 책은 교직과목인 《교육과정》을 모두 열두 번에 걸쳐서 강의하는 내용으로 구성되어 있습니다.

이 책의 강의는 크게 세 부분으로 나뉘어 진행되었습니다.

첫 번째 부분은 대표적인 교육과정 모형들을 안내하는 강의입니다. 두 번째 강의부터 일곱 번째 강의까지가 이에 해당합니다. 교과중심 교육과정 모형부터 역량기반 교육과정 모형까지 공부하는 강의입니다.

두 번째 부분은 교육과정을 개발하는 원리와 방법을 안내하는 강의입니다. 여덟 번째 강의부터 열한 번째 강의까지가 여기에 해당합니다. 교육목표를 설정하고, 교육내용을 조직·편성하는 방법을 다루고 있습니다.

세 번째 부분은 교육과정의 '사회적' 특성을 살펴보는 강의입니다. 열두 번째 강의가 이에 해당합니다. 잠재적 교육과정(latent curriculum)과 영교육과정(null curriculum)을 살펴보고 있습니다.

종래의 교직과목 교재들이 문어체(文語體)로 서술되어 있던 데 비해, 이 책은 구어체(口語體)로 내용을 서술한 것이 특징이라면 특징이겠습니다. 학생 여러분들이 내용을 쉽게 이해하는 데 도움이 되었으면 좋겠습니다.

용인예술과학대학교 조화관 연구실에서

2025년 11월

김봉석

차 례

첫 번째 강의
교육과정이란 무엇인가

1 교육과정의 개념

교직과목인 《교육과정》의 첫 번째 강의 주제는 '교육과정이란 무엇인가?'입니다. 이번 시간에는 교육과정의 개념과 특성, 그리고 교육과정을 구성하고 있는 요소들에 대하여 함께 공부하겠습니다.

교육과정에 대하여 기본적인 개념 정의를 내려보면, 교육과정이란 교육기관에서 학생들을 가르치기 위하여 체계적으로 편성해 놓은 교육내용을 말합니다. 즉, 교육과정이란 학교에서 학생들을 가르치기 위해서 준비해 놓은 교육내용의 체계를 뜻하는 것이죠. 교육과정과 연관되는 가장 중요한 용어는 '교육내용'이라는 용어입니다. 그런데 학교에서는 교육내용을 체계적으로 편성해서 제공을 합니다. 이렇게 체계적으로 편성된 교육내용을 우리는 '교육과정'이라고 부르는 거죠. 그래서 유치원에서는 유치원 교육과정이 있는 거고요. 초등학교에서는 초등학교 교육과정, 마찬가지로 중학교나 고등학교에서는 중학교 교육과정, 고등학교 교육과정이 있습니다. 그리고 대학에도 역시 교육과정이 있는 것이죠. 각 학과마다 해당 학과의 교육과정이 있어요.

일반적으로 교육과정은 다음과 같은 네 가지의 요소들을 주요 구성요소로 포함하고 있습니다. 첫 번째 교육목표, 두 번째 교육내용, 세 번째 교육방법, 네 번째 교육평가, 이 네 가지가 교육과정을 구성하는 기본 요소입니다. 그러니까 교육과정을 상자라고 생각했을 때, 상자 뚜껑을 열면 그 속에 목표가 있고, 내용이 있고, 방법이 있고, 평가가 있는 것이죠. 이때 교육목표를 학습목표라고도 부를 수가 있어요. 교육내용을 학습내용이라고 부를 수도 있고요. 교육방법은 학습방법이란 말을 쓸 수도 있겠네요. 그렇다면 교육평가는 학습평가라고 할까요? '학습평가'라는 말은 사용하진 않습니다만, '교육'이라는 말과 '학습'이라는 말은 요즘에는 매우 밀접하게 연관지어서 사용을 합니다. 아무튼 교육과정이란 학교에서 가르치는 교육내용을 말하는 것이고, 교육과정 속에는 목표와 내용과 방법과 평가의 4가지 요소가 들어있네요.

敎育課程

그러면 이제 본격적으로 교육과정의 개념에 대해서 자세하게 공부해보도록 하겠습니다. 이를 위해서 '교육과정'이라는 단어의 개념을 한자어 풀이와 영어 풀이를 통해서 살펴보려고 합니다. 먼저 교육과정의 개념을 한자어로 살펴보겠습니다. '교육과정(敎育課程)'이라는 말은 한자어로 '가르칠 敎(교)', '기를 育(육)', '과할 課(과)', '길 程(정)' 이렇게 네 글자로 이루어져 있습니다. 세 번째 글자인 '과할 課(과)'는 '매길 (과)'라고도 읽고요, 네 번째 글자인 '길 程(정)'은 '법(정)', '한도 (정)'이라는 뜻도 함께 가지고 있습니다.

교육과정이라는 말은 '교육(敎育)'이라는 단어와 '과정(課程)'이라고 하는 단어 두 가지가 합쳐진 말인데요. 먼저 '교육(敎育)'이라는 낱말을 살펴보겠습니다. 교육은 일반적으로 '가르치고 기르는 일'이라고 정의될 수 있습니다. 여기서 나오는 '교(敎)'는 '가르칠 교'입니다. 이 '가르칠 교'자는 다음과 같은 의미를 담고 있습니다. 아동이 모르고 있는 것을 어른이 알려주거나, 아동이 잘못한 행동을 어른이 고쳐주는 것을 '가르친다'라고 이야기합니다. '가르친다'라는 말은 아동으로 하여금 사리분별과 선악판단의 능력, 즉 무엇이 맞고 틀리는지, 무엇이 옳고 그른지에 대해서 분별하고 판단하는 능력을 갖도록 도와주는 일을 뜻한다고 할 수 있겠습니다.

다음은 '기를 育(육)'자입니다. 육은 '기른다'라는 뜻입니다. '기른다'는 말은 기본적으로 '때에 맞춰서 음식을 제공한다'는 의미를 갖는 단어입니다. 여러분들은 애완동물을 길러보셨나요? 지금 애완동물을 기르고 있는 친구들도 있겠네요. 여러분 애완동물을 기를 때 어떤 점에 가장 신경을 많이 쓰십니까? 여러 가지가 있겠지만, 가장 기본적인 것은 때에 맞춰서 애완동물에게 먹을 것을 주는 것 아닐까요. 이 '기를 育(육)'자는요, 때[時]를 나타내는 단어와 고기[肉]를 나타내는 단어가 합쳐져서 만들어진 말입니다. 또다른 설에서는 어머니가 아기를 낳는 모습 또는 어머니가 아기를 안고 젖을 먹이는 모습을 담은 글자라고도 하고요. 따라서 기른다는 것은 기본적으로는 때에 맞춰서 음식을 제공함으로써, 기르는 대상이 잘 자랄 수 있도록 도와주는 일을 의미합니다. 요컨대, 기른다는 것은 아동의 신체적 필요와 정서적 필요를 충족시켜줌으로써 아동의 발달이 충실하게 이루어지도록 해주는 일을 말합니다.

다음은 '과정(課程)'이라는 단어의 의미를 알아보죠. '과정'이라는 단어는 '학생에게 부과된 일련의 과업 또는 과제들'을 뜻하는 단어입니다. '부과할 課(과)'자와 '길 程(정)'자 두 단어로 이루어져 있습니다. '課(과)'자는 부과한다, 매긴다라는 의미를 갖습니다. 부과한다는 말은, 학생에게 숙제나 과제를 부과한다. 이렇게 사용할 수 있습니다. 매긴다는 것은 점수를 매긴다는 의미입니다. 부과된 숙제를 학생 여러분들이 제출하면 교사가 그걸 보고 점수를 매기죠. 교육과정의 세 번째 글자인 '課(과)'자는 과제가 부과되고, 그 과제를 실행했을 때에 점수가 매겨지는 상황을 의미하는 단어입니다.

네 번째 글자인 '程(정)'자는 '길 程(정)'이라고 합니다. 정해진 규정이나 정해진 길을 의미하는 단어입니다. 이 '程(정)'자는 '규정(規程)'이라는 단어를 쓸 때도 사용하는 단어인데요, 법으로 정해놓은 규정을 뜻합니다. 법으로 정해놓은 규정이라는 것은 '반드시 실행해야 된다'라는 강제성 또는 구속력을 의미하는 것이죠. 또한 '정해진 길'이라는 의미도 갖고 있습니다. 정해진 길이라는 건 출발 지점에서부터 도착 지점까지의 경로가 정해졌다는 의미입니다. 출발을 해서, 어떤 어떤 길을 거쳐서, 어디에 도착해야 된다라고 정해진 것을 우리는 '길 程(정)'이라는 단어로 표시하는 겁니다. 교육과정에서 '과정'이라는 단어는 학생에게 부과된 일련의 과업들, 즉 '어디에서 시작해서 어디에서 끝마쳐야 되느냐까지가 나와 있는 일련의 과제들'을 뜻하는 단어입니다.

그렇다면 이제 교육의 의미와 과정의 의미를 연결지어서 교육과정이란 단어의 의미를 살펴보겠습니다. '교육'은 가르치고 기르는 일이라고 했습니다. '과정'은 (가르치고 기르는 일에서) 학습자에게 부과되는 학습과제를 뜻한다고 했습니다. 따라서 이 두 단어를 함께 조합해서 생각해보면, 교육과정이란 "학교에서 학생들을 가르치기 위하여 정해놓은, 다시 말하면 학생들을 가르치기 위하여 학생들에게 부과되는 일련의 체계화된 학습과제들"이라고 정의 내릴 수 있겠습니다. 학교에서 학생들을 가르치기 위하여 정해놓은 일련의 체계화된 학습과제들, 이것을 교육과정이라고 합니다.

Curriculum

이제는 교육과정의 개념을 영어 단어로 살펴보도록 하겠습니다. 교육과정은 영어로 'Curricurum(커리큘럼)'이라고 부릅니다. 커리큘럼의 어원은 라틴어 'Currere(쿠레레)'에서 나왔습니다. 이 라틴어 쿠레레는 마차 바퀴가 도로 위를 굴러갈 때 나는 소리를 본뜬 의성어입니다. 로마 시내에는 도로 교통이 매우 발달해 있었습니다. 로마 사람들은 벽돌을 구워서 도로를 만들고, 그 위에 아스팔트 포장을 한 길들을 공사를 해서 만들어냈는데요. 도로 위에 나무 바퀴로 되어 있는 마차가 굴러가면 쿠레레, 쿠레레 이런 소리가 났다고 합니다. 그래서 쿠레레라는 단어는 '바퀴가 굴러간다'라는 의미를 갖는 단어가 되었고, 이;후에 뜻이 더해져서 '정해진 길을 달려간다'는 뜻을 가지게 되었다고 합니다. 정해진 길을 달려간다, 도로 위를 달려간다는 의미에서 'To run on the track'이라는 뜻을 갖는 단어가 된 것이 쿠레레입니다. 영어로 교육과정을 뜻하는 'Curriculum'이라는 단어는 이렇게 마차 바퀴가 일정한 도로 위를 굴러가는 모습을 묘사한 데서 기원한 단어라고 할 수 있겠습니다.

후대에, 아마도 교육학 및 교육과정 분야가 정립된 19세기말, 20세기 초 즈음에, '커리큘럼(curriculum)'은, 경마 경기에서 말이나 마차가 정해진 길을 달려가는 것처럼, 학생들이 정해진 학습의 과정을 단계별로 이수해 나가는 전체적인 모습을 의미하는 용어로 정착됩니다. 커리큘럼 즉 교육과정이란 학생들이 정해진 학습과정을 이수해 나가는 전체 모습을 가리키는 말로 발전한 기죠. 여기서 경마 경기를 떠올려 보면요. 경마 경기에서는 말이 한 마리가 달려가지는 않죠. 여러

마리가 서로 경쟁하면서 달립니다. 따라서 커리큘럼이란 여러 학생들이 모여서 학습하면서 서로 경쟁하는 모습을 담고 있는 단어이기도 합니다.

그러면 한자어 교육과정이라는 단어와 영어 커리큘럼이라는 단어는 과연 어떤 관계일까요? 물론 영어 커리큘럼이라는 단어가 먼저 만들어졌습니다. 영어 커리큘럼이 학교에서의 교육내용의 체계를 가리키는 낱말로 정착이 되었고, 이것이 동양에 전해지면서 교육과정이라는 단어로 번역이 되었습니다. 서양학문의 대부분의 학술용어는 근대 일본에서 한자어로 번역하였습니다. 근대 일본에서는 개화를 하면서 서양의 과학기술과 학문을 대거 받아들여서 배우게 됩니다. 이 과정에서 일본은 서양의 주요 학술용어들을 한자어로 번역을 하게 됩니다. 아마도 교육과정이라는 단어도 일본이 번역하였을 것으로 추정됩니다. 왜냐하면 중국 문헌이나 한국, 그러니까 조선 말쯤 되겠죠, 그때의 문헌에는 '교육과정'이라는 단어가 나오지 않습니다. 그러다가 일본인들이 교육과정의 의미를 똑같이 갖는 용어로서 '교수요목(教授要目)'이라는 단어를 개화기 일본 시대에 번역 용어로 사용하게 됩니다. 교수요목이라는 것은 '교과목마다 반드시 가르쳐야 하는 항목들'을 가리키는 단어인데요. 반드시 가르쳐야 되는 교육내용 이걸 교수요목이라는 단어로 표현하였고, 이 교수요목을 조금 더 확대해서 만든 용어가 교육과정이라는 용어입니다. 그러면 지금까지 살펴본 한자어 '교육과정'의 의미와 영어 '커리큘럼'의 의미를 종합하여 교육과정이라는 단어의 개념을 규정해보도록 하겠습니다. 교육과정이란 학교에서 학생들을 가르치기 위하여 정해놓은, 달리 말하면 학생들을 가르치기 위하여 학생들에게 부과되는 일련의 체계화된 학습과제들이라고 정의 내릴 수 있겠습니다.

Course of Study

지금까지 교육과정의 개념을 살펴보았는데요. 교육과정의 개념을 살펴보다 보면, 그 속에 아주 중요한 핵심 포인트가 들어있는 것을 알 수 있습니다. 교육과정 개념에 들어있는 핵심 포인트는 이것입니다. 우리가 학교에서 학습활동을 할 때는 학습과제를 수행하는 순서가 정해져 있어서, 이 순서에 따라 학습활동이 이루어집니다. 무슨 말이냐면, 학교에서 교사가 학생들을 가르칠 때는 가르치는 내용의 순서가 정해져 있다는 것입니다. 순서가 정해져 있어서, 순서대로 가르치고 배우는 활동이 이루어지게 되는 것이죠. 1학기 때 배우는 내용, 2학기 때 배우는 내용, 1학년 때 배우는 내용, 2학년 또는 3학년 등 상급학년으로 올라가면서 배우는 내용들이 모두 체계적으로 순서가 정해져 있습니다. 교육과정 개념의 핵심 포인트는 바로 여기, 공부하는 순서가 정해진 학습과제 또는 공부하는 순서가 정해진 학습내용이라는 점에 있습니다.

순서가 정해진 학습과제를 영어로 표현해보면 'Course of Study' 라고 부릅니다. 여기서 Course라는 단어가 매우 중요한 단어가 되는데요. Course라는 말은 '순서가 정해진 활동'을 뜻하는 단어입니다. 예를 든다면, 여러분, 중국 식당에 가서 코스 요리를 시키면, 전채 요리와 메인 요리와 디저트 요리가 순서대로 나오죠. 이처럼 코스라는 말은 순서가 정해진 일련의 활동을 뜻하는 단어입니다. 공부할 때도 마찬가지입니다. 순서가 정해져 있어요. 무엇을 먼저 배우고, 무엇을 그 다음에 배워야 하는지, 순서가 정해진 학습과제를 우리는 교육과정이라고 부르는 겁니다. 공부하는 순서가 정해진 학습과제는 순서대로 공부해야 됩니다. 물론 순서대로 가르쳐야 되고요. 커리큘럼 교육과정이라는 개념은 이렇게 가르치고 배우는 순서가 정해져 있는 학습활동, 학습과제, 학습내용이라는 의미를 갖습니다. 자, 여기서 교육과정의 기본개념을 다시 한번 떠올려봐야죠? 교육과정이란 학교에서 학생들에게 제공되는 일련의 교육내용의 체계입니다.

그런데 학교에서 학습활동을 할 때는 학습과제를 수행하는 순서가 정해져 있죠. 이 순서에 따라서 학습활동이 이루어지게 됩니다. 교사는 가르치는 순서에 따라서 가르치는 거고요, 학습자는 학습하는 순서에 따라서 학습을 하게 됩니다. 그러니까 교육과정의 기본 개념은 공부하는 순서가 정해진 학습과제 또는 학습내용을 말합니다. 순서가 정해진 학습과제 또는 학습내용이라는 개념을 교육과정은 가장 기본적으로 갖고 있습니다. 이것을 표현한 영어 단어가 course of study, 즉 '공부하는 순서가 정해진 학습과제'라고 말씀드렸었죠.

자, 그러면 이제 한번 요약정리를 해보겠습니다. 교육과정이라는 용어는 기본적으로 학교에서 가르치는 교육내용을 포괄적으로 지칭하는 용어입니다. 그러니까 교육과정은 학교에서 사용하는 용어인 것이죠. 학교에서 가르치는 교육내용을 우리는 교육과정이라고 부릅니다. 그런데 학교 이외의 교육기관에서도, 예를 든다면 학원이나 아니면 평생교육원, 도서관이나 문화원 같은 곳에서도 일정한 기간에 정해진 순서에 따라서 진행하는 교수·학습과정이 있다면 그것을 교육과정이라고 부르기도 합니다. 그러니까 교육기관에서 일정 기간에 정해진 순서대로 가르치는 교육내용을 우리는 교육과정이라고 말합니다.

정해진 일정 기간에, 역시 정해진 순서와 계획을 가지고서, 순서대로 계획대로 가르쳐 나가는 교육내용을 우리는 교육과정이라고 부릅니다. 학교에서 학생들을 가르치기 위하여 체계적으로 준비해 놓은 교육내용은 학교급별로 다를 것입니다. 우리는 교육과정이라는 용어를 기본적으로 학교에서 사용하기 때문에 이를 '학교 교육과정'이라고 부릅니다. 학교 교육과정은 학교급별로 다양한 형태로 발전되는데요. 우리 유아교육과 학생 여러분들은 나중에 유치원 교사가 되면 '유치원 교육과정'을 담당하여 실행하게 됩니다. 초등학교에서 전개되는 교육과정은 '초등학교 교육과정'이라는 공식적인 명칭을 사용합니다. 중학교에서는 '중학교 교육과정'이라는 명칭을 사용합니다. 고등학교는 '고등학교 교육과정', 대학교는 '대학교 ○○학과 교육과정' 이렇게 명칭을 붙입니다. 대학원도 마찬가지죠. '대학원 ○○학과 교육과정' 이러한 표현으로써, 어떤 내용을 체계적으로 가르쳐주는지를 나타내고 있습니다.

2 교육과정의 차원

교육과정이란 학교에서 학생들을 가르치기 위하여 미리 준비해 놓은 체계적인 학습내용의 묶음이라고 정의 내릴 수 있습니다. 교육과정은 학교에서 학생들을 가르치는 데 사용되는 것이죠. 교육과정이 학생들에게 제공되고, 학생들은 그 교육과정을 통하여 학습을 하게 됩니다. 여기서 교육과정은 학생에게 제공되는 학습내용을 미리 준비한다는 의미에서부터 그 교육내용이 학습자에게 제공되어, 학습자가 체계적으로 학습내용을 습득한다는 의미까지도 포함하게 됩니다. 그래서 우리는 교육과정을, 그것이 학교에서 실행되는 과정 속에서, 크게 세 가지 차원에서 살펴볼 수가 있게 되는데요. 그것은 각각 계획의 차원, 실행의 차원, 그리고 결과의 차원입니다.

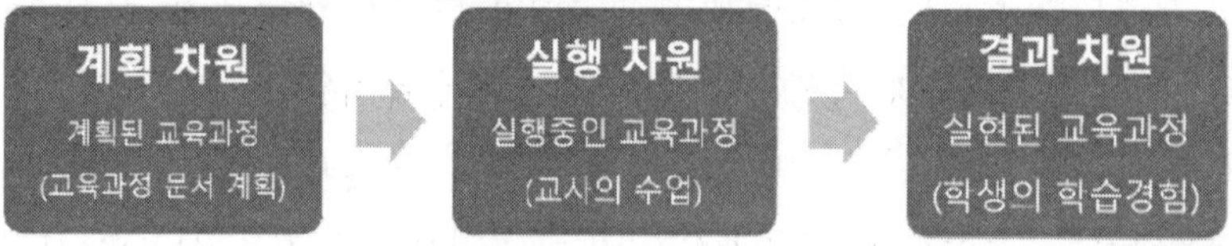

그림 1 교육과정의 차원

먼저 계획 차원이라는 것은 학생들에게 가르치기 위해 무언가를 미리 준비하고 계획하는 측면에서의 교육과정을 말합니다. 이것은 우리가 '계획된 교육과정'이라고 부를 수가 있겠습니다. 대체로 계획된 교육과정은 학생들에게 어떤 내용을 가르칠 것인가를 문서로 작성해서 가지게 되는 경우가 많은데요. 문서상의 계획으로서 존재하게 되는 교육과정, 이것을 우리는 계획된 차원에서의 교육과정이라고 얘기해 볼 수 있습니다.

계획된 차원의 교육과정은 두 번째 차원인 실행 차원으로 넘어가게 됩니다. 실행 차원의 교육과정이란 준비된 교육내용을 정해진 순서대로 학생들에게 가르쳐 나가는 과정(過程 process)을 말합니다. 이것을 우리는 '실행 중인 교육과정'이라고 부를 수 있겠는데요. '교육과정을 실행하고 있다'라는 의미는 '교사가 수업을 진행하고 있다'라는 모습으로 나타나게 되겠죠. 교사가 수업을 진행한다는 것은, 정해진 교육과정에 의거하여, 교육내용을 역시 정해진 순서대로 학습자에게 제공한다는 의미를 갖습니다.

교사가 제공하는 교육내용을 학습자는 학습하게 되죠. 학습의 결과로 학습자는 학습경험을 습득하게 됩니다. 이것이 바로 세 번째, 결과 차원의 교육과정입니다. 결과 차원의 교육과정은 우리가 '실현된 교육과정'이라고 부를 수가 있겠습니다. 무엇을 어떻게 가르칠 것인가를 미리 준비하고 계획해서 그걸 가르쳐 나갔을 때에, 교육과정은 최종적으로 학습자의 학습경험으로서 실현된다는 의미인 것이죠. 실현된 교육과정을 나타내는 가장 중요한 용어는 '학생들의 학습경험'이라는 용어입니다.

계획의 차원: 계획된 교육과정

학생들을 가르치는 순서의 체계 또는 학생들이 공부하는 순서의 체계는 미리 규정되어서 만들어져 있어야 합니다. 그러니까 순서가 미리 정해져 있어야 된다는 얘기죠. 이 말은 교육과정은 학습이 시작되기 전에 미리 규정되고 만들어져 있어야 한다는 뜻입니다. 이것을 달리 말하자면, 교육과정은 사전에 미리 계획되어 있어야 한다는 의미가 되겠죠. 즉 교육과정이라는 것은 무엇보다도 계획이라는 차원을 가장 우선적으로 갖게 됩니다.

교육과정은 학생들에게 무엇을 가르칠까, 미리 계획하는 것을 가리키는 개념입니다. 이것을 우리는 '계획된 교육과정'이라고 부를 수 있다고 그랬죠. 학교에서 교사는 학생들을 가르치기 위하여 학습지도의 내용과 활동을 수업하기 전에 미리 계획하고 준비합니다. 교직 과정을 이수하는 학생여러분들도 모의수업을 하기 전에는 학습지도계획안을 작성하지요. 나중에 학교 현장 교육실습을 갈 때에도 수업을 하기 전에 미리 학습지도계획을 작성하여 지도교사에게 제출하고 검토를 받게 됩니다. 수업하기 전에 무엇을 가르칠지 미리 계획하고 준비하는 것, 이것을 우리는 '학습지도계획'이라고 할 수 있겠죠. 따라서 교육과정은 첫 번째로, 가르치기 위한 학습지도계획(Plans for Teaching or Instruction)이라는 의미를 갖습니다. 계획된 교육과정 그것은 곧 학습지도계획으로서의 교육과정을 가리킵니다.

실행의 차원: 실행 중인 교육과정

계획되고 준비된 교육과정은 교실에서 교사의 수업활동을 통하여 실행됩니다. 문서로서의 교육과정은 실제의 퍼포먼스가 이루어질 때 생명력을 얻죠. 무슨 말입니까? 계획되고 준비된 교육과정은 교실에서 교사가 수업활동을 전개할 때 비로소 그 생명을 얻는다는 것입니다. 아무리 계획과 준비가 잘된 교육과정이라고 해도, 실제 교실 수업에서 전혀 실행되지 않는다면 무용지물이겠지요. 멋있게 잘 만들어 놓은 교육과정이 교실 현장에서 하나도 활용이 되지 않는다면, 그것은 교육과정이라고 부를 수가 없습니다. 교육과정은 교실에서 교사의 수업활동을 통하여 실제로 표현될 때만이 아주 중요한 활동으로서 자리매김 되는 겁니다. 이것을 우리는 '실행되는 교육과정', '실행 중인 교육과정'이라고 부를 수 있겠습니다. 학교에서 교사는 수업의 과정(過程 process)을 통하여, 즉 교수학습활동을 통하여 학생들이 교육목표를 하나하나 달성하도록 지도해 나갑니다.

실행되는 교육과정이라는 개념은 이렇게 교사가 수업을 통하여 학생들이 수업목표 또는 학습목표를 달성하도록 지도해 나가는 과정을 가리키는 개념입니다. 이것을 우리는 교수·학습활동 또는 수업이라고 부를 수 있는데요. 이것을 영어로 표현하면 Process of Teaching-Learning Aactivities 또는 Process of Instruction이라고 하겠습니다. 여기서 한 가지 여러분들에게 말씀드리고 싶은 게 있는데요. 교수·학습활동. 이 말은 교수가 학습하는 활동을 뜻하는 게 아닙니다. 한자로는 같은 단어를 쓰지만, 여기서 교수(教授)라는 말은 Teaching을 한자로 표현한 겁니다. 가르친다는 의미를 갖는 한자어입니다.

학교에서 교사가 수업을 통하여 교수·학습활동을 전개해 나갈 때 교육과정은 실행됩니다. 그리고 이 과정은 학생들이 소정의 학습목표 즉 교육목표를 달성하도록 지도해 나가는 것을 핵심으로 삼습니다.

결과의 차원: 실현된 교육과정

자, 교사가 교육과정을 미리 계획했습니다. 그리고 그걸 수업시간에 교수·학습활동으로써 학생들에게 지도했습니다. 여기서 교육과정은 그 할 일을 다 끝마친 것이 아니죠. 수업을 통해 교사가 가르친 내용은 학습자에게 학습성과로 나타나야 합니다. 국어 시간에 배운 내용은 학생들이 글을 읽고 쓰는 능력으로 표현되어야 되는 거죠. 수학 시간에 학습한 내용들은 수학문제를 푼다거나 일상생활 속에서 부딪히는 수학적 문제상황에서 수학의 여러 가지 개념과 원리를 가지고 문제를 해결하는 것으로 나타나야 된다는 것입니다. 교육과정은 계획과 실행 못지않게 결과도 매우 중요한 차원으로서 강조해야 마땅합니다.

교사가 가르친 것들이 학습자의 학습성과로 나타나지 않는다면 교육 자체가 쓸모없는 일이 되겠죠. 따라서 교육과정은 학습자가 어떠한 학습성과를 얻었는지 하는 것에 초점을 두고 개념을 정립해야 합니다. 이때 우리는 가장 중요한 개념으로서 학습성과 또는 학습자의 학습경험이라는 용어를, 교육과정에서 핵심 용어로 들여다봐야 되는 것입니다. 이처럼 학습성과의 관점에서 교육과정의 개념을 살펴보는 것을 교육과정 분야에서는 '실현된 교육과정'이라고 부릅니다.

학교에서 학생들은 교사가 실행해 나가는 교수·학습활동의 과정에 참여함으로써 무엇인가를 배워나가는 경험을 하게 됩니다. 교사의 학습지도를 통하여 학생이 얻게 되는 모든 경험들을 교육학 용어로는 '학습경험'이라고 부릅니다. 학습경험(learning experience)이란 선생님의 가르침을 통하여 학생이 습득하게 되는 경험을 뜻하는 용어지요. Learner's experiences of learning, 학습자의 학습경험, 이것이야말로 교육과정의 실행의 결과로 나타나는 최종적인 '실현된 교육과정'의 모습입니다.

3 교육과정의 구성요소

교육과정은 계획, 실행, 결과라는 세 가지 차원을 갖습니다. 그렇다면 이러한 세 가지 차원에서 정립되는 교육과정은 구체적으로 어떤 구성요소로써 이루어져 있을까요? 교육과정을 이루고 있는 구성요소들은 크게 네 가지입니다. 교육목표, 교육내용, 교육방법, 그리고 교육평가, 이것이 교육과정을 구성하고 있는 네 가지 요소입니다.

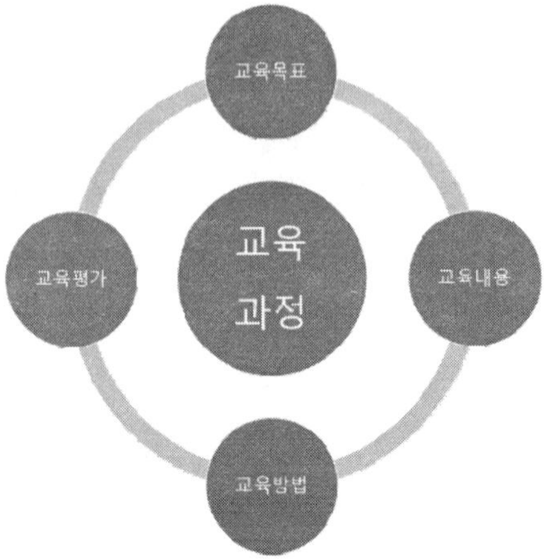

그림 2 교육과정의 구성요소

여기서 교육목표와 교육내용은 수업을 하기 전에 미리 계획을 하는 영역에 해당됩니다. 계획된 교육과정에 초점이 맞춰져 있는 부분이죠. 교육방법은 교육과정을 실행하는 차원, 그러니까 수업을 전개해 나가는 차원에 해당합니다. 교수·학습활동을 통하여 학생들에게 미리 정한 교육내용을 전달하고, 교육목표를 달성하도록 안내하는 영역에 해당되겠죠. 교육평가라는 요소는 교육이 종료된 후에 학습자들이 어떤 학습성과를 얻었는지, 어떤 학습경험을 습득했는지를 확인하는 영역을 말합니다. 결과 차원의 교육과정의 개념, 실현된 교육과정의 개념에 해당하는 영역입니다.

교육과정은 첫 번째, 교육목표; 두 번째, 교육내용; 세 번째, 교육방법; 네 번째 교육평가, 이 네 가지 요소로써 구성됩니다. 목표 - 내용 - 방법 - 평가, 꼭 기억해 두시기 바랍니다.

교육목표

교육과정을 구성하는 첫 번째 요소인 교육목표는, 교육활동을 통하여 달성하려고 하는 것을 의미합니다. 여러분들이 모의수업을 하실 때 학습지도계획안을 작성해 보셨죠? 학습지도계획안에서 맨 위쪽에 무엇을 쓰게 됩니까? 오늘 내가 하려는 수업은 어떤 교육목표를 달성하려고 하는 것이다, 이것을 나타내는 학습목표 서술칸이 있죠. 네, 그렇습니다. 교육목표는요, '내가 앞으로 어떤 교육활동을 통하여 우리 학생들이 어떤 어떤 행동들을 습득하도록 만들어 줄 것이다'라는 걸 보여주는 영역입니다. 교육활동을 통하여 학습자가 무엇을 할 수 있도록 해줄 것이냐, 이걸 나타내는 영역이 교육목표 영역이 되겠습니다. 교육과정은 가장 첫 번째 구성요소로서 교육목표를 작성하게 되어 있습니다.

교육내용

교육과정의 두 번째 요소는 교육내용입니다. 교육내용은 교육목표를 달성하기 위하여 학생들에게 제공하는 학습내용 또는 학습 소재를 말합니다. 그러니까 소정의 교육목표를 달성하기 위해서는 이러이러한 내용들을 배워야 한다, 이것을 규정하는 영역이 교육내용이죠.

교육방법

교육과정의 세 번째 요소는 교육방법인데요. 교육방법은 학습내용을 가르치고 전달하는 데 사용하는 수단과 방법에 해당하는 영역입니다. 학습내용을 가장 잘 가르치고 전달할 수 있는 수단과 방법을 찾아서 수업활동 즉 교수·학습 지도활동에 적용하도록 하는 영역이 이 세 번째 요소인 교육방법입니다.

교육평가

마지막 네 번째 요소는 교육평가입니다. 교육평가는 교육과정을 구성하는 마지막 요소인데요. 이것은 교육활동을 통하여 학생들이 무엇을 습득하였는지를 확인하는 과정을 말합니다. 학습경험을 확인하는 것이죠. 이것을 좀 더 전문적인 용어로는 '학생들의 학업성취도를 평가하는 것'이라고 부릅니다. 흔히 시험을 보고 성적을 처리하는 영역이겠죠. 그러니까 교육과정은 목표를 세우고, 내용을 정해서, 그걸 어떤 방법으로 가르칠지 규정하고, 실제로 수업을 한 후에, 수업의 결과를 확인하는 것까지가 다 이루어졌을 때, 교육과정이 완료 또는 종료되는 것이라고 볼 수 있겠습니다.

나중에 여덟 번째 강의인 〈교육과정을 개발하는 방법: 교육과정 개발 모형〉에서 공부하겠지만요, 교육과정을 구성하는 이 네 가지 요소 가운데 첫 번째 요소인 교육목표를 가장 우선시하는 입장에서 교육과정을 개발하는 모형이 타일러(R. Tyler)라는 교육과정 학자가 제시한 목표중심 교육과정 개발모형입니다. 그리고 두 번째 요소인 교육내용을 가장 우선시하는 입장에서 교육과정을 개발하는 모형이 브루너(J. Bruner)라는 교육과정 학자가 제시한 내용중심 교육과정 개발모형입니다.

이것으로써 《교육과정》 첫 번째 강의 '교육과정이란 무엇인가?'를 마치겠습니다. 다음의 두 번째 강의는 교육과정의 변천사, 교육과정의 변천의 역사에 대한 것입니다.

두 번째 강의
교육과정 모형의 변천(變遷)

《교육과정》 두 번째 강의는 교육과정 모형의 역사적·사회적 변천 과정에 대해서 살펴보려고 합니다. 학교 교육에 한정하여 살펴본다면, 교육과정은 교과중심 교육과정 모형부터 시작해서 경험중심 교육과정 모형, 학문중심 교육과정 모형, 인간중심 교육과정 모형, 그리고 역량기반 교육과정 모형으로 변화를 겪게 됩니다. 그런데 이러한 변화는 그냥 일어난 것이 아니라 일정한 사회의 변화와 사회의 요구에 따라서 학교 교육이 그에 대응하면서, 시대가 변하고 사회가 변하는데 발맞추어 무엇을 가르칠 것인지를 새롭게 설정하면서 교육과정 모형을 변화시켜 갔던 것입니다. 그래서 이번 시간에는 교육과정 모형의 변천과 그 사회적 배경에 대해서 함께 공부해보도록 하겠습니다.

1 교육과정 모형의 변천

교육과정이 왜 변화되어 왔는지, 어떤 배경으로 어떤 요인 때문에 교육과정에 변화가 일어났는지 그 흐름을 살펴보기 위해서는 먼저 주목해야 될 두 가지 중요한 물음이 있습니다. 그것은 교육과정에서 가장 중요한 물음이 되는 것인데요. 첫 번째로, “무엇을 가르칠 것인가?” 두 번째로, “그것을 왜 가르쳐야 하는가?” 바로 이 두 가지 물음이 교육과정에서는 가장 중요한 물음이 됩니다.

첫 번째 질문인 ‘무엇을 가르칠 것인가?’는 ‘학교 교육의 내용을 무엇으로 삼을 것인가?’라는 질문입니다. 학생들에게 무엇을 가르쳐야 학생들이 앞으로의 생활을 슬기롭게 그리고 유용하게 영위할 수 있는지 이것을 고려해 보자라는 것이죠. 두 번째 질문인 ‘그것을 왜 가르쳐야 하는가?’라는 물음은 ‘교육내용을 우리가 어떻게 정당화할 것이냐’ 즉 ‘교육내용의 정당성을 어떻게 부여할 것이냐’ 내지 ‘교육내용의 정당성을 어디에다 둘 것이냐’ 이러한 것에 관련되는 물음입니다. 바꿔 말하면 교육의 목적을 묻는 물음이지요. 무엇을 가르칠 것인가, 왜 가르쳐야 하는가, 이 두 가지 물음에 대한 시대별 응답이 교육과정 모형을 변화시켜왔다고 말할 수 있겠습니다. 시대가 변하고 사회가 변화되었을 때에 무엇을 가르쳐야 되는지, 왜 가르쳐야 되는지 즉 교육내용의 모습과 교육내용에 대한 이유 즉 교육의 이유가 변화되어 왔다는 것이고, 그래서 교육과정의 형태가 변화되어 왔다고 보는 것이죠.

이해하기 쉽게 단순화해서 말씀 드리면, 교육과정은 산업사회의 변화 과정에 발맞추어서 그 주요 모형이 변모되어 왔습니다. 역사적·사회적으로 볼 때 지금까지 변화돼 온 교육과정 모형은 크게 다섯 가지 모형이라고 이야기할 수 있습니다. 교과중심 교육과정 모형, 경험중심 교육과정 모형, 학문중심 교육과정 모형, 인간중심 교육과정 모형, 역량기반 교육과정 모형, 이렇게 다섯 가지가 되는 것이지요.

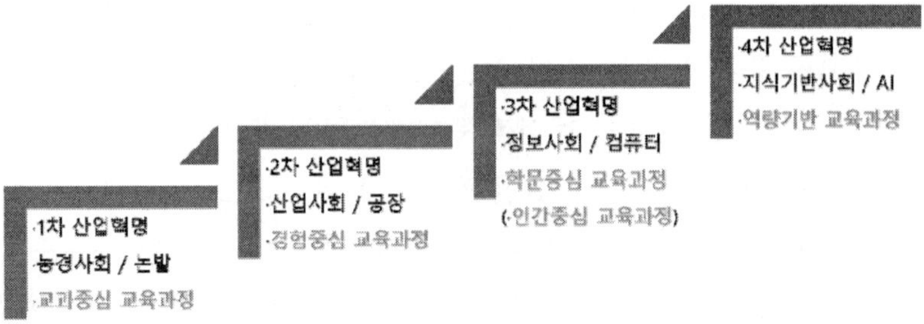

그림 3 교육과정 모형의 변천

1차 산업혁명의 시대: 교과중심 교육과정 모형

먼저 교과중심 교육과정 모형은, 1차 산업혁명이 이루어졌을 때, 농경사회가 형성이 되고 농경사회에서 필요한 지식과 기술을 학교 교육을 통하여 가르치기 위해서 완성된 교육과정 모형입니다. 농경사회라고 하면 논밭이 핵심적인 아이콘으로 떠오르시죠. 농경사회의 주요 특성을 반영하는 학교 교육 그리고 그 학교 교육에서의 중요한 교육과정 체제가 바로 교과중심 교육과정 모형이었습니다.

1차 산업혁명은 농경사회의 도래를 야기한 산업혁명입니다. 다른 말로는 농업혁명이라고도 우리는 부르지요. 이 시대에는 농업에 필요한 사회 및 자연세계에 대한 체계적인 지식이 필요한 시대였습니다. 그래서 학교 교육이 등장하게 되고 학교 교육을 통하여 사회와 자연세계에 대한 체계적인 지식을 습득함으로써 농업을 중심으로 하는 국가사회의 전반적인 통치 과정에 필요한 인력을 양성해 갔던 것입니다.

이러한 1차 산업혁명 시대의 학교 교육은 교과중심 교육과정 모형으로서 완성되게 되는데요. 이것은 신석기 시대의 농업혁명으로부터 출발하여 고대, 중세를 거쳐서 18~19세기까지의 근대 사회에 이르기까지 길게 이어지는 교육과정 모형의 흐름으로 등장하게 됩니다.

2차 산업혁명의 시대: 경험중심 교육과정 모형

그러다가 2차 산업혁명이 일어납니다. 2차 산업혁명은 우리가 일반적으로 산업혁명이라고 부르는 바로 그 산업혁명입니다. 18세기 영국에서 이루어졌죠. 2차 산업혁명을 통하여 산업사회가 도래합니다. 그리고 산업사회는 제조업 중심의 공업사회이기도 했죠. 공장이 주요 아이콘으로 떠오르게 됩니다. 산업사회의 학교 교육은 산업사회에 필요한 일꾼, 즉 사회적 인력을 양성하는 데에 주력하는 시스템으로 변모하게 됩니다. 이때 학교 교육에서 등장한 새로운 교육과정 모형이 경험중심 교육과정 모형입니다.

18세기 영국에서 시작된 산업혁명의 시대에 서구사회는 제조업 중심의 공업사회로 변모되게 됩니다. 이를 통칭 산업사회(industrial society)라고도 부릅니다. 산업사회, 공업사회의 핵심 아이콘은 공장이라고 말씀드렸죠. 공장에서는 사람들이 기계를 가지고 물건을 생산합니다. 공장에서 기계를 가지고 물건을 생산하는 사람들은 기술과 지식이 있어야만 기계를 가지고 물건을 생산할 수가 있었죠. 그래서 공업사회에는 상공업에 필요한 실용 기술 형태의 지식이 필요하게 됩니다. 실용 기술 형태의 지식을 좀 더 많은 사람들에게, 가급적 온 국민에게 가르치고자 하는 학교 형태가 이때 등장하게 됩니다. 이것을 우리는 국민교육(國民教育)의 등장 또는 공교육(公教育)의 등장이라고 부릅니다. 그래서 2차 산업혁명을 통하여 서구 유럽에서는 국민학교 또는 공립학교라고 하는 교육체제가 완성이 됩니다. 이러한 흐름은 20세기 초 경험중심 교육과정 모형으로 완성이 되게 되지요.

나중에 경험중심 교육과정 모형을 공부할 때 좀 더 상세하게 살펴보겠지만, 국민교육 또는 공교육의 완성과 함께, 18세기 프랑스의 사상가인 루소로부터 출발하는 자연주의 교육사상이 활짝 꽃 펴서 20세기에 진보주의 교육 운동이 일어나고, 이를 바탕으로 형성된 교육과정 모델이 경험중심 교육과정 모형이었습니다. 이 경험중심 교육과정 모형이 형성된 중요 국가는 바로 민주주의 교육을 앞세우는 미국이었습니다.

3차 산업혁명의 시대: 학문중심 교육과정 모형과 인간중심 교육과정 모형

2차 산업혁명의 물결이 지나간 후에, 20세기 중반 즈음에 3차 산업혁명이 일어나게 됩니다. 3차 산업혁명은 정보화 혁명이라고도 부릅니다. 1950~60년대에 미국과 유럽을 중심으로 컴퓨터가 상용화되고, 이를 바탕으로 하는 정보사회의 실현이 이루어지게 됩니다. 컴퓨터를 통하여 제조 과정과 산업생산 과정을 조정해 나가는 이른바 정보화 기반의 산업생산이 이루어지게 되죠. 즉 컴퓨터에 의한 정보처리 과정이 사회가 작동되는 중심 원리와 장치가 되는 것입니다. 그래서 정보처리 및 적용을 위한 수학적·공학적 형태의 고도화된 지식과 기술이 필요하게 되지요.

이 시기에는 앞선 산업사회 때보다 훨씬 더 고도화된 정보처리와 문제해결 능력이 요구되게 됩니다. 학교 교육에서는 이를 위한 수학적·공학적 지식을 체계적으로 가르치려는 노력들이 등장하게 됩니다. 이러한 노력은 20세기 중반, 미국을 중심으로 등장하게 되는 학문중심 교육과정 모형으로 완성이 됩니다. 학문중심 교육과정은 정보사회의 요구에 부응하는 학교 교육과정 모델이었던 것이지요. 그러다가 고도화된 산업사회가 야기한 여러 가지 문제점들을 타개하고, 학문중심 교육과정 모형 때문에 나타난 인성 교육의 약화 현상 등을 극복하기 위해서 인간중심 교육과정 모형이 학문중심 교육과정 모형의 대안으로서 추구되었습니다.

4차 산업혁명의 시대: 역량기반 교육과정 모형

그러다가 21세기를 맞이하여 우리는 현재 4차 산업혁명을 맞이하고 있습니다. 4차 산업혁명은 인공지능 AI로 대표되지요. AI로 대표되는 4차 산업혁명 시기에는 이른바 정보가 초연결되는 지식기반 사회가 이루어지게 됩니다. 바로 이러한 지식기반 사회를 대비하기 위하여 학교 교육에서 강조되는 교육과정이 역량기반 교육과정 모형입니다.

21세기 현재 4차 산업혁명이 진행되고 있습니다. 4차 산업혁명은 1980년대 이후에 등장한 신자유주의 정치경제 체제를 바탕으로 형성된 새로운 산업혁명의 흐름입니다. 4차 산업혁명이란 IT기술의 집약적인 발달로 전 세계가 인터넷을 기반으로 하는 정보통신 체계로 연결이 되어 등장하게 된 산업혁명이지요. 요컨대, 인터넷과 스마트폰으로 집약되어 나타나는 정보화 지식기반의 사회가 심화되는 현상이 4차 산업혁명입니다. 이런 4차 산업혁명의 시대에는 IT 기술과 인공지능의 결합을 통한 새로운 생산과 소비 시스템이 등장하게 되죠. 사회조직, 노동, 교육, 문화, 정치 등 사회 각 부문에 새롭고 급격한 변화를 몰고 오는 것이 바로 이 4차 산업혁명의 시대가 되겠습니다.

코로나 19가 창궐했던 시기에 학교가 여러분들에게 컴퓨터 IT기술을 기반으로 하여 온라인으로 교육내용을 전달하고 여러분들이 학습해 나갔던 것을 기억하실 겁니다. 이는 3차 산업혁명에서 이루어진 정보화 사회가 발전하여, 사회 행위자들이 IT기술로써 쌍방향으로 연결되는 4차 산업혁명의 시대를 보여주는 가장 대표적인 그림 가운데 하나라고 할 것입니다. 이러한 4차 산업혁명 시대에, 바꿔 말하면 인공지능이 발달하는 이 시대에, 사람들은 무엇을 배워야 되고 어떤 기술을 익혀야 되는지 고민하면서 등장한 것이 역량기반 교육과정 모형입니다. 요컨대, 21세기 미래 사회를 대비한 역량기반 교육과정 모형이 4차 산업혁명의 시대에 부응하여 등장해서 지금 실행되고 있는 중이지요.

2 관념론의 지식교육이냐, 실재론의 생활교육이냐

그런데요, 교육과정 모형이 계속해서 변화되어 오면서도, 그 속에는 교육의 내용에 대해서 변하지 않는 문제의식이 항상 들어있었습니다. 그것은 학교 교육에서 지식을 중점적으로 가르칠 것이냐 아니면 생활을 중점적으로 가르칠 것이냐 하는 것이었습니다. 그래서 교육과정의 역사적·사회적 변천은 크게 지식교육을 강조하는 입장과 생활교육 또는 경험교육을 강조하는 입장이 서로 번갈아가며 교육의 주도권을 행사하는 흐름으로 나타났지요. 제일 처음에는 지식교육을 강조하는 입장이 등장했죠. 교과중심 교육과정 모형입니다. 그러다가 지식보다는 생활의 경험을 강조하는 흐름으로 넘어가게 됩니다. 그래서 경험중심 교육과정 모형이 등장하게 돼요. 그러다가 다시 지식교육을 강조하는 입장으로 되돌아갑니다.

경험중심 교육과정 다음에 학문중심 교육과정이라는 것이 나타나게 되죠. 학문중심 교육과정이 지식교육을 강조했을 때 그 다음 흐름으로는 다시 생활 경험을 강조하는 입장이 등장하게 됩니다. 이번에는 약간 결을 달리하여 생활 경험을 인성이라고 하는 개념으로 정립시키는 인간중심 교육과정 모형으로 나타나게 됩니다. 그리고 그러한 흐름은 좀더 심화되어서 오늘날에는 역량기반 교육과정 모형, 즉 일상생활 속에서의 문제해결의 경험을 강조하는 역량기반 교육과정 모형으로 실행되고 있는 것입니다.

일반적으로는 초등교육과 중등교육, 그러니까 초등학교, 중학교, 고등학교에서는 주로 생활 경험교육을 중점적으로 실행하고 있고, 대학교 이상의 고등교육에서는 지식교육을 중점적으로 실행한다고 볼 수 있겠습니다. 물론 인문계통의 고등학교에서는 생활 경험보다는 지식교육을 더 많이 깅조하고 있고요. 그러니까 지식교육과 생활경험교육의 비중이, 아래 단계의 교육에서는 생활경험을 강조하고 상급학교로 올라갈수록 지식교육의 비중을 점점 더 높여나간다고 볼 수 있겠습니다.

여러분들은 교직과목인 《교육철학 및 교육사》 시간에 관념론과 실재론 또는 합리론과 경험론을 공부하셨던 걸 기억하실 겁니다. 관념론은 플라톤 철학을 말하는 것이고요, 실제로는 아리스토텔레스 철학을 말하는 것입니다. 합리론은 데카르트로 대표되고요, 경험론은 존 로크로 대표되는 근대철학입니다. 우리는 관념론과 합리론을 한 묶음으로, 실재론과 경험론을 한 묶음으로 묶어 볼 수 있습니다.

관념론과 합리론은 인간의 정신작용을 매우 중요하게 생각합니다. 논리적으로 생각하고 판단하는 정신 과정, 즉 정신의 논리적 과정을 인간에게 있어서 가장 중요한 특성이라고 보고, 이것을 기르는 것을 제일의 교육의 목적으로 두는 것이 관념론과 합리론 철학입니다. 이러한 관념론·합리론 철학에서는 인간의 논리적이고 합리적인 사고과정을 가르치는 것을 가장 중요한 교육목적으로 두기 때문에, 지식을 체계적으로 가르치는 지식교육을 강조합니다. 지식교육을 강조하는 교육과정 모형은 교과중심 교육과정 모형과 학문중심 교육과정 모형이 대표적입니다.

이에 대비되는 모습을 보여주는 교육과정 모형들은 경험중심 교육과정 모형, 인간중심 교육과정 모형, 그리고 역량기반 교육과정 모형입니다. 이것들은 모두 실재론과 경험론 철학을 바탕으로 만들어진 교육과정 모형이라고 할 수 있습니다. 실재론과 경험론은 인간에게 있어서 가장 중요한 것은 실제 세계에 대한 경험, 즉 현실세계에 대한 경험이라고 봅니다. 그리고 현실세계에 대한 경험을 통하여 인간은 지식을 배우고 정보를 습득한다고 봅니다. 따라서 인간에게 있어서 가장 중요한 것은 현실 세계의 실제 삶의 체험, 경험, 이런 것이기 때문에 학교 교육의 내용으로서는 당연히 생활과 경험을 강조하게 되죠. 즉 생활경험 교육을 강조하는 입장을 취하게 되는 것입니다. 생활경험을 강조하는 경험중심 교육과정 모형, 인성을 강조하는 인간중심 교육과정 모형, 현실 세계에서의 문제해결 역량을 강조하는 역량기반 교육과정 모형은 전부 다 실재론 및 경험론 철학을 배경으로 하여 완성된 교육과정 모형이라고 할 수 있겠습니다.

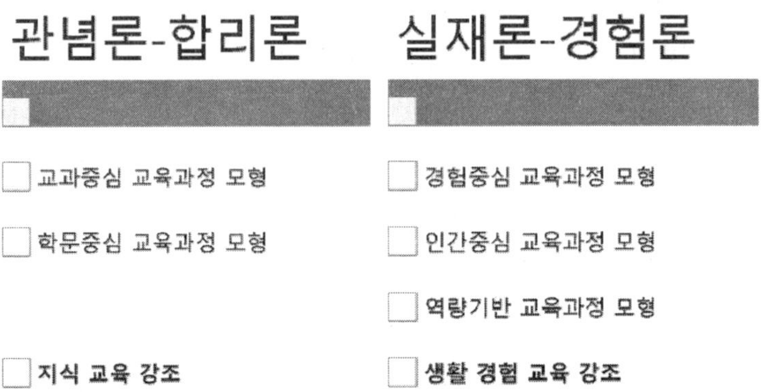

그림 4 교육과정 모형의 철학적 배경

교육과정을 만들 때 관념론 및 합리론의 입장에 입각하여 교육과정을 만든다면 다음과 같이 전개될 것입니다. 교육은 인간이 합리적인 사고능력을 개발하는 데 초점을 두어야 합니다. 그런데 합리적·논리적 사고능력을 개발하려면 우리는 논리학이나 수학 등과 같은 과목을 집중적으로 공부해야 합니다. 논리학이나 수학 같은 과목을 공부하는 것, 바로 이 점을 강조하게 되면 교육은 지식 중심의 교육으로 귀결되게 되는 것이죠. 교과중심 교육과정 모형이나 학문중심 교육과정 모형과 같은 지식중심 교육을 강조하는 교육과정 모형이 등장하게 되는 것입니다.

반면에 실제론과 경험론의 입장에 입각하여 교육과정을 만들어 낸다면 다음과 같은 점을 깊이 고려해야 할 것입니다. 먼저 교육은 현실 세계에서 삶의 경험을 넓히는 데 초점을 두어야 합니다. 우리가 교육을 받는 이유는 현실 세계에서 다양한 경험을 미리 습득함으로써 우리가 살아가는 생활 속의 여러 가지 문제들을 능동적으로 그리고 유용하게 해결해 나가기 위해서라고 할 수 있습니다. 현실 세계의 삶의 경험의 폭을 넓히려면 주로 현실 세계의 면모들을 우리에게 전달해주는 과목들, 예컨대 과학, 사회, 생활기술 등과 같은 과목을 집중적으로 공부해야 합니다. 이 점을 강조하게 되면 교육은 당연히 생활과 경험중심 교육으로 귀결되게 되는 것이죠. 그래서 등장한 교육과정 모형이 경험중심 교육과정 모형입니다. 그리고 생활 속에서 타인과의 상호작용 속에서 나타나는 개인의 인성 이 부분을 강조한다면, 우리는 인간중심 교육과정 모형을 생각해 볼 수가 있는 것이고요. 현실 생활 속에서의 문제들을 유능하고 능동적으로 해결해 나가는 데 초점을 둔 역량기반 교육과정 모형 또한 이러한 실재론·경험론에 입각한 교육과정 모형이라고 말씀드릴 수 있겠습니다.

또한 교육과정에 대한 철학적 배경 즉 관념론이냐 실재론이냐 합리론이냐 경험론이냐 하는 강조점이 다르게 되면, 같은 과목이라고 해도 가르치는 데 있어서 강조점을 달리할 수밖에 없게 됩니다. 예를 든다면, 언어 과목 또는 외국어 과목을 생각해보죠. 우리는 언어 또는 외국어 과목을 필수과목으로 가르치게 되는데요. 만약에 이것을 합리론 관점에서 즉 관념론과 합리론의 관점에서 생각해 본다면, 우리는 합리적인 사고 능력을 개발하는 데 초점을 두어 언어 과목을 가르쳐야 할 것입니다. 합리적이고 논리적인 사고능력을 개발하는 데 초점을 두어 언어 과목을 가르치게 된다면 가장 중요한 교육내용은 문법이 되겠죠. 문법교육을 강조하는 언어교과, 이것은 교과중심 교육과정 모형에서 대표적으로 나타나는 모습입니다. 그런데 반면에 일상생활을 영위하고 생활의 경험의 폭을 넓히는 데 초점을 두게 되면, 즉 실재론과 경험론의 관점에서 교과목을 생각해 본다면 언어라는 건 뭡니까? 실생활에서 직접 이루어지는 언어작용, 곧 의사소통 과정 이것을 가장 중요하게 생각해야 되겠죠. 그렇다면 당연히 교육내용은 문법이 아니라 의사소통을 위한 회화를 강조하는 교육으로 나타나게 될 것입니다. 그리고 읽기나 쓰기, 그리고 책을 통해서 생활의 경험의 폭을 간접적으로 넓히는 문학교육 이런 것들을 강조하게 되겠죠. 이렇게 회화나 읽기와 쓰기, 또는 문학교육, 이런 것들을 강조하는 모습은 경험중심 교육과정 모형에서 언어 교과를 개발하고 가르치는 데 중요한 초점이 되었던 것들입니다.

세 번째 강의
교과중심 교육과정 모형

1 교과중심 교육과정의 개념

교과중심 교육과정이란 무엇일까요? 교과중심 교육과정이란 학생들의 지적 사고력을 계발하는 데 교육목표를 두고, 학생들에게 교과 지식을 가르치는 데 중점을 두는 교육과정 모형이라고 말씀드릴 수 있습니다. 그러니까 교육의 핵심 목표를 지적 사고력을 계발하는 데에 두고 교과 지식이라고 하는 것을 중점적으로 가르치고자 하는 교육과정 모형이 교과중심 교육과정 모형 되겠습니다.

이전의 강의에서 교과중심 교육과정 모형은 농업 사회를 기반으로 하는 교육과정 모형이라고 말씀을 드렸었죠. 중세 이래 근세 초까지 학교 교육에서 주된 교육과정 모형으로 삼았던 교과중심 교육과정은 교과 지식을 학습하면 지적 사고력이 길러진다고 생각하는 데서 만들어진 교육과정 모형이었습니다. 지적 사고력, 달리 말하면 지식을 가지고 문제를 해결해 나가는 사고체계를 말할 텐데요. 이런 지적 사고력이 필요한 사람은 누구였을까요? 물론 모든 사람들이 다 지적 사고력을 갖추어야 될 필요가 있었겠지만, 특별히 지적 사고력을 반드시 갖추어야 할 대상은 한 사회를 통치하는 일을 하게 될 사람들이었습니다. 우리가 흔히 양반 또는 귀족층이라고 부르는 사람들이었죠. 양반이나 귀족들은 학교 교육을 통하여 지적 사고력을 기르고, 이 지적 사고력을 가지고서 사회를 통치하고 다스리는 일을 하게 되었던 것입니다. 그래서 양반이나 귀족 등 상류 지배계층을 대상으로 이루어지는 학교 교육에서 교과중심 교육과정 모형이 완성되었습니다.

교과중심 교육과정 모형이 등장하게 된 시대적 배경은 다음과 같습니다. 먼저, 교과중심 교육과정 모형은 고대 그리스·로마, 그리고 고대 중국에서 출발한 교육과정 모형이라고 할 수 있습니다. 서양에서의 고대 그리스·로마 시대의 교육, 동양에서의 고대 중국에서의 교육이 중세 시대의 학교 교육을 거치면서 근세 초까지 길게 이어져 온 교육과정이 바로 이 교과중심 교육과정 모형이었던 것이죠.

거듭 말씀드리지만, 교과중심 교육과정 모형은 농경 사회의 경제문화 구조를 반영하고 있습니다. 농경 사회는 신석기 시대의 1차 산업혁명인 농업혁명을 기점으로 하여 대략 우리가 흔히 산업혁명이라고 부르는 공업혁명이 일어나기 직전까지, 대략 18~19세기까지 이어진 사회 체제입니다. 농경 사회에서는 농업과 연관된 자연 세계와 사회 세계, 이들 양 세계에 대한 체계화된 지식 습득이 필수적이었죠. 그래서 사회와 자연을 다스리는 과정에 대한 지식들이 학교 교육의 핵심 내용으로 등장하게 됩니다.

2 교과중심 교육과정의 교육목표

교과중심 교육과정의 교육목표를 정리해보면 크게 세 가지를 들 수 있습니다. 첫 번째로, 지식을 습득하는 것, 두 번째, 교양을 함양하는 것, 세 번째, 도덕성을 확립하는 것, 이 세 가지로 나눠볼 수 있습니다. 이는 지식을 습득하여서 교양을 함양하거나, 지식을 습득하여서 도덕성을 확립하는 것으로 생각해도 될 것입니다. 주로 서양의 교육에서는 교양을 함양하는 것 즉 클래식이라고 부르는 고전을 배우고 익힘으로써 교양을 함양하는 것으로 나타나게 되고요. 동양에서는 경전을 읽으면서 자신의 마음을 바르게 닦는 도야라는 개념으로 도덕성의 확립이 등장하게 됩니다.

이 교과중심 교육과정은 양반·귀족층을 위한 학교 교육에서 강조한 교육과정 모델이라고 말씀을 드렸는데요. 양반·귀족으로 대표되는, 국가 사회를 다스리는 지배계층에게 필요한 덕목이 지식, 교양, 도덕성 이 세 가지였던 것이죠. 특히 교양이라는 단어는 영어로 culture라고 부르는데요. 문화라고도 번역이 되죠. 이 culture라는 단어는 농사를 짓는다는 의미를 가지고 있습니다. 농업사회와 직결된다는 것을 보여주는 단어죠. 도덕성을 영어로는 morality라고 하는데요. 이것을 중세시대에는 기사도, 그리고 근세 초에는 신사도라고 불렀습니다. 기사나 신사가 갖추어야 할 품성 또는 인성을 가리키는 개념으로 완성된 것이죠.

3 교과중심 교육과정의 교육내용

지식을 배워서 교양을 쌓고 도덕성을 함양하는 교육과정 체제, 이것은 중세 이후에 상류계층을 위한 인문교양 교육으로 정착이 됩니다. 즉 교과중심 교육과정은 인문교양 교과와 고전을 강조하는 형태로 학교 교육에 적용되었던 것이지요. 교과중심 교육과정의 주요 교육내용은 바로 교과입니다. 교과를 우리는 영어로 subject matter라고 부릅니다. Subject라는 단어에는 주제라는 뜻도 들어있습니다. 그래서 우리는 교과를 다음과 같이 정의할 수 있습니다. 교과란 '인류의 지적 문화유산을 학습주제별로 편성해 놓은 학습내용'이라고 정의해 볼 수 있겠습니다. 인류는 오랜 역사적 과정에서 지식을 만들어냈습니다. 문화를 만들어냈습니다. 인류가 만든 문화유산 가운데 지식의 형태로 표현될 수 있는 것을 학습주제별로 편성해 놓은 것이 바로 subject, 곧 교과였던 것이죠.

그러면 중세 시대에 동양과 서양에서는 자신들의 지적 문화유산을 어떠한 형태로 학습주제별로 편성해 놓았을까요? 동양에서는 사서오경(四書五經)이라고 하는 것이 교과로 확립되었습니다. 이것이 우리나라로 넘어와서는 줄여져서 사서삼경(四書三經)이 되었지요. 서양의 경우에는 중세 시대에 삼학(三學)·사과(四科)라고 하는 과목, 즉 7개의 교양과목이 확립이 됩니다. 영어로는 Seven Liberal Arts라고 부르는데요. 7개의 자유교양 과목이라는 의미를 갖는 것이죠. 사서오경 또는 Seven Liberal Arts가 각각 동양과 서양의 지적인 문화유산을 주제별로 편성해 놓은 학습내용 곧 교과였던 것이죠. 여기서 사서오경과 삼학사과를 조금 더 자세하게 살펴보고 넘어가도록 하겠습니다.

사서오경(四書五經)

동양의 경우에는 이 교과중심 교육과정 모형이 어디에서 연원하는 것이냐면 고대 중국의 교육내용 체계를 뿌리로 삼습니다. 고대 중국이나 우리나라에서는요, 황제나 임금을 도와서 나라와 백성을 다스리는 정치 관료 계층으로 '사대부(士大夫)'라고 부르는 지식인 계층이 있었습니다. 이들은 신분으로 볼 때 귀족 및 자유인 계급이었는데요. 시대에 따라 태학(太學), 국자감(國子監), 성균관(成均館) 등으로 변천

된 국립 고등교육기관을 통해서 양성되는 통치 계층이었습니다. 정치 관료로서 이들 사대부층에게 요구된 것은 높은 학식과 도덕성이었는데. 이들 사대부층이 갖춰야 했던 높은 학식과 도덕성은 동양의 관점에서 본 교양이었다고 할 수 있습니다. 중국 문명권에 속하는 고대 동양 사회에서는 일찍이 교양을 갖추기 위해서 사대부 계층이 전념해야 하는 일이 학문의 연마와 심성의 수련이었어요. 즉 수양 또는 공부가 사대부가 교양을 갖추기 위해서 마땅히 해야 할 일이었던 것이죠. 이를 위하여 사대부층이 열심히 공부한 것이 바로 성현의 가르침인 사서오경이었던 겁니다.

고대 중국문화권에서 사대부 계층이 수행한 공부는 대학(大學) 공부였습니다. 여기서 대학 공부라는 것은 소학(小學) 공부에 대비되는 개념입니다. 유교경전, 즉 유학경전을 열심히 공부하는 것을 대학 공부라고 합니다. 그러니까 말하자면, 고대 동아시아 사회에서는요, 지배계층이 유학을 공부함으로써 사회 지도자가 되는 수련을 쌓았던 것이죠. 고대 동양에서 지배계층인 사대부가 공부한 유학의 주요 과목은 사서오경이었습니다. 사서는 《대학 大學》, 《논어 論語》, 《맹자 孟子》, 《중용 中庸》의 네 가지 경전을 말하고요. 오경은 《시경 詩經》, 《서경 書經》, 《주역 周易》, 《예기 禮記》, 《춘추 春秋》의 다섯 개 경전을 말합니다. 우리 나라에서는 사서삼경을 유학 공부의 주요 과목으로 삼았는데요. 사서는 여전히 대학, 논어, 맹자, 중용이었고요. 삼경은 시경, 서경, 주역 이 세 과목이었습니다.

동양 사서오경(四書五經)·사서삼경(四書三經)

四書	五經	三經
논어 論語	시경 詩經	시경 詩經
맹자 孟子	서경 書經	서경 書經
중용 中庸	역경 易經	역경 易經
대학 大學	춘추 春秋	
	예기 禮記	

그림 5 동양의 교과중심 교육과정

《대학》은 공자의 손자이며 제자인 자사가 지었다고 전해지는 책입니다. 유교의 '명덕(明德)', '친민(親民)', '지선(至善)'의 새 강령과 '격물치지(格物致知)', '성의정심(誠意正心)', '수신제가치국평천하(修身齊家治國平天下)'의 여덟 조목을 설명한 유학 사상의 입문서입니다. 원래는 중용에 포함되어 있던 것을 따로 떼어 별개의 책으로 편ㅍ찬한 것이라고 하죠.

《논어》는 유학의 창시자인 공자의 언행과 공자와 그 제자들 사이에서의 문답을 모아서 편찬한 책인데요. 유학의 근본이 되는 경전입니다.

《맹자》는 맹자가 지은 것으로서, 유교에서의 정치윤리, 교육사상을 다루고 있는 경전입니다. 주로 정치윤리를 다루고 있어요.

《중용》은 공자의 손자인 자사가 중용의 길에 관해서 지은 책인데요. 본디 《예기》에 들어있던 것을 송나라 때 유학자인 주자가 딱 떼어서 단행본으로 독립시켰습니다. 유학경전에서 중용의 길이라는 건 유학자가 이 세상을 바라보는 관념, 관점, 그러니까 세상을 바라보는 세계관을 철학적으로 정리한 것이라고 할 수 있습니다.

오경인 시경, 서경, 주역, 예기, 춘추는요, 중국 고대의 문학, 정치, 철학, 역사 등을 다룬 경전입니다. 《시경》은 중국에서 가장 오래된 시집이라고 할 수 있습니다. 주나라 초부터 춘추시대 초기까지의 시 305편을 모은 유교 경전입니다. 본디는 3천여 편에 이르렀다고 하는데요. 공자가 그중에 제일 좋은 것만 간추려 가지고 편찬한 책이라고 전해집니다.

《서경》은 요순 임금 때부터 주나라 때까지의 정치·사무에 관한 문서를 공자가 모아서 지은 책입니다. 국가 문서에 관한 책이라고 보시면 되죠.

《주역》은 중국 상고시대에 복희 씨가 그린 팔괘(八卦)에 대하여 주나라 문왕이 괘사(卦辭 점괘를 알기 쉽게 풀이한 글)를 짓고, 주공이 이에 대한 육효(六爻)를 풀이해서 효사(爻辭 주역에서 한 괘를 이루는 각 효의 뜻을 설명한 글)라고 적은 것을, 공자가 그 안에 심오한 원리를 붙여 해설한 고대 중국의 점술 서적입니다. 자연세계와 사회세계의 운행 원리에 대한 통찰을 담고 있는 철학책이라고도 할 수 있죠. 주역은 주로 나랏일의 길흉화복을 예언하는 데 사용되었는데요. 후대에는 개인의 길흉화복을 예언하는 데에도 사용되었습니다.

《예기》는 국가와 가정에서의 행사에서 지켜야 할 예설의 이론과 실제를 풀이한 유교 경전입니다. 주로 국가와 가정에서 제사 지낼 때 지켜야 하는 의례에 대해서 정리한 책이에요.

《춘추》는 공자가 노나라 은공으로부터 애공에 이르기까지의 242년 동안의 나라의 역사를 기록한 역사책입니다.

이렇게 도덕성의 함양을 강조하는 사서오경을 통해서 고대 중국과 동아시아의 유학자들은 인격을 수양하고 국가를 통치하는 기본 원리와 철학을 습득해 감으로써 통치 계층이 가져야 할 지식, 교양, 도덕성을 확립시켜 나갔던 것이죠. 이러한 것들이 다 모아져서 교과중심 교육과정 모형으로 완성된 것입니다.

삼학사과(三學四科)

지식 탐구와 인격 함양을 근본적인 교육목적으로 삼았던 고대의 교육에서 가장 중요하게 여긴 것은 교육받은 개인의 이성적인 사고 능력, 판단 능력, 의사소통 능력이었습니다. 그래서 중점적으로 가르치고 배웠던 교육내용은 모두 다 올바르고 명확하게 사고하고 판단하고 의사소통하는 방법에 관한 것들이었습니다. 고대 그리스·로마의 교육은 특히 이 부분을 매우 강조했지요.

고대 그리스나 고대 로마에서는 귀족과 자유시민 계층이 선거에 나가서 자신의 정견을 펴고 선출된 후에 공직에 나가서 일하는 게 일반적이었어요. 또한 공직에 나가서는 정치적 견해를 달리하는 사람들과 논쟁을 벌이는 일도 잦았는데요. 이때 자신의 식견을 논리적으로 표현하고 다른 사람의 견해를 비판하는 언어능력이 매우 중요했습니다. 사고의 사고와 판단과 의사소통을 올바르게 행하는 능력을 고대 그리스·로마인들은 이성(理性)이라고 불렀습니다. 논리적 사고력을 뜻하는 것이죠.

논리적 사고력을 기르기 위해서 고대 그리스·로마의 청년들이 배웠던 교육내용은 《문법文法 grammar》, 《수사修辭 rhetoric》, 《논리論理 logic》, 《산술算術 arithmetic》, 《기하幾何 geometry》, 《천문天文 astronomy》, 《음악音樂 music》이라고 하는 7가지 과목이었습니다. 이것을 삼학사과(三學四科)라고 합니다. 문법, 수사, 논리 이 세 가지 과목을 삼학(三學)이라고 불렀습니다. 라틴어로는 Trivium(트리비움)이라고 해요. Trivium의 'tri-'가 라틴어로 3이라는 숫자를 나타내서 삼학(三學)이라고 하는 거지요. 산술, 기하, 천문, 음악의 네 과목을 사과(四科)라고 불렀습니다. 라틴어로는 Quadrivium(쿼드리비움)이라고 합니다. Quadrivium의 'quad-'가 라틴어로 4라는 숫자를 나타내므로 사과(四科)라고 합니다. 그리고 이 7가지 과목을 합쳐서 칠자유교양과(七自由敎養科)라고 합니다. 이것을 영어로는 Seven Liberal Arts라고 부르죠. 삼학사과를 칠자유교과라고 부른 건요, 이들 7가지 과목이 귀족이나 시민계층의 자유인들이 배우는 과목이었고, 이들 7가지 과목을 배우면 이성의 능력 즉 사고력이 단련되어서 스스로 자율적인 사고와 판단을 할 수 있게 된다고 즉 자유인이 된다고 생각했기 때문에 자유인을 위한 7개의 과목, 칠자유교양과목이라는 명칭을 얻게 된 것입니다.

서양 3학4과 (7자유과 Seven Liberal Arts)

3학 三學 Trivium	4과 四科 Quadrivium
문법 grammar	대수 algebra
논리학 logics	기하 geometry
수사학 rhetoric	천문 astronomy
	음악 music

그림 6 서양의 교과중심 교육과정

삼학사과의 내용을 좀더 상세히 살펴보면요, 먼저 문법, 수사, 논리의 3학은 주로 올바른 사고와 판단과 의사소통 능력을 익히는 과목들이었습니다. 먼저 《문법》은 그리스어나 라틴어의 문법 체계를 학습하는 걸 뜻합니다. 우리가 배우는 각 언어에는 그 언어의 사용에 관한 규칙, 문법이라는 것이 있죠. 말을 하고 글을 쓸 때에 가장 중요한 것은 문법에 맞게 말하고 쓰는 것이기 때문에 문법을 가장 중요하게 배웠습니다.

《수사》는 말을 하거나 글을 쓸 때 자신의 생각과 감정을 효과적으로 표현하기 위해서 은유를 사용한다든지 비유를 사용한다든지 하는 걸 말합니다. 요즘으로 치면 문학 수업에 해당한달까요? 말을 아름답게 꾸며주는 표현기법을 배우는 영역이었어요.

《논리》는 사고를 논리적으로 전개하고 논증하는 규칙에 대해서 배우는 과목이었는데요. 아리스토텔레스의 논리학 책이 매우 중요한 텍스트였습니다. 견해가 다른 상대방과 논쟁을 하거나 토론을 할 때 가장 필요한 능력이 올바르게 논리를 전개해 나가는 능력 아니겠습니까?

산술, 기하, 천문, 음악의 4과는 사물을 논리적으로 분석하고 파악하는 능력을 가르치는 데 초점을 둔 과목들입니다. 이성적 사고력은 대화와 토론에만 국한되는 것이 아니고요, 세상을 바라보고 자연세계를 바라보고 이를 분석해서 이해해 나가는 데도 이성적인 사고력이 반드시 바탕이 되어야 했습니다. 그래서 공부한 게 산술, 기하, 천문, 음악의 4과였어요.

《산술》은요, 대수(代數 algebra)라고도 부르는데요, 우리가 흔히 산수라고 부르는 영역을 말합니다. 수의 연산의 방법과 규칙을 배우는 과목입니다.

《기하》는 geometry라고 하는 것으로서, 도형에 대해서 배우는 것이었죠. 대수와 기하는 수학의 중요한 영역들입니다. 특히 기하에 관한 지식은 농경지를 측량할 때나 건축물을 세울 때 반드시 필요한 고급지식이었어요.

《천문》은 기본적으로는 하늘의 별자리의 운행 과정에 대해서 학습하는 것이고. 이와 연관된하여 계절의 변화를 공부하는 것이었습니다. 오늘날로 표현하면 지구과학에 해당하는 과목이었다고 보면 되겠죠.

《음악》은 여러분들이 잘 아시는 악기 연주와 노래 부르기에 해당하는 영역이 되겠습니다. 시를 배워서 악기로 연주하고 노래로 부르는 과목이었는데요. 감정과 정서를 차분하게 다듬어 나감으로써 이성적이고 논리적인 사고력이 충분히 발휘될 수 있도록 하는 심리적 바탕을 형성하는 과목이었죠.

그런데요, 재미있는 게요, 산술, 기하, 천문, 음악 이 네 개의 과목을 관통하는 하나의 일관된 학문이 있습니다. 바로 수학이죠. 고대 그리스인들은 수학이야말로 가장 이성적인 학문이라고 보았습니다. 여러분 피타고라스 떠오르시죠? 만물의 본질을 수 자체로 보았던 수학자 피타고라스 말입니다. 피타고라스 학파의 생각이, 사실은 서양 교육의 근본 정신이 되었다라고 볼 수 있겠습니다. 고대 서양의 교육에서 3학4과가 중요한 교육내용으로 취급된 것은 3학4과가 이성의 능력, 즉 정신의 능력을 단련시킬 수 있다고 보았기 때문입니다.

고대 그리스·로마인들은요, 인간의 이성이 기억, 추리, 판단, 상상 등의 몇 가지 능력으로 나뉘어져 있다고 생각했습니다. 그런데 이게 마치 인간이 운동을 열심히 해서 근육을 키우면 자기 몸이 강하게 단련되는 것처럼, 정신도 수학과 관련되는 과목들 그러니까 3학4과를 열심히 공부하면 정신의 근육이 단련된다고 보았습니다. 이렇게 7가지 과목을 통하여 정신의 능력을 강하게 단련시킴으로써 자유로운 인간이 완성된다는 거죠. 이러한 생각을 교육사에서는 정신도야설(情神

陶冶說 Mental Discipline Theory)이라고 불러요.

요컨대, 교과중심 교육과정은 이 정신도야 이론을 바탕으로 완성된 교육과정 모델이라고 할 수 있습니다. 동양의 사서오경도 인격의 도야를 목적으로 가르치고 배운 거잖아요. 그리고 이러한 정신의 도야는 인간의 이성적 사고판단 및 도덕적 행동 능력을 포괄하는 교양 개념으로 완성이 됩니다. 교양을 강조하는 교육으로서 교과중심 교육과정이 정립된 것이죠.

4 교과중심 교육과정의 교육방법

논리적 사고력을 가르치는 데 초점을 둔 교육내용들, 이것을 실제로 학교 현장에선 어떤 방법으로 가르쳤을까요? 교과중심 교육과정에서 주로 사용하는 주된 교육방법은 어떤 것이었을까요?

교과중심 교육과정 모형에서는 교사 중심의, 교과서 중심의 설명식·강의식 수업방법을 사용했습니다. 교과서에 정통한 교사가 학생들에게 교과서의 내용을 순서대로 차례차례 한 가지씩 설명하고 강의하는 방법을 사용했던 것이지요. 그리고 학생들은 교사의 설명에 따라서 내용을 반복해서 암기하는 데 초점을 두는 학습을 했습니다. 반복해서 암기하는 것이 학습자의 주된 학습방법이었던 것이죠. 이것을 조선 시대의 학교 교육에서는 암통, 암기하여 통달한다라고 표현하고 있습니다.

예를 들면, 과거(科擧) 시험이나 학교 시험을 볼 때 문장을 통째로 외워서 쓰게 하고 그것을 해석한 것을 적어내게 합니다. 올바르게 암기해서 적어냈다면 교사는 채점을 해서 '통(通)'자를 쓰게 됩니다. 통과했다는 뜻이죠. 틀린 곳이 많으면 '불통(不通)', 합격하지 못했다라는 글자를 적습니다. 여러분, 반복해서 암기한다는 것은요, 결국 어떤 방법을 썼다는 얘기입니까? 바로 연습과 훈련의 방법을 썼다는 것입니다.

잘할 때까지 반복해서 연습하고, 연습하고, 연습하고, 훈련하는 것. 이게 교과중심 교육과정에서의 핵심 교육방법이었습니다. 물론 힘들었겠지요. 매우 매우 힘들었을 것입니다. 하다 보면 꾀도 나서 딴짓도 하게 되었겠죠. 그땐 훈장님의 회초리가 어김없이 나의 종아리로 날아오게 됩니다. 내가 틀렸을 때, 내가 잘못했을 때 훈장님이 회초리로 나를 따끔하게 훈계하는 과정을 우리는 '훈육(訓育)'이라고 부릅니다. 훈육은 특히 학생들에게 도덕적인 모범을 제시하는 방법으로도 아주 중요하게 사용된 방법이었습니다.

5 교과중심 교육과정의 특징과 비판점

교과중심 교육과정의 특징

교과중심 교육과정은 다음과 같은 중요한 특징을 갖습니다.

먼저 첫 번째로, 교과중심 교육과정은 지식을 체계적으로 조직·편성한 데 초점을 둔 교육과정이기 때문에, 당연한 말이겠지만, 지식을 체계적으로 가르치는 데에 특별한 강점이 있는 교육과정 모델입니다. 교과중심 교육과정에서는 교과 지식을 체계화하고 그것을 매우 논리적이고 체계적인 형태로 편성해 놓는 것에 강조점을 두게 됩니다. 그리고 오랜 세월 동안 지식을 가르치면서 지식의 논리성, 교과의 논리적인 체계, 이런 것들을 더욱 더 다듬어서 발전시켜 갔습니다. 따라서 교과중심 교육과정에서의 교과는 높은 수준의 논리성을 갖춘 지식체계로 완성이 되어 있고, 당연히 그것을 순서대로 논리적으로 배우고 익히면 지식을 체계적으로 학습하는 데서 가장 큰 강점을 가지게 된다는 것입니다.

두 번째는 교과중심 교육과정 모형이 활용되던 학교 교육의 모습과 연관되는 특징인데요. 교과중심 교육과정은 한 명의 교사가 텍스트를 가지고서 여러 명의 학습자들을 한꺼번에 지도할 수 있다는 장점을 갖습니다. 물론 여러 명이라고 할 때 과연 몇 명까지 가르칠 수 있느냐는 상황과 환경에 따라서 다르겠지만, 대략 수십 명의 학생들을 교사가 텍스트를 가지고 동시적으로 지도할 수 있다는 것이 되겠죠.

그러나 이 첫 번째, 두 번째 특징은 반드시 다음의 세 번째의 조건이 선제적으로 확립되어 있어야 가능합니다. 교과중심 교육과정 모형의 세 번째 특징은, 교과중심 교육과정 모형은 교수자와 텍스트의 권위가 확립되어 있어야만 그 교육적 성과가 확보될 수 있다는 것입니다. 가르치는 교사가 교과에 매우 정통한 실력을 갖고 있고, 교과서가 해당 교과지식을 논리적·체계적으로 잘 조직·편성해 놓은 텍스트일 때, 즉 교사가 실력이 있고 교과서가 수준 높게 논리적으로 체계화되어 편성되어 있을 때 교과 중심 교육과정 모형은 지식을 체계적으로 가르친다는 교육목표를 성공적으로, 또한 효과적으로 달성할 수 있는 것입니다.

교과중심 교육과정에 대한 비판점

하지만 대략 19세기 말~20세기 초가 되면 교과중심 교육과정 모형은 다음과 같은 몇 가지 이유 때문에 큰 비판을 받게 됩니다.

우선 첫 번째로, 교과중심 교육과정 모형은 전통적인 학교 교육의 대표적인 교육과정 모델로서 "주입식 교육에만 의존하여 실행되었다"는 비판을 받게 됩니다. 주입식 교육이란 교육내용을 교사가 학습자에게 일방적으로 전달하는, 교육과정의 폐쇄된 성격을 뜻하는 말로 사용되는 용어입니다. 교육내용을 학생들에게 막 주입하는 교육이다, 이런 의미를 갖는 것이죠.

주입식 교육이라는 비판은 바로 두 번째, "교육내용이 학습자와 학습자의 흥미와 관심을 도외시하는 내용으로 이루어져 있다"는 비판으로 이어집니다. 교육내용을 선정하고 그것을 조직할 때 그리고 교육내용을 가르칠 때, 학습자의 발달의 정도나 흥미, 관심도 이런 것들은 생각하지 않고 그저 교과 지식의 논리적 체계에만 맞춰서 교육내용을 체계화하고 가르치는 교육과정 모델이 교과중심 교육과정이었다는 비판이죠.

특히 학습자의 흥미와 관심이 교육의 출발점이 되어야 한다는 생각은 20세기에 등장한 존 듀이(John Dewey)의 아동중심 교육사상 곧 진보주의 교육사상에 뿌리를 두고 있습니다. 이는 더 거슬러 가면 18세기 루소의 자연주의 교육사상과 맞닿아 있죠. 교육은 어른의 관점에서 아동을 훈육하는 것이 아니라 아동의 눈높이에서 아동의 흥미와 관심을 계발시켜주는 것이다라고 보는 것입니다. 이러한 관점에서 볼 때 교과중심 교육과정은 어른의 관점, 교사의 관점에서 학습자의 흥미와 관심을 전혀 고려하지 않은 교육과정이기 때문에 비판을 받게 되는 것입니다.

그리고 교과중심 교육과정 모형은 20세기에 들어오게 되면서 세 번째 비판으로서, "실생활과의 관련성이 매우 낮은 교육과정이다"라는 비판을 받게 됩니다. 앞에서 살펴봤던 교과중심 교육과정의 대표적인 과목들, 예컨대 사서오경이나 삼학사과를 보면 그것이 현대적으로 발전하는 19세기, 20세기 사회의 요구와 필요들을 감당하고 충당할 수 있는 것이 아니라는 것은 우리가 능히 짐작해 볼 수 있을 것입니다. 즉, 생활의 모습과 생활의 요구가 변화하고 바뀌었기 때문에 교과중심 교육과정에서 가르치는 주요 과목들은 실생활과 점점 멀어지는 특성을 갖게 되었고, 이에 따라 실생활과의 관련성이 매우 낮다는 비판을 받게 되었던 것입니다.

이에 따라 주입식 교육을 탈피하고, 학습자의 흥미와 관심을 교육의 출발점으로 삼으면서, 실생활과의 관련성을 매우 높게 가져가는 새로운 교육과정 모형이 요구가 되는데요. 바로 그것이 20세기 초반에 등장한 경험중심 교육과정 모형입니다. 다음 시간에는 경험중심 교육과정 모형에 대해서 함께 공부해보도록 하겠습니다.

네 번째 강의
경험중심 교육과정 모형

이번 시간에는 경험중심 교육과정 모형에 대해서 함께 공부해보도록 하겠습니다. 경험중심 교육과정 모형은요, 지난 시간에 우리가 공부했던 교과중심 교육과정 모형 다음에 등장하는 교육과정 모형인데요. 교과중심 교육과정 모형이 더 이상 교육적인 실효성을 갖지 못하게 되었을 때에 새로운 교육적 요구를 담아서 20세기 초반에 등장하게 된 교육과정이 경험중심 교육과정 모형입니다.

1 경험중심 교육과정의 개념

경험중심 교육과정은, 글자 그대로, 경험을 중심으로 교육내용을 구성한 교육과정이라는 뜻입니다. 경험중심 교육과정이란 학생들이 아동 및 청소년으로서 영위하는 현재의 생활과, 장차 어른이 되었을 때 영위하게 될 미래의 생활에서, 실생활의 문제를 해결해 나가는 능력을 습득하도록 하는 데 초점을 두고 생활경험을 중심으로 학습과제를 조직·편성한 교육과정 모형입니다.

그래서 경험중심 교육과정을 생활중심 교육과정이라고 부르기도 하는데요. 엄밀히 말하면, 경험중심 교육과정과 생활중심 교육과정은 서로 구별되는 교육과정 모형이지만 내용과 방법 상에 있어서 유사성과 친연성이 많기 때문에 둘 다 같이 사용하는 편입니다. 생활중심 교육과정은 기본적으로 아동이 현재 살아가는 생활과 어른이 되었을 때 살아가게 될 생활을 분석한 후에 그 속에 어떤 생활문제가 주로 나타나는지를 살펴보고 그러한 생활문제를 해결해 나가는 여러 가지 지적·기능적 능력을 습득하는 데 초점을 둔 교육과정이었던 것입니다. 구분해 본다면, 생활이라는 것은 교육의 내용의 측면에 초점을 두었을 때 생활중심 교육과정으로 나타난 것이고, 경험이라는 것은 교육의 방법의 측면에 초점을 두었을 때 경험중심 교육과정으로 나타난 것이라고 보시면 되겠습니다.

2 경험중심 교육과정의 등장 배경

경험중심 교육과정 모형이 등장하게 되는 배경은 먼저 국민교육의 형성, 그리고 그것이 공교육으로 발전해 나가는 과정, 그리고 산업혁명으로 인한 산업사회의 도래 이러한 점들을 거론해 볼 수 있습니다.

국민교육의 형성

제일 첫 번째로, 시대적 배경으로서 국민교육의 형성에 대해서 함께 살펴보도록 하죠. 유럽 사회에서는 18세기 프랑스 혁명의 영향으로 근대 국민국가가 형성됩니다. 그러니까 같은 민족끼리 국가를 이루어서 함께 살아가겠다고 하는 1민족 1국가 체제의 추구가 이어지게 됩니다. 그래서 18세기, 19세기에 걸쳐서 국민국가가 형성이 되지요.

이러한 국민국가는 전통적인 왕정체제 즉 왕이 다스리던 왕정을 폐지하고 나라의 대표자를 국민들이 선거하여 뽑는 공화제로 변모하는 것이 특징이었습니다. 그러니까 근대 국민국가는 공화국이라고 하는 정치제도에 의거해서 형성되었던 것이죠. 그런데 새롭게 선거를 통하여 대표자를 뽑고 출발한 근대 국민국가는 민주주의 정치체제잖아요? 국민이 기초가 되는 국가체제였어요. 그렇다면 국민국가가 발전하기 위한 기틀, 즉 국민국가의 뼈대를 형성하려면 당연히 모든 국민을 대상으로 교육을 시킴으로써 우수한 국민이 길러지는 것, 이게 아주 중요한 일이 되었던 것이죠.

그래서 국민국가의 기틀을 형성하기 위하여 모든 국민을 대상으로 하는 국민교육(national education)이 실시되기 시작합니다. 국민교육을 실시하는 학교를 뭐라고 불렀는지 혹시 아십니까? 네, 국민학교라고 불렀습니다. 대표적으로 독일에서 처음 시작됐는데요, 그래서 국민학교를 독일어로 folks schule(폴크스 슐레)라고 불러요. folk는 국민 또는 민족이라는 뜻이고, schule는 학교라는 뜻입니다. 그래서 국민학교 이렇게 불러요.

근대 국민국가의 형성기에 국민교육을 실시하는 국민학교가 등장하게 되지요. 이러한 국민학교의 주요 교육대상은 그 나라의 아동이었습니다. 그리고 주요 교육내용은 자기 나라의 언어 곧 모국어, 자기 나라의 역사, 자기 나라의 음악 그리고 체육이었습니다. 체육 가운데서도 아이들의 올바른 신체 성장을 위한 체조가 강조되었다고 하죠. 아무튼 이렇게 모국어와 모국의 역사와 자기 나라의 민속음악 등을 가르침으로써 애국심을 고취시키고, 또 아동들이 건강하고 튼튼하게 잘 자라날 수 있도록 체육교육에 힘쓴 것이 국민학교 교육이었습니다. 통틀어 이것을 우리는 국민교육이라고 부르는 거구요.

공교육의 형성

그런데 국민교육은 한 나라가 발전하느냐 쇠퇴하느냐 즉 한 국가의 흥망성쇠를 좌우하는 핵심 열쇠가 됩니다. 교육을 통하여 우수한 인재를 많이 길러내는 나라가 발전하는 나라가 되는 것이죠. 그래서 국가가 교육의 주체가 되어 국민들을 교육시키는데요. 세금을 들여서 교육을 시키는 제도가 발전되게 됩니다. 주로 20세기 초까지 유럽과 미국 같은 나라들이 국가의 재정으로써 국민들을 교육시키는 교육제도를 완성시키는데요. 이렇게 국가가 세금을 들여서 국민들을 교육시키는 제도를 공교육(公教育 public education) 제도라고 부릅니다.

공교육은, 사립학교와 구별되는, 국가가 운영하는 공립학교를 통해서 이루어지게 됩니다. 여러분, 사립학교는 등록금을 누가 냅니까? 교육을 받는 개인이 내죠. 반면에 공교육은요, 공립학교는 국가가 모든 재정을 부담하기 때문에 학비를 내지 않고 학생들은 교육을 받게 됩니다. 그래서 20세기 들어서까지 세계 주요 선진국가들은 공교육 제도를 실시함으로써 바야흐로 국가가 국민들을 교육시키는 국민교육을 완성시켜 갑니다. 공교육은 다음과 같은 네 가지 중요한 특성을 갖고 있습니다. 보통교육, 일반교육, 의무교육, 무상교육이 그것입니다.

먼저 보통교육은 Common education이라고 부르기도 합니다. 공통교육이라고 하지요. 즉 모든 국민을 위한 보통교육을 실시한 것이 공교육입니다. 이것은 출신 계급과 상관없이 같은 내용을 배우도록 한다는 의미죠. 출신과 계급에 상관 없이, 귀족이든 평민이든 또 남자이건 여자이건 관계없이 공통되는 내용을 공부하도록 한 것이 보통교육입니다.

두 번째는 일반교육입니다. General education이라고 하는데요. 이것은 앞으로 갖게 될 직업과 상관없이 일반적으로 알아야 할 내용을 학교에서 가르치도록 했다는 의미입니다. 그러니까 내가 장사꾼이 될지 공장에서 일하는 기술자가 될지, 아니면 군인이 될지 아무것도 안 하고 그냥 집에서 놀지와 상관없이, 앞으로 갖게 될 직업과 관련 없이 반드시 배워야 하는 내용이 있다면 그걸 가르치도록 했다는 의미죠. 그러니까 쉽게 말씀드리면, 문과, 이과, 인문계, 실업계 상관없이 꼭 알아야 될 일반적인 내용이 있다면 그것을 교육내용으로 삼아서 가르치도록 한 것, 이것이 공교육으로서의 일반교육의 성격입니다.

세 번째는 의무교육입니다. Compulsory education, 강제적인 교육이라는 의미를 갖는 단어인데요. 일정한 학령 동안은 반드시 교육을 받아야 한다는 것이죠. 그러니까 부모는 일정한 학령에 도달한 자기 자녀들을 학교에 반드시 보내야 하는 의무를 갖는 것이고요, 만약에 이 의무를 저버리고 학교에 보내지 않는다면 부모가 의무교육에 관한 법률을 어긴 것으로, 처벌을 받도록 되어 있다라는 것입니다. 그래서 모든 국민이 일정 기간은 반드시 강제적으로 교육을 받도록 하는 특성 이것을 우리는 공교육의 세 번째 특성으로서 의무교육이라고 부릅니다.

그런데 공교육이라고 하면 가장 중요한 특성이 바로 네 번째 특성인데요. 무상교육이라는 것입니다. Gratitious education 혹은 Free education이라고 부를 수 있는데요. 즉 교육을 받는 데에 아무런 비용을 내지 않고 받는다는 것이죠. 상기의 학업에 소요되는 비용은 일체 국가가 부담하도록 하는 것, 이것이 무상교육의 의미입니다. 프리 에듀케이션이라고 할 때 잘못 번역하면 공짜 교육 이렇게 할 수 있는데요. 공짜는 아닙니다. 비용이 드니까요. 다만 그 비용을 국가가 부담한다는 것이죠. 왜 부담합니까? 우리나라의 미래의 국민을 길러내는 것이죠. 국민을 길러내면 누가 혜택을 봅니까? 국가가 혜택을 보죠. 따라서 당연히 국가가 교육재정을 부담하는 것이 마땅하다고 여긴 것이 무상교육의 의미입니다.

2차 산업혁명의 발생

국민교육과 공교육의 확산과 더불어 경험중심 교육과정이 등장하게 되는 또 하나의 시대적 배경은 산업혁명으로 인한 산업사회의 도래였습니다. 18세기 영국에서 시작된 산업혁명으로 사회구조가 농경사회에서 산업사회로 변화하게 됩니다. Industrial society, 즉 공장을 세우고 공장에서 상품을 생산하여 경제가 운영되는 사회라는 뜻이죠. 따라서 산업사회에서는 공장에서 체계화된 생산 공정에 따른 전문 기술을 발휘하여 생산 노동에 임하는 숙련 기술자 내지는 숙련 노동자가 필요하게 됩니다.

공장에서 물건을 만들 때는 생산 공정과 기술이 필요하겠죠. 그런 생산 공정에 따라 전문 기술을 발휘해 나가는 숙련된 기술자가 필요해지는 사회가 산업사회였던 것입니다. 따라서 과거의 지식과는 달리 주로 상업 계열과 공업 계열에 필요한 실용적인 기술 형태의 지식이 더 많이 필요해지게 된 것이죠. 그리고 여기에 과학기술이 덧붙여지게 됩니다. 과학의 발달로 인하여 배워야 할 실용 형태의 기술 지식이 많이 많이 늘어났던 것이죠.

진보주의 교육운동과 생활중심 교육

공교육의 확대와 산업혁명으로 인한 산업사회의 도래, 이에 더하여 교육적으로는 20세기에 들어 진보주의 교육운동이 일어나게 됩니다. 19~20세기 들어 전통적인 교육이 성인의 관점에서 지나치게 교과 지식 습득과 도덕적 훈육만을 강조함으로써 아동의 권리와 흥미를 무시하고 아동의 개성과 자율성 또는 아동의 창의성 등을 억압한다는 교육학적인 반성을 하게 됩니다. 그러니까 전통적인 교육이 지나치게 교과서 중심의 지식 습득, 그리고 아이들의 행동을 도덕적으로 교정한다고 하는 훈육의 측면만을 강조함으로써 사실상 아동의 인권이나 아동의 개성을 무시하고, 뭐랄까 다소 억압적인 형태의 교육, 강압적인 형태의 교육으로 전개되었던 것을 이제 깊이 반성하게 됐다는 것이죠.

따라서 교육은 철저하게 아동의 흥미와 관심을 출발점으로 해야 하며, 특히 아동의 자연적 또는 자발적 성장과 발달을 위한 학습 과정이 되어야 한다는 새로운 교육학적 반성이 이루어지게 됩니다. 이러한 새로운 교육학적인 반성을 통하여 아동중심 교육이 이루어지게 되는데요. 여러분, 18세기에 루소라는 프랑스의 철학자가 자연주의 교육 사상을 주장했던 것 기억나실 것입니다. 네, 바로 그 자연주의 교육 사상으로부터 출발한 아동중심 교육이 20세기에 들어와서 바로 이 진보주의 교육운동으로 결실을 맺게 되는 것이죠.

진보주의 교육운동(Progressive Education Movement)은 미국의 존 듀이(John Dewey)라는 교육학자에 의해서 형성·확산됐습니다. 진보주의 교육에서 강조한 것은 아동중심 교육인데요, 아동중심 교육과 더불어 또 강조했던 것은 생활중심 교육이었습니다. 전통적인 관점에서 볼 때 교육이란 아동이 나중에 어른이 되었을 때 살아가면서 필요하게 되는 지식 또는 기술을 가르쳐주는 과정입니다. 전통적인 관점에서 교육은 어른이 됐을 때 필요한 지식이나 기술을 가르쳐 주는 것으로 간주되었던 것이죠. 이것을 우리는 생활준비 교육이라고 할 수 있습니다. 미래의 생활, 어른이 되었을 때의 생활을 준비시키는 과정이 교육이다, 이렇게 보는 것이죠.

그런데요, 진보주의 교육에서는요, 미래의 교육도 물론 중요하겠지만, 아동이 살아가는 현재 시점의 삶, 즉 아동으로서의 현재의 생활도 매우 중요하다고 보고 있죠. 아동이 현재 진행되는 아동으로서의 삶을 행복하게 살 수 있도록 교육이 도와줘야 된다고 본 것입니다. 그래서 아동의 현재 생활을 중심으로 교육이 이루어지도록 생활중심 교육을 제안했던 것이죠. 여러분, 아동의 현재의 생활을 가만 보면 아동은 어떤 생활들을 합니까? 가정에서, 지역사회에서, 또는 학교에서 어떤 생활을 가장 중요하게 영위해야 될까요?

전통적인 관점에서는 미래를 위한 학습을 가장 중요하게 생각했을 것입니다. 그런데 진보주의 교육에서는 그렇게 생각하질 않았어요. 아동의 개성과 자율성과 자발성이 최대한으로 발휘되면서 아동의 흥미와 관심이 충족되는 삶의 과정, 이게 아동이 현재 시점에서 가장 중요한 삶의 내용이라고 보았던 것이죠. 결국 쉽게 말씀드리면, 뭡니까? 아이들이 어떨 때 제일 행복하고 즐거워합니까? 학습할 때일까요? 아니죠. 모여서 동무들하고 뛰어놀 때 가장 행복했겠죠. 아동의 흥미와 관심을 반영하여 아동의 현재의 생활 내용을 중심으로 교육을 한다는 것은 결국 놀이와 학습이 연관될 수 있도록 하는 학교를 만들어 보고 싶은 존 듀이의 꿈이 표현된 것이었다고 말할 수 있습니다.

지금까지 살펴본 경험중심 교육과정의 등장 배경을 정리해보도록 하겠습니다. 대략 18세기 말에 시작되어 20세기 초에 이르기까지 진행된 △국민교육의 형성 △공교육의 완성 △산업사회의 형성 △진보주의 교육운동과 생활중심 교육이 어우러져서 경험중심 교육과정이 됩니다. 한 나라의 국민을 길러내기 위한 공교육 제도는 아이들을 대상으로 온 국민을 교육시키는 것이 되었고, 그러한 교육의 내용은 산업사회의 형성에서 필요한 새로운 실용적인 지식과 기술 이런 것들을 가르치는 것이 되었으며, 또한 거기에 전통적인 학교 교육의 반성으로서 아동의 흥미와 관심을 중요하게 생각하고 또 아동의 창의성과 자발성, 개성을 강조하는 진보주의의 아동중심 교육이 등장하게 되죠. 이러한 배경 요소들이 모여서 20세기 미국을 중심으로 등장하게 된 교육과정 모형이 경험중심 교육과정 모형입니다. 이 경험중심 교육과정 모형은 우리가 지난 시간에 공부했던 교과중심 교육과정 모형을 대체하고 새롭게 교육 혁신 또는 교육 개혁의 방향으로서 강조되기 시작한 교육과정 모형입니다.

3 경험중심 교육과정의 교육목표

다음은 경험중심 교육과정에서 추구한 교육목표를 살펴보도록 하겠습니다. 경험중심 교육과정 모형에서는, 존 듀이의 아동중심 교육사상과 그로부터 발전한 생활중심 교육 이 두 가지가 교육목표 설정의 중심축이라고 말씀드릴 수 있습니다. 이에 따라 경험중심 교육과정에서는 다음과 같은 교육목표를 설정하고 있습니다.

첫 번째로, "아동의 현재 생활에 대한 적응 및 미래 생활에 대한 준비"를 가장 중요한 교육목표로 설정하고 있습니다. 아동이 현재 아동으로서 살아가는 삶을 효과적으로 잘 적응할 수 있도록 도와주고, 아동이 장차 성인이 되었을 때 살아가게 될 생활을 능력 있게, 유능하게 영위해 나갈 수 있도록 준비시켜 주는 것을 가장 중요한 교육목표로 삼았던 것이죠.

그런데 이렇게 생활의 적응과 생활의 준비를 잘 하기 위해서는 아동이 주위 환경과 상호작용하면서 끊임없이 학습을 통하여 새로운 경험과 새로운 이해력을 신장시켜 나가는 것이 요구가 되었습니다. 그래서 경험중심교육과정에서는 두 번째 교육목표로서, "아동의 경험과 이해의 계속적 성장"이라고 하는 목표를 제시하게 됩니다. 끊임없이 주위 환경과의 능동적인 상호작용을 통하여 경험과 이해를 축적시키고, 성장시키고, 발전시켜 나간다고 하는 것은 진보주의 교육철학이 바라본 교육의 본질적인 개념이었습니다.

경험중심 교육과정이 추구했던 세 번째 교육목표는 "생활의 문제해결 능력의 습득을 통하여 유능한 생활인이 되는 것"이었습니다. 현재 생활과 미래 생활을 잘 적응하고 준비한다면, 생활 속에서 부딪히는 여러 가지 문제 상황에서 그러한 문제를 유능하게 효과적으로 해결해 나갈 수 있게 될 것이라는 거죠. 따라서 경험중심 교육과정에서는 생활에서 등장하는 여러 가지 문제를 유능하게 해결하는 능력 즉 생활의 문제해결 능력을 습득시킴으로써 아동이 유능한 생활인으로 자라날 수 있도록 도와주는 것이 주요 교육목표였습니다.

네 번째로는 "민주적 학교생활을 통한 민주주의 시민 육성"을 들 수 있는데요. 존 듀이는 미국의 민주주의가 발전하고 성장하려면 아이들이 학교에서 생활하는 과정에서 민주주의의 생활 태도와 가치를 잘 배우고 실천함으로써 민주적인 시민으로서 길러져야 된다고 보았습니다. 그래서 학교 교육과 민주주의의 밀접한 상호 관련성을 토대로 민주적인 학교생활을 통하여 아동이 민주주의 시민으로서 길러지는 것이 중요한 학교 교육의 목표라고 제시를 했죠.

자, 정리해봅시다. 경험중심 교육과정에서는요. 첫 번째, 아동의 현재 생활 적응 및 미래생활 준비; 두 번째, 아동의 경험과 이해의 계속적 성장; 세 번째, 생활의 문제해결 능력 습득을 통한 유능한 생활인의 육성; 네 번째, 민주적 학교생활을 통한 민주주의 시민 육성, 이렇게 네 가지를 가장 대표적인 교육목표로서 제시하고 있습니다.

4 경험중심 교육과정의 교육내용

다음으로는 경험중심 교육과정에서 제시한 주요 교육내용에 대해서 함께 살펴봅시다.

경험중심 교육과정은 생활을 주요 교육내용으로 삼습니다. 앞 시간에 배웠던 교과중심 교육과정이 교과를 교육내용으로 삼았던 것과 상반되는 개념입니다. 생활이란 유기체가 주위 환경과 상호작용하는 과정을 말합니다. 우리가 삶을 살아간다고 할 때는 주변의 환경과 상호작용하여 능동적이고 자발적인 활동으로써 특정한 결과물을 만들어내고 산출하는 과정을 거치게 되죠. 이걸 우리는 생활이라고 얘기하죠. 그래서 아동이 현재 살아가는 생활과 앞으로 어른이 되어 살아가게 될 생활, 이걸 중요한 교육내용으로 삼겠다고 본 것이 경험중심 교육과정입니다.

경험중심 교육과정에서는 아동의 현재의 생활과, 어른이 되어 살게 될 미래의 생활 영역에서 아동이 습득해야 할 지식이 무엇인지, 아동이 습득해야 할 기능은 무엇인지, 어떤 태도를 길러야 하는지 찾아내어서 교육내용으로 조직했습니다. 현재의 생활 속에서는 어떤 지식과 기능이 발휘되어야 하는지, 어른이 되어서 살게 될 미래의 생활 직업이라든가 사회의 영역에서는 어떤 지식과 기술과 태도가 필요한지 분석해서 그걸 학생들에게 가르치는 것을 경험중심 교육과정에서는 핵심으로 삼았다는 것입니다.

생활 교과의 형성

교과(초등/중등)	생활 교과(초등/중등)	생활 교과(초등학교 저학년)
국어	언어 생활	슬기로운 생활
산수	수리(數理) 생활	
사회	사회 생활	
자연	탐구 생활	
음악	표현 생활	즐거운 생활
미술		
체육		
도덕	사회 생활	바른 생활
교과중심 교육과정 모형	*경험중심 교육과정 모형*	

그림 7 경험중심 교육과정의 생활교과

생활과 교과의 연계: 생활교과

경험중심 교육과정에서는 아동의 현재의 생활과 미래의 생활 속에 어떤 활동들이 들어있는지, 생활을 영위하는 데에 어떤 지식과 기술과 태도가 발휘돼야 하는지를 분석함으로써 다음과 같은 생활교과들을 만들어내게 됩니다.

먼저 교과중심 교육과정에서의 교과를 범례로 삼아 본격적인 경험중심 교육과정 체제 하의 교과목들이 만들어지기 전까지 중간 과정이랄까요, 징검다리랄까요, 국민교육·공교육의 시대에 초등교육 수준에서 《국어》, 《산수》, 《사회》, 《자연》, 《음악》, 《미술》, 《체육》, 《도덕》, 《실과》 교과가 핵심 교과로서 형성됩니다. 줄여서 우리는 국산사자, 음미체도 이렇게 불렀죠. 이것이 초등교육에서의 일반적인 교과로서 형성이 되어 있었는데, 이제 경험중심 교육과정이 등장하면서 이러한 교과는 생활의 영역을 바탕으로 재조직되게 됩니다. 생활교과로서 다음과 같은 교과들이 등장하게 되죠. 《언어생활》, 《수리(數理)생활》, 《사회생활》, 《탐구생활》, 《표현생활》, 《실업생활》이 그것입니다.

여러분, 생활교과라고 하는 것이 처음 등장할 때는요, 과거에 교과로서 형성되어 있던 지식 내용들을 아동이 살아가게 되는 일상생활과 연결지어서 생활 속에 필요한 지식과 기능과 태도를 종합적으로 교과 속에 담는 형태를 취하게 됩니다. 그래서 국어는 '언어생활'이라고 하는 영역으로 바뀌게 되고요, 산수는 '수리생활'이라는 영역으로 바뀌게 됩니다. 여기서 수리라는 건 물건을 고친다 할 때의 수리가 아니고 수학의 논리라는 뜻의 수리입니다. 사회과목은 '사회생활'로, 자연과목은 '탐구생활'로 생활의 영역과 밀접하게 연관성을 갖는 형태로 재조직되게 되죠. 그리고 음악, 미술, 체육은 아동의 정서와 감정을 표현하는 데 중점을 두는 영역이기 때문에 '표현생활'이라는 것으로 재조직되게 됩니다. 언어생활, 수리생활, 사회생활, 탐구생활, 그리고 표현생활, 이것은 유아교육과정이나 또는 표준 보육과정을 공부할 때도 유아의 생활영역에 따른 학습내용 조직의 핵심 범주가 되는 생활의 영역들이죠.

한편, 도덕 과목은 사회 속에서의 생활 영역과 관련되는 것이기 때문에 즉 사회 안에서의 도덕적 행위 및 도덕적 가치판단과 연관되는 것이기 때문에 도덕 과목은 사회생활 영역 속에 포함이 되게 됩니다. 그래서 경험중심 교육과정이 등장하게 되면 초등교육이나 중등교육에서는 크게 언어생활, 수리생활, 사회생활, 탐구생활, 표현생활이라고 하는 다섯 가지 생활영역 속에서 교과들이 종합되고 재조직되게 됩니다. 그리고 이러한 생활의 영역들은 초등학교 저학년의 과정에서는 더욱더 통합이 되어서 이른바 슬생·즐생·바생, 《슬기로운 생활》, 《즐거운 생활》, 《바른 생활》로 다시 통합적 조직을 하게 되죠. 《슬기로운 생활》은 전통적인 교과로 보면 국어, 산수, 사회, 자연이라고 하는 내용교과를 담은 영역이었습니다. 언어생활, 수리생활, 사회생활, 탐구

생활까지를 우리는 '슬기로운 생활'이라고 이름을 붙였죠. 자, 음악, 미술 체육 등의 표현생활은 어떻습니까? 우리는 이걸 초등학교 저학년에서는 '즐거운 생활'이라고 부릅니다. 그 의미가 확 드러나죠. 그리고 도덕은 '바른 생활'이라고 하는 이름을 붙여서 운영되게 됩니다. 초등학교 저학년에서는 생활의 영역을 크게 슬기로운 생활, 즐거운 생활, 바른 생활의 영역으로 확 줄여놓게 되죠. 이것도 역시 경험중심 교육과정 모형의 개념 체계 위에서 진행된 것입니다.

요컨대, 각 교과목에 들어있는 지식들을 아동이 현재 또는 미래에 살아가게 될 생활의 영역을 준거로 하여서 재조직함으로써, 교과 속에 있는 지식이 아동의 생활의 영역과 밀접하게 연관되도록 했다는 게 핵심입니다. 그래서 과목 이름에 '생활'이라는 용어가 반드시 들어가게 된 것입니다.

5 경험중심 교육과정의 교육방법

그러면 경험중심 교육과정에서는 어떤 교육방법으로 학생들을 가르쳤을까요? 경험중심 교육과정에서의 교육목표와 교육내용에는 일관되게 생활이라고 하는 것, 그리고 경험이라고 하는 것이 핵심 개념으로 들어가 있습니다. 마찬가지 맥락으로 경험중심 교육과정에서의 교육방법은 생활과 경험을 연결짓는 '활동'이라고 하는 개념으로써 설정되게 됩니다. 그러니까 경험중심 교육과정에서는요, 생활을 활동으로 표현함으로써 경험으로 정착시키는 그런 교육방법을 내세웠던 것이죠.

생활을 내용으로 하고 활동을 학습의 핵심 방법으로 삼아서 경험을 습득하도록 하는 것. 이것이 경험중심 교육과정에서 설정된 교육방법의 체계였습니다. 즉 경험중심 교육과정은 각각의 생활 영역에서 수행하여야 하는 활동을 쭉 뽑아낸 다음에, 그러한 활동을 직접적인 체험 과정을 통하여 경험적으로 습득하도록 하는 데 초점을 두고 있습니다. 이는 교육철학의 관점에서 본다면, 존 로크의 경험론 철학에 입각해서 지식을 습득하는 것을 강조하는 맥락이라고 할 수 있습니다. 생활 속에서 수행해야 할 활동들을 찾아낸 다음에, 그 활동을 직접적인 체험을 통해서 아이들이 경험할 수 있도록 하는 것을 대표적인 교육의 방법으로 삼고 있는 것이죠.

생활에서 활동을 추출하고, 활동을 경험의 양태로 정착시키는 경험중심 교육과정의 학습모형은 문제해결학습(problem-solving learning)과 프로젝트 학습(project learning)이라고 하는 대표적인 두 가지 학습모형으로 완성됩니다.

문제해결학습

먼저 문제해결학습을 살펴보겠습니다. 문제해결학습은 미국 시카고대학교의 존 듀이 교수가 만든, 경험중심 교육과정 모형의 대표적인 교수·학습방법입니다. 존 듀이라고 하면 문제해결학습 이렇게 곧바로 연결이 되는 것이죠. 시카고대학의 존 듀이 교수는 진보주의 교육운동, 아동중심 교육운동을 창안한 교육철학자인데요. 존 듀이는 시카고대학교에 부설학교로서 '실험학교'라는 명칭의 초등학교를 만듭니다. 그리고 자신이 교장이 되어서 교육운동을 시작하죠. 학교 이름이 실험학교였던 건 아마도 자신의 교육사상을 실험하기 위한 학교였기 때문에 그런 이름이 붙었던 것 같습니다.

존 듀이의 실험학교에서는 아이들에게 교과학습을 시키는 것이 아니라 일상생활에서 부딪히는 문제를 선생님과 아이들이 함께 풀어나가는 일종의 탐구학습을 실행하게 되는데요. 그 탐구의 과정은 문제를 해결하는 데 초점을 두었기 때문에 문제해결학습(problem solving)이라고 부르게 됩니다. 문제해결학습은 실생활의 문제를 아동 스스로 탐색하고 해결하는 데에 초점을 둡니다.

그림 8 문제해결학습의 절차

문제해결의 과정을 보면, 크게 네 단계로 이루어지게 됩니다. 제일 먼저 문제가 제시되는 단계입니다. "Problem presentation"이라고 합니다. 그러니까 선생님과 아이들이 현실 생활 속에서 문젯거리를 찾아내서 교실 속에 가지고 들어오는 단계인 것이죠.

두 번째 단계는 그 문제를 해결하기 위한 해결책을 창안해 나가는 과정입니다. 영어로는 "Tentative Trial"이라고 부를 수 있겠습니다. 여기서 Tentative는 '잠정적'이라는 뜻을 갖습니다. Trial은 '시도(試圖)'죠. 그러니까 잠정적인 시도라는 의미를 갖습니다. 문제를 해결하기 위하여 여러 가지 방법을 이리저리 적용해보고 탐색해보는 과정을 Tentative Trial이라고 합니다. 왜냐하면, 최종적인 답을 얻어내는 것이 아니기 때문이죠. 잠정적으로 이 문제를 해결하는 데 필요한 여러 가지 지식이나 기능들을 활용해 본다는 의미를 갖습니다.

세 번째 단계는 "Error Elimination" 즉 잘못된 부분을 제거하고 고치는 과정입니다. 오류 수정이 되겠는데요. 문제를 제시받고 그 문제를 해결하기 위하여 여러 가지 적용을 해보다 보면 분명히 틀린 것, 잘못된 것들이 등장하게 됩니다. 그랬을 때 무엇이 틀렸는지, 어디가 틀렸는지, 왜 틀렸는지를 되돌아보고 고치는 과정이 세 번째 단계

Error Elimination입니다.

오류를 바로잡고 나면 이제 맨 마지막으로, 네 번째 단계 "Problem Solving"에 다다르게 됩니다. 해답을 찾아내서 문제해결을 완성할 수 있는 것이죠.

존 듀이에 따르면, 문제해결의 과정에서는 세 번째 단계인 오류 수정의 과정에서, 오류를 찾아내고 바로잡는 데에 사용하는 지적 능력인 '반성적 사고(reflective thinking)'가 가장 중요한 역할을 수행합니다. Reflective Thinking은 어디가 잘못됐는지를 찾아내서, 그게 왜 잘못됐고 왜 틀렸는지를 숙고함으로써, 올바른 답을 향하여 나아가는 과정을 말합니다. 그러니까 듀이의 문제해결학습은 단순히 생활의 문제를 기능적으로 접근하는 것만이 아니라 지적인 학습의 측면에서도 아주 중요한 의미를 담고 있었던 것이죠. Problem presentation ⇒ Tentative Trial ⇒ Errorr Elimination ⇒ Problem Solving으로 이어지는 네 가지 단계에서 가장 중요한 단계는 세 번째 단계인 Errorr Elimination입니다. 반성적 사고의 단계가 가장 중요한 단계가 되겠습니다.

프로젝트 학습

경험중심 교육과정 모형이 내세우는 또 다른 대표적인 교수·학습방법으로는 프로젝트 학습이라는 것이 있습니다. 프로젝트 학습은 존 듀이의 시카고대학교 제자인 킬패트릭(W. H. Kilpatrick)이 창시한 교수·학습방법입니다. 프로젝트 학습을 우리나라 말로는 구안학습(構案學習)이라고 부릅니다. 구안이라는 말은 방안을 구성해낸다, 만들어낸다는 의미를 가져요. 프로젝트 학습은 특정한 학습주제에 대해서 장시간의 체계화된 탐구를 진행하고, 이를 바탕으로 하여 실제적인 문제해결 및 산출물 발현을 수행함으로써, 해당 활동 영역에서의 지식과 기능과 태도를 통합적으로 습득하도록 한 교수·학습방법입니다.

프로젝트 학습은 ①특정한 학습주제를 정하고 ②그에 대하여 장시간의 체계화된 탐구를 진행한 후에 ③그 탐구를 바탕으로 실제적인 문제해결을 하고 ④산출물을 만들어내는 네 단계로 진행됩니다.

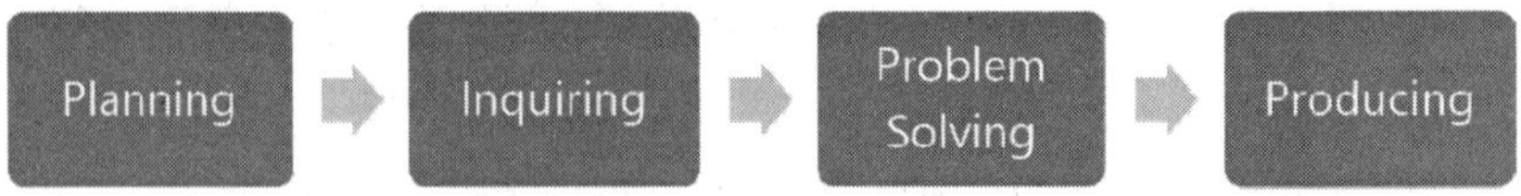

그림 9 프로젝트 학습의 절차

좀더 자세히 살펴보면요, 제일 첫 번째로, 프로젝트를 기획하는 Planning(계획) 단계를 진행합니다. 학습주제를 정하고 탐구활동을 위한 타임 스케줄을 결정하는 것이 Planning이죠.

두 번째 단계는 Inquiring(탐구활동) 단계입니다. 몇 주 또는 몇 달에 걸쳐서 해당되는 주제에 대한 체계적인 탐구를 실시합니다. 이러한 탐구활동에는 관찰을 할 수도 있고, 견학을 할 수도 있고, 실험을 해볼 수도 있고요, 그 속에서 토론을 통해서 여러 가지 탐구의 내용들을 채워나가도록 하는 것이죠.

세번째 단계는 지금까지의 탐구 과정을 통하여 실질적으로 어떤 학습문제를 풀어볼 것인가 하는 문제해결 시도 곧 Problem Solving의 단계입니다. Problem Solving의 단계에서는 앞에서 다루었던 존 듀이의 문제해결학습이 들어가는 것이죠.

문제해결의 과정을 통하여, 특정한 산출로서, 지금까지 학습한 지식·기능·태도를 통합하여 하나의 산출물로 완성해서 전시하는 단계가 맨 마지막 Producing 혹은 Product Presentation입니다. 산출물 발현의 단계라고 하겠습니다. 흔히들 프로젝트 학습을 하면 탐구활동을 다한 다음에 산출물을 만들고 발표회를 하죠. 그게 맨 마지막 Producing 단계가 되겠습니다. 그래서 프로젝트 학습은, 문제해결학습을 중간에 한 과정으로 채워 넣어서, 특정 학습주제에 대해서 장시간의 체계적인 탐구활동을 진행하고, 이로써 문제를 해결하고 산출물을 만들어내는, 종합적인 교수·학습방법이라고 정리해 볼 수 있겠습니다.

Learning by Doing

이 문제해결학습과 프로젝트 학습은 독일의 페스탈로치, 프레벨 등으로 대표되는 19세기 유럽의 신인문주의 교육철학의 노작교육(勞作教育)을 계승하고 있다고 할 수 있습니다. 19세기 유럽에서는요, 경험을 통한 지식 습득, 삶을 통한 교육의 확장이라고 하는 모토로 다양한 삶의 경험과 활동의 경험을 교육의 바탕에 연결 지으려고 하는 새로운 교육운동이 시도되는데요. 신인문주의(新人文主義) 교육운동이 바로 그것입니다.

즉 인문주의 교육이 중세 이래로 3학4과 중심의, 지나친 교과서 위주의, 암기교육이었던 것을 반성하여서 그 위에 신체의 활동과 그 활동의 경험의 확장성 이런 것들을 덧붙인 것으로 등장한 것이 19세기 독일의 신인문주의 교육철학입니다. 신인문주의 교육철학의 핵심은 노작교육 곧 활동과 작업을 교육에 연결 짓는 것이었죠. 프레벨과 페스탈로치는 신인문주의 교육의 대표자들입니다.

프레벨은 경험을 바탕으로 하는 유아교육의 실천가로서, 유치원을 세우고 아이들에게 은물이라고 하는 교구를 통하여 직접적인 경험을 강조하는 교육을 실시하지요. 그것을 좀 더 초등 및 중등교육으로 확장시킨 사람이 페스탈로치였습니다. 페스탈로치의 학교에서는 학과 공부만 하는 것이 아니라 가축을 키운다든지 농사를 짓는다든지 또는 여행을 한다든지 하는 여러 가지 폭넓은 활동을 통하여 전인적인 인격을 기르고자 노력하는 그런 학교였죠.

결국 이러한 모든 교육활동들은 학습자의 흥미와 관심 그리고 특히 직접적인 활동을 강조하게 됩니다. 그래서 존 듀이는 자신의 교육철학을 표현하는 한 마디 모토로서 "Learning by doing", 곧 행함에 의한 학습, 활동에 의한 학습, 활동학습을 강조하고 있는 것이죠. 아이들이 직접 doing, 몸으로 해봐야 그것이 실질적인 살아있는 학습이 된다라고 본 것입니다.

6 경험중심 교육과정의 특징과 비판점

경험중심 교육과정의 특징

이제 경험중심 교육과정의 특징을 정리해보도록 하겠습니다.

첫 번째로, 경험중심 교육과정은 학습동기의 측면에서 아동의 흥미와 관심을 학습의 출발점으로 삼음으로써, 아동이 가지고 있는 학습동기를 지속적으로 활성화할 수 있었다는 장점을 갖습니다. 학습에 있어서 가장 중요한 요소가 학습동기라는 것, 다들 알고 계시죠? 학습동기가 있어야 학습이라고 하는 활동이 지속적으로 발휘될 수가 있는 것이죠. 그런데 그런 학습동기를 이끌어내는 가장 중요한 요소는 아동의 흥미와 관심입니다. 그래서 경험중심 교육과정에서는 학습의 출발점으로서 아동의 흥미와 관심을 매우 중요한 요소로 생각하고, 흥미와 관심을 교육학적인 형태로 연결시키려고 노력을 하였던 것이죠.

두 번째로는 기억의 문제입니다. 활자 매체의 교육내용을 암기하는 데서 벗어나서 생활의 내용을 직접 활동하여 경험을 습득하도록 함으로써 이를 통하여 배운 것을 더 오래 기억할 수 있도록 해준 것이 경험 중심 교육과정의 두 번째 특징이었습니다. 무슨 말이냐면, 교과중심 교육과정에서는 교육내용을 암기하도록 하는 것을 가장 중요하게 생각했죠. 그런데 그 암기한 것은 시간이 지나면 망각, 즉 잊어버리게 되는 단점이 있습니다.

그런데 생활의 내용을 직접 아이들이 활동하고 경험하여 직접적인 체험을 하게 된다면, 그렇게 해서 배운 것은 단순히 머릿속에 암기했을 때보다 훨씬 더 오래 기억할 수 있었다는 것이죠. 즉, 자신이 직접 몸으로 수행해서 체험한 지식이나 기술은 잘 안 잊혀지고, 오랫동안 기억해서 써먹을 수 있었다는 것입니다.

세 번째는 전이(轉移)의 문제입니다. 학습사태와 생활사태의 동일성을 유지함으로써 학습의 전이가 더 잘 이루어질 수 있도록 한 것이 경험중심 교육과정의 세 번째 특징이었습니다. 학교에서 공부할 때 배운 내용이 학교 교실 밖을 벗어나서 일상생활에 맞닥뜨렸을 때 생활 속의 활동과 연결될 수 있다는 것, 그것도 그냥 연결되는 게 아니라 학교에서 실행한 활동이 학교 밖에서 그대로 똑같이 나타난다고 하는 것은 학교에서 배운 내용을 실생활에 써먹게 되는 문제 즉 학습의 전이 문제에 있어서 훨씬 더 효과성을 발휘할 수 있었다는 것이죠. 학습내용이 실생활과 밀접하게 관련되어 있기 때문에, 배운 것을 실제 생활에 더 잘 써먹을 수 있었다는 것이 경험중심 교육과정의 세 번째 특징이 되겠습니다.

정리해 보자면, 경험중심 교육과정은 학습동기에 있어서 아동의 흥미와 관심을 학습동기의 출발점으로 삼음으로써, 학습동기를 좀 더 오랫동안 유지시킬 수 있는 그런 효과성을 발휘하는 교육과정이었고요. 두 번째로는, 활동을 통하여 직접적인 경험을 쌓음으로써 지식이나 기능을 습득하도록 하는 것이었기 때문에, 배운 것을 좀 더 오랫동안 기억할 수 있도록 하는 데에 효과를 발휘하는 교육과정 모형이었습니다. 특히 학교에서 배운 내용이 학교 밖의 생활과 직접적으로 관련되고 연결되기 때문에, 거의 동일성을 유지하는 형태를 띠었기 때문에, 학교에서 배운 걸 학교 밖에서 잘 써먹을 수 있다는, 전이의 문제에 있어서도 매우 높은 효과를 나타내도록 한 것이 바로 경험중심 교육과정의 큰 특징이라고 할 수 있겠습니다.

경험중심 교육과정에 대한 비판점

다음은 경험중심 교육과정에 대한 비판입니다.

첫번째로, 경험중심 교육과정의 생활교과로는 해당 교과의 지식체계를 전체성 있게 체계적으로 학습할 수가 없었다는 비판을 받게 됩니다. 쉽게 말씀드리면, 경험중심 교육과정에서 가르치는 교과목을 가지고는 지식을 체계성 있게 배울 수가 없었다는 비판이 되겠습니다. 그러니까 전통적으로 '국산사자음미체도'로 대표되었던 교과들에 들어있는 지식의 체계성을, 생활의 영역과 연관지은 형태의 언어생활, 사회생활, 탐구생활, 표현생활 등의 교과들로는 지식을 체계성 있게 학습하기가 힘들었다는 비판이었죠.

두 번째 비판은요, 진보주의 교육의 원리에서 학습의 출발점 - 과정(過程 process) - 종착점이 되는 아동의 흥미와 관심에 대한 것이었습니다. 아동의 흥미와 관심이라는 게 아주 중요한 것이긴 한데요. 아동이 어떤 대상이나 사물이나 내용에 대해서 흥미와 관심을 보이는 것을 시간으로 측정하면 얼마 동안 흥미와 관심을 지속할 수 있을까요?

이것은 집중력하고도 연관된다고 볼 수 있을 텐데요. 이 강의를 듣는 여러분들 나이의 성인도 20분 정도가 지나면 흥미와 관심이 사라져 버리는데, 유아나 아동들이 대상에 대한 흥미와 관심을 지속적으로 발휘한 시간은 얼마나 되었을까요? 그렇죠, 아동의 흥미와 관심은 가변성을 띠고, 즉흥성을 띠고, 일시성을 띠고 있었다는 것입니다. 그래서 진보주의 교육의 원리에서 강조하는 아동의 흥미와 관심이 체계적인 학습과 교육을 담보하기에는 가변성, 일시성, 즉흥성이 너무 컸기 때문에, 아동의 흥미와 관심으로써 체계직으로 지식학습이나 주제학습을 길게 이끌고 가기에는 너무도 힘들었다는 것이죠.

세 번째로, 지식과 기술의 발전과 이에 따른 사회의 변화가 너무 자주, 너무 빨리 이루어짐으로써 학교 교육의 내용을 실생활의 지식·기술과 매칭시키기가 점점 너 어려워졌다 라는 점도 경험중심 교육과정의 단점으로 지적해 볼 수 있는 점입니다. 산업사회가 도래한 이후에 지식과 기술이 기하급수적으로 증가하고 발달하게 되는데요. 경험중심 교육과정은 학교 밖의 생활의 내용요소들을 학교 안에 가지고 들어와서 배우고 익히도록 하는 데 초점이 맞춰져 있지 않습니까? 바로 이 부분에서 지체 현상이 일어나는 거에요. 극단적으로 말하면, 학교에서 열심히 배웠는데 그 사이에 지식과 기술이 너무 발달해서 학교를 졸업한 후에는 써먹지 못하는 현상이 차츰차츰, 점점 많이, 나타나기 시작했다는 것입니다. 게다가 무엇보다도 1940~50년대가 지나고 20세기 중반쯤이 되면 컴퓨터 사회, 정보화 사회가 도래하게 됩니다.

그래서 컴퓨터를 기반으로 하는 정보공학이나 기술공학 등의 고급지식을 갖추어야 할 필요성이 점점 증가하게 되는데요. 이러한 정보공학, 기술공학 등의 고급지식은 경험중심 교육과정 모형으로는 제대로 습득하기가 힘들었습니다. 이러한 점들이 제기가 되어서, 경험중심 교육과정은 미국의 경우에 1940~50년대에 반짝 유행하게 되고, 대략 1960년대에 들어서게 되면 경험중심 교육과정에 대한 비판이 커지면서 새로운 교육과정 모형이 요청됩니다. 바로 그것이 다음 시간에 공부하게 될 학문중심 교육과정이었던 것이죠.

다섯 번째 강의
학문중심 교육과정 모형

지난 시간에 우리는 경험중심 교육과정 모형을 공부했죠. 경험중심 교육과정 모형이 한계를 드러냈을 때 그 다음에 등장하는 교육과정 모형이 학문중심 교육과정 모형입니다. 학문중심 교육과정 모형은 글자 그대로 학문을 교육내용으로 삼아서 학생들을 가르치는 교육과정입니다. 즉 학문성을 강조하는 수준 높은 지식교육, 이것이 모태가 되는 교육과정이 학문중심 교육과정입니다. 자, 그러면 이제부터 학문중심 교육과정 모형을 같이 공부해 보도록 합시다.

1 학문중심 교육과정의 개념

먼저 학문중심 교육과정의 정의를 함께 살펴봅시다. 학문중심 교육과정은, 글자 그대로, 학문을 교육의 중심에 놓고 마련된 교육과정 체제입니다. 자세하게 다시 한번 정의를 내려본다면요. 학문중심 교육과정은 정보화 사회에 필요한 과학, 기술, 공학 지식을 체계적으로 습득하는 데 초점을 두고 학습자에게 수학과 과학을 중심으로 학문탐구의 방법과 과정을 가르침으로써 고도의 수학적·과학적·공학적 사고를 체득하도록 설계된 교육과정 모형을 말합니다.

학문중심 교육과정은 제일 먼저 정보와 사회를 겨냥해서 만들어진 교육과정이라는 것에 주의를 기울일 필요가 있습니다. 1960년대에 미국을 중심으로 서구 선진국가는 컴퓨터를 기반으로 생산관리, 판매관리, 기술관리를 해나가는, 컴퓨터 기반의 정보기술 사회에 들어서게 됩니다. 그랬을 때 컴퓨터 기반의 정보화 사회에서 새롭게 대두된 문제는 수준 높은 과학, 기술, 공학 지식을 습득한 지식 노동자 즉 수준 높은 기술 노동자가 필요했다는 점이 아주 중요하게 부각이 됩니다.

이에 과학-기술-공학 지식을 체득한 수준 높은 기술 노동자 또는 지식 노동자를 가르치기 위해서는 초·중·고등학교 때 과학기술공학 지식의 토대가 되는 수학과 과학을 체계적으로 잘 가르칠 필요가 제기되었습니다. 그래서 수학과 과학을 중심으로, 더 나아가 학문을 탐구하는 방법과 과정(過程)을 학습내용으로 삼는 교육과정 체제가 필요해졌던 것이죠. 이를 통하여 수학적 사고, 과학적 사고, 공학적 사고를 체득한 매우 수준 높은 산업인력이 양성되도록 설계한 교육과정이 바로 학문중심 교육과정 모형이라고 할 수 있겠습니다.

2 학문중심 교육과정의 등장 배경

학문중심 교육과정을 만들어낸 나라는 미국이었습니다. 미국이 1950년대 말과 60년대에 학문중심 교육과정을 만들어냈는데요. 미국에서 학문중심 교육과정 모형이 만들어지게 된 배경은 몇 가지가 있습니다.

미·소 냉전

그 중에 가장 대표적으로 우리가 거론할 배경은 미국과 소련 간의 냉전, 미·소 냉전 때문에 학문중심 교육과정이 등장하게 됐다는 시대적 배경입니다. 학문중심 교육과정이 등장한 시대적 배경으로서 냉전에 대해서 좀 더 자세하게 살펴보도록 하겠습니다. 냉전은 '차가울 冷(냉)'자를 쓰는 전쟁입니다. 영어로 Cold War라고 하죠. 차가운 전쟁이라는 뜻이지요. 냉전이란 어떤 나라들이 서로 간의 무력은 사용하지 않고 정치, 경제, 사회, 문화 등의 영역에서 마치 전쟁을 벌이는 것과 같은, 즉 전쟁에 버금가는 다툼을 벌이는 현상을 말하는 정치학 용어입니다. 미국과 소련이 제2차 세계대전이 끝난 다음에 서로 이렇게, 서로 군사력을 사용하지 않고, 즉 전쟁은 하지 않고 정치, 경제, 사회, 문화 이런 영역에서 아주 심한 경쟁을 벌이게 됩니다. 서로의 체제가 더 우월하다는 걸 증명하기 위한 다툼이었죠.

그래서 1960년대부터 거의 1990년대까지 한 30년, 더 길게는 40년 동안 미국과 소련은 냉전을 벌이게 됩니다. 오늘날에는 2020년대를 기준으로 보면 미국과 중국이 냉전을 벌이고 있다고 볼 수 있겠습니다.

냉전	열전
• 冷戰 • Cold War • 어떤 나라들이 서로 간에 무력은 사용하지 않고 정치, 경제, 사회, 문화 영역에서 전쟁에 버금가는 다툼을 벌이는 현상 • 1960년대 미-소 냉전 / 2020년대 미-중 냉전	• 熱戰 • Hot War • 무력을 사용하여 상대 국가나 상대 세력을 굴복시키기 위하여 다툼을 벌이는 현상 • 제1차 세계대전 / 제2차 세계대전 / 6·25 전쟁 / 베트남 전쟁

그림 10 냉전과 열전 비교

냉전의 반대 개념은 열전(熱戰)입니다. 열전은요, '뜨거울 熱(열)'자를 쓰는 전쟁입니다. 영어로 Hot War라고 하죠. 뜨거운 전쟁이라는 의미입니다. 무력을 사용하여 상대 국가나 상대 세력을 굴복시키기 위하여 다툼을 벌이는 현상을 말합니다. 즉 군사력을 사용해서 서로 죽고 죽이는 그런 처참한 결과를 가져오는 전쟁이 열전입니다. 인류 역사에서 열전은 참 많았지만, 특히 제1차 세계대전과 제2차 세계대전은 강대국 사이의 패권 경쟁으로 벌어진 엄청난 무력 전쟁이었습니다.

2차 세계대전이 끝난 다음에 미국과 소련 사이에서 벌어졌던 냉전 때문에 6·25전쟁이, 우리나라에서 일어난 남한과 북한의 6·25전쟁이 일어나게 되죠. 이것도 역시 열전입니다. 1960년대에 벌어졌던 베트남 전쟁 역시 냉전을 바탕으로 일어난 열전에 해당 되겠습니다. 6·25 전쟁과 베트남 전쟁의 배경에 미국과 소련의 체제 다툼이 도사리고 있었고, 공산주의와 자유민주주의의 체제 경쟁이 배경이었다는 의미이지요.

아무튼 냉전이란 미국과 소련 사이의 체제 경쟁, 더 크게 얘기하면 자유민주주의 진영과 공산주의 진영 사이의 체제 경쟁에 대하여 사용하는 용어입니다. 그런데 바로 이러한 냉전이 학문중심 교육과정이 만들어지는 중요한 계기가 되었다는 것입니다.

미국은요, 제2차 세계대전을 승리로 이끈 나라로서, 제2차 세계대전이 끝난 다음에는 제1의 강대국이 됩니다. 이 미국의 강대국의 지위를 위협하는 유일한 나라가 역시 2차 세계대전의 승전국이었던 소련이었습니다. 다만 미국은 자유민주주의의 맹주가 되는 국가였고요, 소련은 공산주의의 맹주가 되는 국가였지요. 역사상으로 미·소 냉전이란 제2차 세계대전 후에 미국이 소련을 상대로 체제 경쟁을 하게 된 것을 말합니다. 초강대국을 지향하는 미국과 소련 두 나라의 체제 경쟁은 1950~60년대에 우주개발 계획으로 표출이 됩니다.

그러니까 인공위성을 쏘아 올리고, 달나라에 로켓 탐사선을 보내고, 급기야는 달나라에 사람이 가서 직접 탐사하는 이런 목표까지 세우고 미국과 소련이 경쟁을 벌이게 되죠. 이러한 우주개발 경쟁에서 그만 1957년도에 소련이 인공위성을 발사해서 지구 궤도를 도는 실험에 성공하게 됩니다. 이때 발사된 인공위성 이름이 러시아 어로 스푸트니크(sputnik)입니다. 스푸트니크는 우리나라 말로는 친구 또는 동무라는 뜻이라고 해요. 스푸트니크가 발사 실험에서 성공함으로써 소련이 미국보다 우주개발 경쟁에 앞서 나가게 됩니다. 이 스푸트니크 인공위성이 쏘아진 이후로 미국은 엄청난 충격을 받게 돼요.

그래서 스푸트니크 쇼크, 즉 스푸트니크 인공위성 발사로 인한 충격을 미국이 엄청나게 겪게 되는데, 바로 이 스푸트니크 쇼크야말로 학문중심 교육과정이 개발되게 되는 가장 첫 번째 원인이 됩니다. 여러분, 인공위성을 발사해서 성공했다는 것은 오늘날에는 그렇게 대단한 기술이 아닐 듯싶지만, 사실은 엄청나게 과학기술이 발전했다는 것을 의미합니다. 소련의 스푸트니크 인공위성 발사 성공은 소련의 과학기술이 세계 최정상에 도달해 있음을 의미하는 사건이었던 것이죠.

이러한 사실은 당연히 미국의 과학기술은 소련보다 뒤처져 있다는 걸 뜻하겠죠. 또한 소련의 과학기술이 세계 최정상에 있다는 것은 기초과학에 대한 탐구와 교육이 소련이 세계 최정상에 있다는 것을 의미하는 일이었습니다. 인공위성을 발사해서 성공하려면 기초과학이 탄탄해야 되고, 그 기초과학을 수준 높게 잘 가르쳐야 되며, 기초과학을 잘 배운 인재들이 과학기술을 연구하고 개발해서 인공위성을 만들고 쏘아 올려서 성공했다라는 의미가 되는 거거든요.

특히 인공위성을 쏘아 올리는 데는 수학과 물리학의 초고급 지식이 필요했습니다. 스푸트니크의 성공은 인공위성을 쏘아 올리는 데 필요한 수학과 물리학의 고급지식을 가르치고 배우는 교육 수준이 소련이야말로 세계 최고였다는 걸 증명하는 것이었죠. 수학과 물리학에 대한 교육 수준이 세계 최고의 국가가 소련이었다는 것이 밝혀지는 순간이 바로 인공위성 스푸트니크의 성공 바로 그 순간이었던 거죠. 인공위성 스푸트니크의 발사 사건은요, 미국에게 어마어마하게 큰 충격을 줍니다. 이 충격은 미국의 교육개혁에 대한 촉발을 가져오게 됩니다.

스푸트니크 쇼크는 당장 미국에 있어서 안보 위기를 초래했습니다. 여러분, 인공위성을 쏘아 올리게 되면요. 인공위성이 지구를 궤도 비행을 하게 되죠. 이것은 그 인공위성에 카메라를 장착하고 지구 특정 나라를 정밀 감시할 수 있게 된다는 의미가 되지요. 이러한 정찰위성이 지금도 군사 강국, 미국이나 중국 또는 러시아, 프랑스 이런 나라들은 이런 정찰위성을 사용하고 있습니다. 아무튼 인공위성 발사 실험이 성공했다는 것은 당장 미국에게 있어서는 안보상의 위기였지요.

이와 함께 미국의 기초과학 그리고 그 기초과학에 대한 교육이 소련보다 뒤처져 있다는 것을 의미하는 것이었습니다. 그러니까 미국의 입장에서 보면요. 스푸트니크 쇼크는 미국의 안보가 당장 위협을 받게 됐다라는 것을 의미하면서 동시에 미국의 학교 교육이 소련보다 훨씬 더 수준이 떨어졌구나, 특히 기초과학 분야에 대해서는 교육이 한참 뒤처졌구나라는 걸 밝혀주는 그런 사건이었습니다. 기초과학이 뒤처져 있다는 것은요, 구체적으로 현대물리학 그리고 현대수학의 탐구와 교육수준이 낮다는 것을 의미합니다. 소련이 훨씬 더 물리학이나 수학을 수준 높게, 어렵게, 그리고 매우 아주 정밀하게 잘 배우고 있었다는 걸 뜻한다는 거였죠.

미국은 곧바로 미국의 학교 교육에서 물리학이나 수학의 교육 수준이 낮은 이유를 찾아봤습니다. 그랬더니, 미국의 학교 교육에선 경험중심 교육과정의 생활중심 교육을 실시하고 있었죠. 그래서 과학이나 수학도 생활 범주에서 지식을 다루는 그런 교육이 이루어졌습니다. 여러분, 물리학이나 수학 분야에서 일상생활에 적용할 수 있는 범위는 사실 그렇게 크지 않아요. 그렇게 수준 높지도 않고요. 그래서 경험중심 교육과정에서의 물리학 교육, 수학 교육은 자연히 소련보다 교육 수준이 떨어질 수밖에 없었다는 것이죠. 미국은 이제 “야, 이거 큰일 났구나. 소련을 앞질러야 되는데 우리가 소련보다 학교 교육이 뒤처져 있어. 특히 수학이나 과학은 형편없이 뒤치져 있어. 이걸 어떻게 하면 따라잡고 소련을 이길 수가 있을까?”라는 문제의식으로 교육개혁의 작업을 시작하게 됩니다.

이러한 교육개혁의 작업을, 특히 미국 하버드대학교의 심리학과 교수인 제롬 브루너(Jerome S. Bruner) 교수에게 맡기게 되죠. 제롬 브루너 교수는 인시심리학을 연구한 분입니다. 인간의 발달 과정과 인지양식의 발달에 대해서 연구한 뒤에, 어떻게 지식을 습득하고 효과적으로 적용해서 사용할 수 있는가 하는 분야를 연구한 학자입니다. 지식을 습득하고 지식을 사용해서 현실의 문제를 해결해 나가는 과정. 이 과정이 제롬 브루너 박사의 연구 테마였습니다. 어떠세요? 교육과 밀접하게 연결될 지점이 보이죠?

지식을 습득하는 과정, 그리고 그 지식을 사용해서 현실의 문제를 해결하는 과정, 이것은 교육의 아주 중요한 테마이기도 합니다. 그래서 미국은 교육개혁의 작업을 교육학자들이 아니라 심리학자, 특히 인지심리학자인 제롬 브루너 박사의 연구진에게 맡겨서 수학과 과학 교육의 현대화 작업에 착수하게 됩니다. 요컨대, 브루너 박사는 '수학과 과학을 현대화하여 어떻게 하면 수준 높게 잘 가르칠 수 있을까?'라는 문제를 가지고 교육개혁의 작업을 시작하게 된 것이죠. 그래서 이로부터 미국의 초·중등교육은 수학, 과학 중심의 현대화된 지식교육 위주로 교육과정 체제가 전면 개편되게 됩니다. 수학, 과학 중심의 현대화된 지식교육을 중심으로 삼는 교육과정 체제를 후에 학문중심 교육과정 모형이라고 이름을 붙이게 되지요.

3차 산업혁명과 정보화 사회의 도래

군사상의 문제, 안보의 문제에 있어서는 미국과 소련의 체제경쟁 냉전이라고 하는 것이 학문중심 교육과정의 배경이 되었지만, 사실 그보다 더 근본적으로는 서구의 산업사회의 발전 단계에서 드디어 산업사회를 넘어서서 정보화 사회가 도래하게 되었다는 것이 학문중심 교육과정이 등장하는 중요한 사회적 배경이 됩니다. 1960~70년대에 미국은 컴퓨터 자동제어 기술에 의한 산업생산 자동화 체제가 구축됩니다. 그러니까 과거에는 공장에서 노동자가 직접 기계를 다루면서 물건을 생산했다면, 이제는 컴퓨터 자동제어 기술에 의해서 생산공정이 조절되고, 상품이 생산되고, 관리되는 그런 시대가 되었다는 것이죠.

쉽게 말씀드리면, 공장에서 컴퓨터의 조종을 받는 로봇이 제품을 생산하기 시작했다는 것입니다. 컴퓨터로 제어되는 로봇이 제품을 생산하는 시대라는 얘기는 결국 컴퓨터를 프로그래밍하고 제어하는 기술을 가질 필요가 있다는 의미를 내포하게 됩니다. 그래서 컴퓨터 제어 기술에 의한 산업생산 및 자동화 체제가 구축된 이런 산업혁명을 우리는 3차 산업혁명이라고 부릅니다. 이 3차 산업혁명에서는 컴퓨터 기반의 자동화와 정보화 체제가 사회 전반에 구축되게 되는 것이죠. 이에 따라 기계 기반의 숙련 노동에서 벗어나서 수학적·공학적 사고로 무장하고, 고도화된 전문지식과 문제해결 능력을 갖춘 지식 노동자가 필요한 사회가 됩니다.

과거의 기술자들과 노동자들은 기계공학에 대한 지식과, 기계를 잘 다루는 그런 기술을 습득한 사람들이었어요. 그런데 이제는 그것을 넘어서서 수학적인 사고, 공학적인 사고를 바탕으로 전문지식과 문제해결 능력이 있어야 산업 현장에서 일할 수 있게 됐다는 거죠. 산업 현장인 공장만이 아니고요. 사무실에서도 컴퓨터 제어 기술에 의한 사무 자동화가 이루어지게 됩니다. 쉽게 말씀드리면, 컴퓨터를 가지고 사무직을 수행하는 그런 시대가 되었다는 것이죠. 이에 따라 학교는 컴퓨터 제어 기술의 밑바탕에 놓여 있는 수학적 사고력, 공학적 사고력을 계발하는 것이 매우 중요한 교육의 문제가 되게 됩니다. 학교는 이제 수학적·공학적 사고력을 계발하여 학생들이 컴퓨터를 가지고 일을 할 수 있는 능력을 길러주어야 된다라는 의미를 갖는 것이죠.

3 학문중심 교육과정의 교육목표

이상과 같은 배경에 따라 학문중심 교육과정은 다음과 같은 몇 가지 교육목표를 추구하게 됩니다.

우선 첫 번째로, 학문중심 교육과정은 수학적·공학적 사고력을 계발하는 것을 가장 중요한 교육목표로 내세웠습니다. 수학적·공학적 사고력을 가져야만 현대 산업사회, 정보화 사회의 수준 높은 기술 노동자가 될 수 있었다라는 것이죠.

이것은 곧바로 두 번째 교육목표로 연결이 됩니다. 수준 높은 탐구능력, 문제해결 능력을 기르는 것이 학문중심 교육과정의 두 번째 교육목표였습니다. 그 이전의 경험중심 교육과정보다 훨씬 더 수준 높은 고도화된 탐구능력과 문제해결 능력을 가르치는 것이 학문중심 교육과정의 목표였다는 것이죠.

세 번째로는 이러한 수학적·공학적 탐구 능력, 문제해결 능력을 바탕으로 하여 지식사회, 정보화 사회에서 요구되는 평생 학습 능력을 습득하는 것이 주요 교육목표가 됩니다. 정보화 사회의 특징 가운데 하나가 지식과 기술이 비약적으로 발전해 나간다는 것입니다. 그러니까 이걸 양적인 관점에서 생각하면요, 지식과 정보의 총량이 점점 더, 이전보다 훨씬 더 증가해 나간다는 걸 의미하는 거예요. 학교에서 배우는 것보다 사회에서 새롭게 개발되는 지식과 기술이 훨씬 더 많아진다는 의미입니다. 이는 학교를 졸업한 이후에도 끊임없이 공부하고 새로운 지식과 기술을 습득해야 한다는, 중요한 사회교육적 요구를 우리 앞에 제기하는 것이죠. 학교를 졸업하고도 끊임없이 지식과 기술을 계속해서 배워나가야만 한다는 사회적 요구는 평생학습 능력을 요구하는 사회 이른바 평생학습 사회를 초래하게 되는 것이죠.

네 번째로, 학문중심 교육과정은 과학적인 지식을 배우고 익힘으로써 합리적이고 이성적인 사고능력을 갖춘 민주시민을 길러내는 것 또한 중요한 교육의 목표로 설정하고 있습니다. 원래 교육의 목표 자체가, 교육의 목적 자체가 인간이 가지고 있는 사고 능력 가운데 합리적인 사고, 이성적인 사고의 능력을 길러줌으로써 사회를 합리적이고 이성적인 민주사회로 만들어가는 데에 있죠. 민주주의와 교육의 관계는 항상 상보적이고 비례적인 것이라는 얘기입니다. 이 학문중심 교육과정은 수학적·공학적 사고가 가지고 있는 합리성과 이성의 측면을 강조하여 지식교육을 해나감으로써 결국 한 사회가 매우 합리성이 높고 이성이 강조되는 민주주의 사회로 발전되기를 바랐던 교육과정 모형이라는 겁니다.

4 학문중심 교육과정의 교육내용

학문적 사고

학문중심 교육과정에서는 과연 무엇을 핵심 교육내용으로 삼았을까요? 학문중심 교육과정에서는 당연히 학문을 교육내용으로 상정하고 있습니다. 학문을 중심으로 즉 학문을 교육내용의 중심으로 교육과정을 만들었다, 그런 의미가 학문중심 교육과정이라는 용어엔 들어있는 것이죠. 그렇다면 왜 학문을 중심적인 교육내용으로 삼았을까요? 그 이유는 다음과 같습니다. 학습자에게 학문을 가르치면 논리적인 사고 능력을 계발할 수 있기 때문입니다. 학문을 가르치면 논리적 사고능력을 계발할 수가 있어요. 왜냐하면, 학문 자체가 해당 분야의 논리적 사고의 집합체, 논리적 사고의 귀결체이기 때문이죠. 예를 든다면, 수학이라는 학문은 수학 분야의 논리적 사고의 결집체입니다. 수학을 연구하는 사람들이 수학적인 논리를 펼쳐서 완성한 것이 수학이라는 학문인 거죠. 여러분들이 지금 공부하는 교직과목은 교육학이라는 학문의 연구결과를 교과목으로 만든 건데요, 교육에 관한 학문적 사고를 하는 분들이 탐구를 해서 논리적으로 얻어낸 결집체를 교육학이라는 학문으로 완성한 것입니다. 과학에서는 당연히 과학적 사고라고 하는 논리가 작동하는 거고요. 사회 또는 사회학은 사회현상에 대한 논리적 사고의 귀결로 사회학 지식이 만들어지는 것이죠. 요컨대, 학문이란 그 분야의 논리적 사고를 발휘해서 만들어낸 완성체라는 것입니다. 그래서 학문이란 학문적 탐구의 과정과 결과로써 구축된 과학적 지식의 체계라고 정의할 수 있습니다.

그렇다면 브루너 교수의 연구진은 왜 20세기 중반, 이 시점에 학문을 배워야 한다고 생각했을까요? 왜 초등학교부터 중학교, 고등학교 그리고 대학교에 이르기까지 학문을 중심내용으로 삼는 교육과정으로 공부해야 된다고 생각했을까요? 1950~60년대는 컴퓨터 기반의 정보화 사회가 이루어진 시대였습니다. 여러분, 정보화 사회의 가장 큰 특징은요, 새로운 지식과 기술이 날마다 쏟아진다는 것이에요. 새로운 지식과 기술이 글자 그대로 폭발적으로 증가하는 사회인 것입니다. 이에 따라서 학교에서 배운 지식과 기술이 그만 학교를 졸업하고 사회에 진출한 시점이 됐을 때는 낡은 지식, 써먹을 수 없는 기술이 되어버릴 수 있다는 것이죠. 학교에서 열심히 배우고 익힌 지식과 기술이 그만 사회를 나가 보니까 그 사이에 지식과 기술이 발전하여서 이미 써먹지 못하는 또는 써먹어도 별로 효과나 효율성이 떨어지는 낡은 지식과 기술이 되어버렸다, 이렇게 된다면 정말 난감하지 않겠어요?

제가 초등학교, 중·고등학교 다닐 때는 수학 시간에 주판(珠板)이라는 걸 가지고 계산하는 법을 공부하기도 했습니다. 주판으로 계산하는 걸 주산(珠算)이라고 그러는데요. 옛날 쌀 가게에서 이거 많이 썼어요. 계산기가 등장하기 전에 계산하는 도구로 사용된 겁니다. 아무튼 그 시절에는 학교에서 특별활동으로 주산을 배우는 반도 있었습니다. 그런데 이미 그때도 전자계산기를 사용을 했고 했겠지만, 학교에서는 아무튼 주산을 가르쳤어요. 그런데 제가 졸업하고 대학을 가니까요. 전자계산기를 다 사용을 하고 컴퓨터를 사용을 하더라고요. 컴퓨터를 가지고 전자계산, 그래서 그게 줄임말이 전산(電算)이죠, 전산

작업을 하더라고요. 주판을 가지고 계산할 일은 전혀 없었습니다. 그러니까 초·중·고등학교 때 주산을 열심히 배웠지만 정작 제가 사회에 진출했을 때는, 대학도 사회 진출이니까요, 주판을 가지고 계산할 일이 전혀 없었습니다. 학교에서 낡은 지식을 배웠다라는 것이죠.

이런 식으로 정보화 사회에서는 날마다 새로운 지식과 기술이 폭발적으로 증가하고, 학교에서 공부하는 것과 학교 교실을 벗어나서 실생활의 현장에서 부딪히는 문제가 일치하지 않는 현상, 곧 학습사태와 문제사태가 불일치하는 현상이 커지게 되너라는 것이죠. 그래서 학습사태와 문제사태가 일치하지 않음으로써 학교에서 배운 걸 사회에 나가서 써먹지 못하는 현상, 즉 학습의 전이가 이루어지지 않는 현상이 점점 심각해졌다는 것입니다. 이렇게 되면 학교 교육이 쓸모없어지게 되겠지요. 그러면 어떻게 해야 되겠습니까?

학교 교육이 쓸모 있으려면 학습사태와 문제사태가 일치되는 방향으로 가야 되겠죠. 바꿔 말하면, 학교에서 공부한 것을 가지고 학교를 졸업한 후에도 여전히 잘 써먹을 수 있게 해줘야 된다는 것입니다. 그래서 정보화 사회의 지식과 기술의 폭발적인 증가와 발전 문제에 대하여 브루너 박사는 성공법을 택했던 것이죠. 학문을 배움으로써 이 문제를 해결해 보겠다라는 생각을 하였던 것입니다.

1차 언어로 된 지식

브루너 교수는 지식과 기술의 폭발적 증가 때문에 야기되는, 학습사태와 생활의 문제사태의 불일치 문제를 해결하기 위해서는 지식교육에 대한 패러다임이 바뀌어야 된다고 생각을 했습니다. 어떻게 바뀌어야 되느냐? '결과로서의 지식'을 배우는 것에서 '과정(過程 process)으로서의 지식'을 배우는 것으로 학교 교육이 바뀌어야 된다고 생각했습니다. 여기서 주목해야 될 것은 결과로서의 지식이라는 개념과 과정으로서의 지식이라는 개념입니다. 브루너 교수는 이것을 각각 '2차 언어로 진술된 지식', '1차 언어로 진술된 지식' 이렇게 대비하여 표현하고 있습니다.

먼저, 결과로서의 지식은 2차 언어로 진술된 지식입니다. 이게 무슨 말이냐면, 탐구 과정을 거쳐서 결과로 얻어낸 지식, 이걸 뜻하는 겁니다. 탐구 과정을 한번 거쳐 가니까 2차적인 거죠. 그러니까 종래의 학교 교육에서는 교과서에 학자들이 탐구한 결과로 얻어낸 지식과 정보를 교과서에 실어서 그걸 학생들에게 전달해 왔다는 것입니다. 전달이니까 2차적인 겁니다. 학문적 탐구의 결과로서의 지식을 교과서에서 가르쳤다라는 것이죠. 그런데 교과서에서 이런 결과로서의 지식을 가르치는 와중에도 연구 현장에서는 학문적 탐구와 연구가 진행되고 있고, 산업 기술 현장에서는 새로운 기술이 개발되고 현장에 적용되고 있는 것이죠. 그러니까 여전히 학교에서 지식을 배울 때 이미 학교 교실 밖에서는 지식과 기술의 진보가 이루어지고 있다는 것입니다. 그렇게 되면 학교를 졸업한 후에는 역시 학교에서 배운 지식을 가지고는 현실 사회의 기술과 또 사회의 복잡한 문제 이런 것들을 대응해 나갈 수 없게 되겠죠.

그래서 브루너는 생각을 바꾼 것입니다. 학교에서는 결과로서의 지식을 가르쳐 나가는 것이 아니라 과정으로서의 지식, 즉 지식이 탐구되는 과정 자체를 가르쳐 주어야 되겠다라는 생각을 한 것입니다. 이것을 브루너는 1차 언어로 진술된 지식이라는 용어로 표현을 하는데요. 1차 언어라는 것은, 말하자면, 학문을 탐구할 때 사용하는 직접적인 개념과 원리, 이걸 뜻하는 것입니다. 바꿔 말한다면, 학문으로서 지식을 탐구하는 과정과 방법, 이걸 1차 언어라고 얘기를 한 거였죠.

그래서 학교 교육에서는 지식이 탐구되는 과정과 방법을 집중적으로 학생들에게 가르쳐 주어야 되겠다는 생각을 하게 된 것입니다. 이것은 이렇게 비유해 볼 수 있겠어요. 이스라엘 사람들의 속담에 '자식이 예쁘면 물고기를 주고, 자식의 장래를 생각한다면 물고기 잡는 방법을 가르쳐주어라.' 이런 속담이 있습니다. 여러분, 자식이 예쁘면 지금 당장 물고기를 한 마리 주겠죠? 물고기를 한 마리 주면 그걸 가지고 맛있게 한 끼 식사를 할 수 있을 것입니다. 그런데 자식의 미래를 염려한다면, 물고기를 주지 말고 물고기 잡는 방법을 가르쳐 주라 그랬어요. 왜 그랬을까요? 물고기 잡는 방법을 알면 어떻게 할 수 있습니까? 그렇죠? 스스로 물고기를 잡을 수 있게 될 것이죠. 스스로 물고기를 잡을 수 있다면, 필요할 때 즉 배가 고플 때마다 물고기를 잡아서 식량으로 조달할 수 있게 될 것입니다.

이처럼 지식을 가르쳐 주는 것도 중요하지만 지식을 배우고 익히는 방법, 지식을 탐구해 나가는 방법을 가르쳐 준다면 아이가 스스로 지식을 탐구하고 새로운 지식을 만들어 나갈 수 있다라고 생각한 것이죠. 그래서 학교 교육이 결과로서의 지식 즉 시험문제에 정답으로 우리가 표시하는 그런 지식이 아니라 그러한 정답을 도출해내는 과정으로서의 탐구 과정, 탐구 방법을 가르쳐 준다면, 지식이 폭발적으로 증가하고 기술이 비약적으로 발전하는 정보화 사회에 대응해 나갈 수 있겠다, 이렇게 생각을 한 것입니다.

요컨대 학교에서 지식이 탐구되는 과정과 방법을 배우게 되면 학생들은 자신의 지적 능력으로 지식 형성의 원리와 적용을 이해하고 분석할 수 있게 된다는 것이죠. 지식이 어떻게 형성되는지 그 원리를 이해하고 지식 형성의 원리를 적용하여 새로운 지식을 만들어낼 수 있게 해주면 정보화 사회에서 아이들이 살아남을 수 있다고 생각을 한 것입니다. 이랬을 때 지식이 탐구되는 과정과 방법을 가르쳐줌으로써 아이들에게 지식 형성의 원리와 적용의 원리를 파악할 수 있도록 해주는 것. 그게 바로 학문이었다는 것이죠. 그래서 학문을 주요 교육내용으로서 상정하였던 것입니다.

생성력이 있는 지식

그런데요, 학문의 지식을 배운다고 하더라도 우리는 한 가지 문제를 여전히 안게 됩니다. 학교를 다니는 동안에, 그러니까 초등학교 6년, 중학교 3년, 고등학교 3년, 12년 정도 되겠죠. 대학까지 치면 얼추 14년에서 16년 정도 됩니다. 이 기간 동안에 학문의 지식을 다 배울 수는 없습니다. 왜냐하면, 학문의 지식 자체도 어마어마하게 많은 분야의, 어마어마하게 방대한 지식이기 때문입니다. 학문의 지식을 우리는 학교 다니는 동안에 다 배울 수가 없습니다. 그래서 우리는 다음과 같은 기준을 둬야 됩니다. 학문의 지식을 다 배울 수는 없기 때문에 핵심이 될 수 있는 것들을 골라서 배우는 거죠. 핵심만 배우되 그것을 바탕으로 지식을 확장할 수 있는 것이라야 합니다. 요컨대, 우리는 생성력(生成力)이 있는 지식을 배워야 합니다. 학문중심 교육과정에서 이 부분은 교육내용에 관하여 매우 중요한 기준이 됩니다.

우리는 생성력이 있는 지식을 배워야 됩니다. 생성력이라는 건 뭔가를 새로 만들어낸다 라는 의미를 갖는 단어입니다. '하나를 배우면 열을 안다'는 속담이 있죠? 이거 하나를 배우면 그것에 관련되는 몇 가지 지식을 더 끄집어낼 수 있다, 더 찾아낼 수 있다, 더 만들어낼 수 있다, 이게 생성력이 있는 지식이에요. 그래서 생성력이 있는 지식을 배워야 한다라는 게 가장 중요한 기준입니다. 다 배울 수는 없기 때문에 생성력이 있는 지식을 배워야 합니다. 구체적으로 어떤 지식을 배워야 됩니까? 첫 번째, "기초"가 되는 지식을 배워야 합니다. 두 번째, "기본"이 되는 지식을 배워야 합니다. 세 번째, "핵심"이 되는 지식을 배워야 됩니다. 네 번째, 이게 제일 중요한데요, "원리"가 되는 지식을 배워야 합니다. 기초가 되고, 기본이 되고, 핵심이 되고, 원리가 되는 지식을 배우면 적용하고, 응용하고, 심화를 해나갈 수가 있습니다. 바꿔 말하면, 배운 것을 계속해서 확장시키면서 써먹을 수가 있습니다.

제가 몇 년 전에 TV방송에서 다큐멘터리를 하나 봤는데요. 가수 송창식 씨가 나오는 프로그램이었습니다. 이분은 1970년대에 아주 유명한 가수였습니다. 이 송창식 씨가 기타를 기가 막히게 잘 치면서 노래를 부르는 분인데요. 나이가 70이 넘은 지금도 하루에 1시간, 2시간씩은 매일 기타 연습을 한답니다. 그런데 그 기타 연습도 어떤 곡을 치는 게 아니라 코드 잡는 거, 기본 코드가 되는 거. 그거를 열심히 1~2시간씩 반복해서 한대요. 그렇게 기초를 계속 연마해 나가면 어떤 상황, 어떤 장면에서도 기타 연주가 막힘이 없이 흘러갈 수 있다는 것이죠. 여러분, 기초라는 게 바로 이런 겁니다.

지식의 구조

공부하는 데 있어서 가장 기초적인 요소를 배우고, 그걸 바탕으로 여러 학문의 밑바탕이 되는 기본 지식을 배우고, 또 그중에서도 핵심이 되는 걸 배우고, 그 위에 원리에 해당하는 걸 배우게 되면 적용하고, 응용하고, 심화를 해나가서 점점 크게 확장해 나갈 수 있다는 것입니다. 이 말인 즉슨, 배운 것을 계속해서 써먹을 수 있게 된다는 거예요. 이걸 브루너는 '지식의 구조(structure of knowledge)'라는 용어로 제시하고 있습니다. 그러니까 기초가 되고 기본이 되고 핵심이 되고 원리가 되는 지식을 부르너는 지식의 구조라고 이름을 붙이고 있습니다. 자, 정리해 볼게요. 우리는 학교 다니는 동안에 학문적 지식을 다 배울 수가 없습니다. 그래서 어떻게 해야 됩니까? 생성력이 있는 지식을 배워야 됩니다. 생성력이 있다라는 얘기는 더 많은 지식을 찾아내고, 발견해 내고, 만들어낼 수 있는 토대가 되는 지식이라는 거예요. 이러한 지식이 뭡니까? 기초와 기본과 핵심과 원리가 되는 지식이에요. 이걸 배워야 돼요. 그걸 한마디로 어떻게 표현했습니까? 지식의 구조를 배워야 한다, 이렇게 브루나는 정의를 내리고 있습니다. 예를 들자면, 지금 우리가 공부하고 있는 학문중심 교육과정 모형에서는 지식의 구조라는 개념이 기초이고 기본이고 핵심이고 원리가 되는 지식입니다.

가르치는 사람의 입장에서도 역시 마찬가지입니다. 주어진 시간에 학문의 지식을 다 가르칠 수는 없습니다. 그래서 어떻게 해야 됩니까? 기초가 되고, 기본이 되고, 핵심이 되고, 원리가 되는 것만 뽑아서 가르쳐야 되겠죠. 지식의 구조만 가르쳐야 되는 것입니다. 학문의 지식을 다 가르칠 수는 없기 때문에 기초, 기본, 핵심, 원리가 되는 지식 곧 지식의 구조를 가르쳐야 한다는 것이죠. 하나의 학문에서 기초·기본·핵심·원리가 되는 지식을 뽑아내서 학생들에게 가르친다면 학생들은 그야말로 핵심이 되는 것, 꼭 배워야 되는 것만 배우게 되는 것이죠. 뿐만 아니라 기초와 기본과 핵심과 원리를 배우면 어떤 일이 벌어집니까? 학습자에게는 해당 분야에서 사물과 현상을 바라보는 안목이 형성되는 것입니다.

사물과 현상을 바라보는 안목

학습자의 입장에서는 이게 제일 중요해요. 사물과 현상을 바라보는 안목이 형성되는 거요. 예를 들어보죠. 교직과목을 듣고 있는 유아교육과 학생이라면 유아나 아동을 관찰하고 그 속에서 교육적인 문제를 끄집어내서 탐구하는 과목인 《아동관찰과 행동연구》라는 과목을 들으실 겁니다. '유아관찰 또는 아동관찰과 행동연구'라는 과목은요, 유아 또는 아동이 실행하는 행동을 관찰해서, 그 아이의 행동의 심리적인 토대 또는 사회적인 토대를 들여다보고, 그 행동이 가지고 있는 심리사회적인 의미를 분석해봄으로써, 아이의 행동이 또는 아이의 발달과정이 좀 더 교육적인 방향으로 진행될 수 있도록 지도하는 능력을 기르는 과목입니다. 무슨 말이냐면, 교사가 아이가 행동하는 거나 아이들이 노는 걸 바라보고, 그 속에서 어떤 문제점이 있는 건지 알아내고, 이걸 어떤 교육적 노력을 통해서 발전시키고 개선시켜 나가야 하는지 가늠해내는 능력을 기르는 과목이라는 거예요.

그런데 이 세상의 많은 사람들이 어린아이들을 바라보면서 그들의 행동을 아무리 관찰한다고 해서, 관찰한 아이들에게 어떤 심리적인 문제나 교육적인 문제가 있는지 알아낼 수 있을까요? 그렇지 않겠죠. 행동을 보고 그 속에 어떤 의미가 있는지를 파악하려면 그 분야의 원리를 파악하고 이해하는 지식이 있어야 되는 것이죠. TV 프로그램 중에서 〈세상에 나쁜 개는 없다〉는 프로그램이 있죠. 이 프로그램에서 '개통령'이라고 부르는 강형욱 씨가 의뢰인의 개의 행동을 관찰한 후, 이 개가 이러이러한 문제가 있으니까 저러저러하게 지도하면 개가 온전하게 잘 발달할 수 있겠구나 하고서 개의 행동을 교정지도해 나가잖아요. 그런 과정을 보면 강형욱 씨는 개의 행동을 바라보고, 어떤 문제가 있는지 파악하고, 그것을 개선하는 방안을 처방할 수 있는 '전문가로서의 안목'이 있는 것이죠. 바로 그때의 안목, 개의 행동을 바라보고 무언가를 찾아내고 이야기할 수 있는 그런 안목, 그게 바로 학문을 통해서 학습자들이 습득하게 되는 안목이라는 것입니다.

모든 걸 다 가르칠 수는 없지만, 기초가 되고 기본이 되고 핵심이 되고 원리가 되는 지식의 구조를 가르치면 학습자들은 해당 분야에서 꼭 필요한 "사물과 현상을 바라보는 안목"을 형성하게 된다는 것이죠. 학습자에게 해당 분야에서 사물과 현상을 바라보는 안목이 형성된다면, 계속적인 심화학습을 통하여 바야흐로 학문적 사고력, 학문의 논리에 입각한 사고력과 문제해결 능력을 발달시켜 나갈 수 있을 것입니다. 그래서 지식의 구조를 가르치고 배워야 한다라는 것이죠.

그렇다면 이젠 이렇게 말씀드릴 수 있겠네요. 학문중심 교육과정에서는 지식의 구조를 핵심 교육내용으로 삼는다고 말씀드릴 수 있겠습니다. '지식의 구조'라는 말이 핵심 키워드입니다. 지식의 구조라고 하는 용어를 브루너가 사용한 것은 기본적으로 '지식에는 구조가 있다'라고 생각했기 때문입니다. 모든 분야의 지식에는 구조가 형성되어 있습니다. 그런데 구조라는 것은요, 어떤 사물의 '설계도' 같은 거에요. 그래서 구조를 파악하면 원리를 이해할 수 있고, 현상을 분석할 수 있습니다. 예를 들어볼게요. 어떤 소방관이 불이 난 건물에 불을 끄러 들어가요. 그냥 들어가면 큰일 납니다. 어떻게 해야 돼요? 건물의 설계 도면을 꺼내 가지고 건물의 구조를 파악하고 들어가야 돼요. 어디에 불이 났고, 그 불이 난 지점까지 최대한 빨리 그리고 안전하게 가려면 어떤 통로를 통해서 가야 되느냐, 이걸 알아보려면 건물의 구조를 파악해야 됩니다. 마찬가지로, 지식에서 구조를 파악하면 '이러한 분야의 지식이 이러저러하게 형성되어 있구나'라는 현상의 원리를 파악할 수 있고요, 그 원리를 가지고 눈앞에 드러나는 현상을 분석해 나갈 수 있게 된다라는 것이죠.

원리를 이해하고 그 원리를 적용해서 현상을 분석할 수 있다면, 우리는 비로소 '안다'라고 말할 수 있습니다. 원리를 이해하고 현상을 분석함으로써 '안다'라고 말할 수 있게 되면, 그 뒤에는 원리를 적용하고 응용해서 더 커다란 지식을 만들어낼 수가 있어요. 바꿔 말하면, 새로운 지식을 만들어낼 수 있다는 것입니다.

지식의 구조에 대한 개념 정의

이제 지식의 구조에 대한 개념 정의를 내려보겠습니다. 브루너 교수에 따르면, 지식의 구조는 다음과 같은 것을 의미합니다. 첫 번째, "학문의 밑바탕에 있는 기본적인 사실과 개념과 원리"를 뜻합니다. 모든 학문에는 그 학문의 토대를 이루는 기본적인 사실과 개념과 원리가 있습니다. 두 번째, 학문의 토대를 이루는 개념, 용어, 원리로써 이루어진 "탐구의 규칙 및 방법의 체계"를 또한 지식의 구조라고 부릅니다. 예를 들어보겠습니다. 수학이라는 학문이 있어요. 수학에는 그 학문의 밑바탕에 수에 관련된 사실과 수의 논리적인 작용에 대한 개념, 원리들이 들어있습니다. 집합이니 함수니 방정식이니 이런 것들이 다 수에 연관된 개념과 원리들을 표현하는 것들이죠. 그리고 무엇보다도 그러한 개념용어와 원리를 가지고 수학적 탐구를 해나가는 규칙과 방법이 형성되어 있습니다. 그게 수학을 이루는 지식의 구조가 되는 것이죠.

따라서 우리가 어떤 학문의 지식의 구조를 배운다는 것은 그 해당 분야의 학문적 탐구의 규칙과 방법의 체계를 배우는 걸 뜻합니다. 학문적 탐구의 규칙과 방법, 이걸 배워야 된다는 것이죠. 예를 하나 들어보겠습니다. 여러분, 장기라고 하는 놀이를 혹시 아십니까? 영어로는 Oriental Chess(오리엔탈 체스)라고 부릅니다. 중국에서 만들어진 놀이죠, 장기놀이. 옛날에 복덕방 할아버지들, 지금으로 치면 부동

산 중개사인데, 옛날엔 복덕방이라고 그랬어요. 복덕방 할아버지들이 손님 기다리면서 하고 노셨던 게임입니다. 뭐, 예전에 수업할 때 복덕방 할아버지들이 손님 안 올 때 하던 게임이 뭔지 아느냐 그러니까, 어떤 친구들이 화투요 이랬습니다. 화투는 아니고요. 장기놀이에 대해서 잠깐 생각해 봅시다.

우리가 만약에 장기를 배우게 된다면 뭘 배워야 될까요? 장기놀이를 모르는 친구가 새로 장기를 배운다면 뭘 배워야 되겠습니까? 그렇죠. 장기를 두는 규칙과 방법의 체계를 배워야 되겠죠. 장기를 배운다는 것은 장기 두는 규칙과 방법의 체계를 배우는 겁니다. 그렇다면 우리는 수학을 배운다면 뭘 배워야 되겠어요? 수학 문제를 푸는 규칙과 방법의 체계를 배우는 게 핵심이 되겠죠. 과학을 배운다면 과학적 풀이의 규칙과 방법을 체계적으로 배우는 겁니다. 흔히 장기 두는 규칙을 적용해서 장기를 두는 방법, 이걸 한 글자로 '수(手)'라고 그럽니다. '손 手(수)'자를 쓰는데요. 장기를 잘 두는 사람을 고수, 장기를 못 두는 사람을 하수라고 합니다. 그러면 여러분 고수와 하수의 차이는 뭘까요? 똑똑하고 덜 똑똑하고의 차이일까요?

고수와 하수의 차이는 개념과 원리를 가지고 현상을 파악하고, 그 원리를 적용하고 응용해서 새로운 사례를 산출할 수 있느냐 없느냐의 차이죠. 즉 고수란 알고 있는 규칙과 방법을 활용해서 장기를 둬 나가는 새로운 사례의 수를 많이 만들어내는 사람이 고수인 거고요. 배운 방법 한두 가지밖에 기억을 못 해서 맨날 똑같은 방법으로 장기를 둬서 지는 사람이 하수가 되는 것이죠. 즉 개념과 원리를 얼마나 잘 활용해서 새로운 사례를 만들어낼 수 있느냐 이게 고수와 하수의 결정적인 차이가 되겠습니다.

그러면, 여러분, 장기를 배우는 건 우리가 고수가 되기 위해서 배우고 노력하는 것이죠. 과학을 공부하는 거, 수학을 공부하는 거, 이런 것들도 다 그 분야의 고수가 되기 위하여 노력하는 것입니다. 여러분, 고수가 되는 게 뭐라고 그랬어요? 개념과 원리를 가지고 현상을 잘 분석해내고, 거기에 그 원리를 잘 적용하고 응용해서 새로운 답을 산출해낼 수 있는 능력을 가지는 거, 이게 고수라 그랬습니다. 브루너 교수에 따르면, 우리는 지식의 구조를 올바로 배우기만 하면 개념과 원리로써 현상을 파악하고, 원리를 적용하고 응용하여 다양한 사례를 산출할 수 있게 됩니다. 즉 해당 학문 분야의 논리적 사고능력을 습득하여 활용할 수 있게 된다는 것이죠.

학문 교과

지금까지 꽤 시간을 들여서 지식의 구조라는 개념을 여러분들에게 안내해 드렸는데요. 그렇다면 이러한 지식의 구조를 틀로 하여서 학문중심 교육과정에서는 어떤 성격의 과목들이 형성되었는지 한번 도식화해보겠습니다. 바꿔 말한다면, 학문 교과들은 어떤 것들이 있었는지 살펴보도록 하죠.

지금 보시는 그림은 동심원이 한쪽 방향으로 퍼져나가는 것을 나타내고 있는데요, 가장 중앙에 《수학》과 《논리학》이라고 하는 과목이 들어있죠. 수학과 논리학은 수의 논리적인 연산 과정, 사고의 논리적인 전개 과정을 다루는 과목들입니다. 수학과 논리학이야말로 그 속의 핵심 지식의 구조는 논리(logic) 구조입니다.

그림 11 학문중심 교육과정의 교과

이 수학적 논리와 논리학적 원리가 과학 탐구의 자연현상 탐구에 적용된 것이 두 번째 동심원에 들어있는 《자연과학》입니다. 자연과학은 수학과 논리학의 논리 구조로써 자연현상을 분석하고 그 속에 들어있는 원리를 찾아내는 학문이지요.

이 자연과학의 논리체계를 가지고 이번에는 세 번째 동심원에 사회현상을 탐구하는 《사회과학》이 정립이 됩니다. 사회과학은 자연과학의 논리 체계를 가지고 사회현상, 그러니까 정치, 경제, 사회, 문화, 역사, 이러한 사회 현상을 탐구하는 학문으로서 교과로 형성된 것입니다.

네 번째 맨 마지막 동심원은 《인문과학》과 《예술》로 채워져 있지요. 사회과학을 통하여 밝혀진 사회 현상의 원리, 그로부터의 적용 과정을 이제 인간의 정신문화와 예술 분야에 대입·적용시켜보는 것이 인문과학과 예술 분야입니다. 사회 속에서 형성된 인간 행동과 인간 문화의 의미가 무엇인지 탐구하는 학문 분야들이 인문과학과 예술과학이지요.

5 학문중심 교육과정의 교육방법

학문중심 교육과정에서는 구성주의를 배경으로 하는 교수·학습방법으로써 지식의 구조를 가르칩니다. 즉 학문중심 교육과정에서는요, 구성주의 학습이론을 바탕으로 만들어진 교수·학습방법을 사용해서 지식의 구조를 가르쳤다는 것이죠. 그렇다면 구성주의를 배경으로 학문중심 교육과정에서 사용되는 대표적인 교수·학습방법은 어떤 것이 있을까요? 그것은 바로 탐구학습 또는 발견학습입니다.

탐구학습과 발견학습

탐구학습(inquiry learning)과 발견학습(discovery learning)은 교육학적 맥락이 동일한, 비슷한 개념인데요. 굳이 구별한다면, 사회교과 영역에서는 탐구학습이라는 말을 더 많이 쓰고요, 과학교과나 수학교과에서는 발견학습이라는 용어를 더 많이 사용을 합니다. 그리고 브루너는 발견학습이라는 용어를 대표적으로 사용을 했죠. 이 두 가지 학습 모델은요, 교사나 교과서가 학생들에게 답을 알려주는 것이 아니라 "학습자가 직접 현상을 관찰하고 실험하여 데이터를 수집, 분석하고 오류의 수정을 통한 가설 검증을 해냄으로써 스스로 해답을 산출해 나가도록 하는 학습방법"을 말합니다.

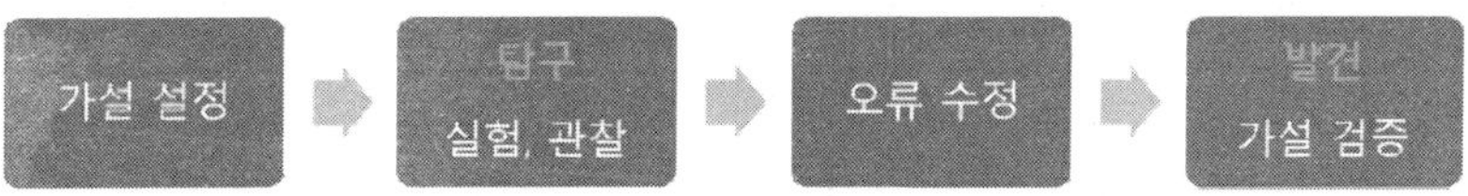

그림 12 발견학습의 절차

그러니까 쉽게 말씀드리면, 기존의 학습에서는 교사가 일일이 답을 설명해서 알려줬습니다. 교과서를 펼치면 다 정답이 들어있었어요. 그걸 공부해 가지고 시험을 봤던 것이죠. 그런데 학문중심 교육과정에서는 교사가 학생들에게 답을 알려주는 과정으로 학습을 이끌어가질 않습니다. 교과서 역시 펼쳐봐도 답이 실려 있지 않습니다. 그렇다면 학습자는 어떻게 해야 되겠습니까?

학습자는 교사의 안내와 교과서의 안내를 받아가면서 직접 주어진 문제를 해결하기 위한 관찰과 실험을 수행해야 됩니다. 그리고 그 관찰과 실험에 입각하여 얻어낸 데이터를 수집하고 기록해야 됩니다. 그 기록된 데이터를 분석함으로써 어디에 잘못이 있는지 오류를 찾아내고 그걸 바로잡음으로써, 가설을 검증하여 학습자 스스로 해답을 만들어내는 것이 탐구학습, 발견학습이 되는 것이죠. 경험중심 교육과정에서 배웠던 문제해결학습의 도식, 프로젝트 학습의 도식과 유사하다는 생각이 들지 않으세요? 가설 설정의 단계를 거쳐서, 탐구 즉 실험·관찰을 수행하고, 오류 수정을 한 후에 최종적으로 가설을 검증하여, 해답을 산출하는 과정은 문제해결학습의 과정과 동일하죠. 그렇습니다. 이 탐구학습 또는 발견학습은요, 존 듀이의 문제해결학습과 킬패트릭의 프로젝트 학습을 그대로 이어받고 있는 것이라고 볼 수 있어요. 여기에 과학 탐구의 절차와 과정이 모형화되어 적용된다는 점에서 탐구학습, 발견학습은 문제해결학습과 프로젝트 학습의 업그레이드 버전이라고 할 수 있을 것입니다.

문제해결학습과 프로젝트 학습의 방법과 원리를 학문적 탐구활동에 초점을 두고 실행하도록 한 것이 브루너의 발견학습 모형이었습니다. 브루너의 발견학습은 지식을 체계적으로 학습하되, 학습자의 직접 활동에 의거하여 학습이 진행되도록 한다는 것이 중요한 강조점입니다. 따라서 발견학습은 자연히 학습자의 내적인 학습동기 유발에 초점을 둡니다. 학습자 스스로 관찰하고 탐구해 가면서 자료를 작성하고 하면, 스스로 내적인 학습동기가 쑥쑥 유발되겠죠? 또한 학습자의 분석적 사고뿐만 아니라 직관적 사고와 창의적 사고도 엄청나게 발현될 것입니다.

지식의 간극을 좁히는 교육

브루너의 발견학습 개념은요, 초등학교 학생이나 대학의 교수 연구자나 모두 본질적으로 동일한 활동, 즉 탐구라고 하는 본질적으로 동일한 활동을 하고 있다는 것을 전제로 합니다. 어린아이들이 관찰일지를 쓰는 지적 과정이나 대학교 교수님들이 실험실에서 연구하는 지적 과정이나 본질적으로는 지식의 탐구라는 동일한 일을 하고 있다는 것이죠. 그래서 이것을 브루너는 "초보 지식과 고등 지식 사이의 간격을 좁힌다."라는 말로 표현하고 있습니다. 말하자면, 학문중심 교육과정은 학습자가 '꼬마 과학자'가 되게끔 하는 교육과정 모형인 겁니다.

6 학문중심 교육과정의 특징과 비판점

학문중심 교육과정의 특징

학문중심 교육과정의 가장 대표적인 특징으로는 첫 번째, "매우 체계적인 지식학습이 이루어진다"라는 점을 들 수 있습니다. 그렇죠? 학문의 논리 구조를 배워나가는 교육과정 모델이기 때문에 지식학습이 체계적인 형태로 이루어지게 됩니다.

두 번째로, "지식학습에서 기억과 전이와 생성이 매우 용이"해집니다. 배운 걸 잘 기억할 수 있고요, 배운 걸 잘 써먹을 수 있고요, 새로운 지식을 잘 만들어 낼 수 있다는 것입니다. 왜 이러한 일이 가능합니까? 뼈대가 되는, 핵심이 되는 지식의 구조를 배웠기 때문입니다. 원리가 되는 지식의 구조를 배웠기 때문에 전이와 생성을 용이하게 할 수 있다는 것이죠.

세 번째로, 학문중심 교육과정은 "수학적·공학적 논리의 사고능력을 계발"하는 데 초점을 두고 있습니다. 학문중심 교육과정으로 공부를 하면 수학적 사고력, 공학적 사고력이 발달하게 되어 있습니다. 문제를 매우 합리적으로 분석하고 풀어나가는 능력이 길러진다는 것이죠.

그리고 끝으로, 평생학습사회에 걸맞은 "자기주도 학습능력을 계발하는 데에 효과"를 거뒀습니다. 지식과 기술의 끊임없는 변화와 발전에 능동적으로 대응하는 길은 평생학습 능력으로서 자기주도 학습능력을 기르는 것입니다. 학문중심 교육과정 모형 속에서 발견학습을 수행하는 동안 학습자들은 자연히 자기주도 학습능력을 쑥쑥 키워가는 것이죠.

학문중심 교육과정에 대한 비판점

다음은 학문중심 교육과정에 대하여 제기된 비판들입니다. 첫 번째로, 전체적으로 교육과정의 학습 난이도가 높아짐으로써 개인별 학습능력의 차이를 크게 부각시키게 됩니다. 쉽게 말씀드리면, 교육과정 자체가 학문 중심으로 형성되었기 때문에 배우는 과목들의 학습 난이도가 매우 높아지게 됐습니다. 이에 따라서 인지적 능력의 차이를 보이는 학습자들의 사이에 학업성취의 차이 즉 성적의 차이를 크게 부각시켰다는 거죠. 한마디로 수포자(수학 포기자), 과포자(과학 포기자)가 많이 나타날 수밖에 없는 교육과정이 되었다라는 것입니다.

두 번째로, 수학, 과학 중심의 교과 편제로 인한 교과 간의 균형과 통합이 문제로 부각됩니다. 교육과정에서 교과를 정립시키는 과정은 교과 간의 수평적 균형과 통합, 이것도 상당히 중요한 문제가 되는데요. 학문중심 교육과정에서는 수학과 과학이 핵심 교과로 등장하게 되고, 수학과 과학이 줄기가 되어 퍼져나가는 연관성에 따라 자연과학, 사회과학, 인문과학과 예술, 이런 형태로 교과들을 조직해 나가기 때문에 아무래도 다른 교과들은 수학, 과학보다 중요도가 낮아지는 결과를 초래하게 됩니다. 수업 시수에 있어서도 수학, 과학이 압도적으로 많은 시수를 차지하게 되기도 했죠.

세 번째로, 탐구활동과 발견학습 등에 소요되는 시간과 비용이 너무 높았다는 점도 무시할 수가 없었습니다. 흔한 말로 '가성비'라는 잣대를 대면 이 학문중심 교육과정 모형은 가성비가 매우 낮은 교육과정 모형이었습니다. 대부분의 국가들에서는 (또한 대부분의 학교들에서는) 발견학습의 본래의 취지, 즉 "지식을 지식답게 가르치는" 본래의 취지대로 교육이 이루어지지 못하였습니다.

지식을 탐구활동과 발견학습 과정을 통하여 학습자가 스스로 터득해 나가는 게 학문중심 교육과정의 취지 아닙니까? 그런데 탐구활동과 발견학습을 실행하는 데에는 교육 시간과 교육 비용이 너무 많이 들었다라는 것입니다. 그래서 교육재정이 여의치 않은 저개발 국가에서는 지식교육은 하긴 해야 되겠는데 그걸 탐구·발견 중심으로 하기에는 너무 시간과 비용이 많이 드니까 어쩔 수 없이 교과중심 교육과정처럼 다시금 결과로서의 지식을 가르치고 배우는 그런 교육과정 모델로 변형되었다라는 것이죠. 실제로 우리나라의 경우가 이랬는데요.

우리나라는 1970년대와 80년대 초에 학문중심 교육과정으로 초·중등 교육과정이 진행되었습니다. 제가 국민학교와 중·고등학교를 다니던 때였는데요. 이때 우리나라는 교육재정이 여의치 않았어요. 실험이나 탐구, 발견 이런 것을 할 수 있는 교실 여건, 학교 여건도 되질 못했어요. 과학실험은 과학반 아이들이나 한 번씩, 장학사님 오실 때나 하는 활동이었고요. 대부분의 과학 시간은 그냥 교과서에 있는 원리와 개념을 머릿속에 외우는 것이었습니다. 수학도 마찬가지죠. 원리를 탐구하고 공식을 이해하고 적용해서 문제를 푸는 게 아니라 문제 푸는 과정을 시간을 정해놓고, 거의 선생님이 푸는 걸 그대로 따라서 풀면서 외우는 그런 학습이 되었던 것이죠.

그래서 이른바 '학문중심 교육과정의 교과중심 교육과정화' 현상이 심각하게 나타나게 됩니다. 여전히 주입식 지식교육의 형태로 교육이 이루어짐으로써 학문중심 교육과정의 본래의 취지를 달성하지 못했다는 것도 학문중심 교육과정에서 나타난 문제점이었다고 할 수 있습니다.

마지막으로, 학문중심 교육과정을 통하여 학교 교육이 지식 중심 교육으로 회귀됨으로써 인성교육이랄지 생활교육이랄지 이런 교육의 전인적 실천에서 부족한 면을 노출하게 됩니다. 공부에 너무 힘쓰다 보니까 인성 또는 생활 이런 것들을 도외시하게 되는 현상이 나타났던 것이죠. 그래서 학문중심 교육과정에 대한 비판으로서 그 다음에 등장하게 되는 교육과정은 아무래도 인성교육을 강조하는 교육과정 모델이 되었던 것이죠. 바로 인간중심 교육과정 모형이 그 다음에 등장하게 되는 것입니다.

여섯 번째 강의
인간중심 교육과정 모형

1 인간중심 교육과정의 개념

제일 먼저 인간중심 교육과정에 관한 개념 정의를 살펴보겠습니다. 인간중심 교육과정은요, 학습자의 자아실현을 교육의 목표로 두고, 학교 교육의 내용과 방법을 인간화함으로써, 학습자의 자율성과 개성, 창의성과 도덕성을 계발하는 데 주력하는 교육과정 모형입니다. 그러니까 인간중심 교육과정은요, '인간'이라는 용어에 교육의 목적과 내용을 두고 있는 교육과정 모델이라고 할 수 있겠습니다. 인간이 기본적으로 가지고 있는 심리적 특성과 인격의 방향성을 살펴보아서 '자아실현'이라고 하는 교육의 목표를 제시하였고요. '자아실현'이라는 개념은 교육심리학 분야에서 인본주의 심리학이 인간의 본성에 관한 탐구와 논의에서 핵심 키워드로 삼는 개념입니다.

이러한 자아실현을 위해서는 학습자의 자율성과 개성, 창의성과 도덕성을 개발하는 것이 매우 중요하기 때문에, 교육의 내용과 방법도 학습자 중심으로 특히 학습자의 인격 요소를 중심으로 발전시켜 나가고자 한 교육과정 모델이 인간중심 교육과정 모형입니다. 그래서 인간중심 교육과정 모형을 한마디로 말하면 "교육의 목표와 내용과 방법을 인간화하려고 한 교육과정 모델" 이렇게 말씀드릴 수 있겠습니다.

그런데 이 인간중심 교육과정 모형은요, 지금까지 공부했던 교과중심 교육과정 모형, 경험중심 교육과정 모형, 학문중심 교육과정 모형과 비교해 본다면 형태가 체계적으로 갖추어진 교육과정 모형이라기보다는 현대 학교 교육의 문제점을 개선하고자 하는 일종의 교육운동으로서의 성격을 띠고 있는 것이라고 말씀드릴 수 있겠습니다. 인간중심 교육과정 모형은 교육과정의 역사에서는 학문중심 교육과정 모형의 한계를 개선하고 극복하기 위해 등장한 교육과정 모델이었습니다.

2 인간중심 교육과정의 등장 배경

그런데 인간중심 교육과정 모형이 등장하게 된 데에는 단순히 학문중심 교육과정 모형의 대체라는 측면보다는 학문중심 교육과정이 전개되던 1960~70년대라고 하는 시대적 배경이 작용한 결과라고 볼 수 있습니다. 즉 넓게 보아서 1960년대 말부터 1980년대에 이르기까지의 시대상을 사회적으로 볼 때는 아주 중요한 '현대 산업사회의 비인간화'라고 하는 문제점을 극심하게 드러내었기 때문에, 학문중심 교육과정 모형을 가지고는 현대 산업사회의 깊은 문제점들을 제대로 대처하고 해결해 나갈 수가 없게 된 것입니다.

그래서 좀 더 현대사회의 문제점을 깊이 있게 분석하고, 이 문제점을 해결하고 극복해 나가기 위한 새로운 교육적 탈출구 혹은 교육적 발전의 방향, 이것을 모색하면서 등장하게 되는 것이 인간중심 교육과정 모형입니다. 그래서 우리는 먼저 인간중심 교육과정 모형이 등장하게 된 배경으로서, 그 사회적 측면을 함께 살펴보려고 합니다. 말하자면, 현대 산업사회가 어떻게 해서 비인간화되었다는 비판을 받게 되는지, 그리고 이러한 비인간화를 극복하기 위해서 우리는 무엇을 해야 되는지, 이러한 것들을 논의하면서 인간중심 교육과정 모형이라고 하는 것이 등장하게 되었다는 것을 지금부터 살펴보려고 하는 것입니다.

현대 산업사회의 문제점

과학기술의 발달로 정보화 사회의 단계로까지 발전한 현대 산업사회는 유례없는 풍요를 인류에게 가져다줍니다. 산업의 발달을 통하여 인류는 이제까지와는 차원이 전혀 다른 비약적인 생산력의 향상을 이루어서 풍요로운 생활을 드디어 이루게 됩니다. 특히 유럽과 미국 등 선진국들은 이른바 후기 산업사회라는 명칭을 얻을 정도로 매우 발달한 선진 자본주의 체제를 이루게 됩니다. 그래서 모든 나라들이 발전하고자 하는 모델로서 자본주의가 발달해서 풍요를 이루고 사는 소위 '잘 사는 나라'를 꿈꾸게 됩니다.

그렇지만 산업의 발달은 그 내부적으로는 자본주의 체제의 모순을 심화시킴으로써 첫 번째, 인간의 소외와 수단화 현상; 두 번째, 물질만능주의의 팽배 현상; 세 번째, 빈부격차 및 사회적 불평등의 심화 현상; 네 번째, 환경 파괴; 다섯 번째, 핵전쟁의 위험 등과 같은 매우 심각한 사회문제를 가져오게 됩니다.

인간의 소외와 수단화

먼저 노동 과정에서의 인간의 소외 및 수단화 현상을 이야기해 보겠습니다. 우리는 일을 해서 먹고 살죠. 인간은 직장생활이나 사회생활에서 자신의 삶의 목적을 실현함으로써 행복을 이루는 것이 아니라, 생계를 위해 돈을 벌기 위한 목적으로 자신의 삶을 갖다 바치다시피 일을 하게 되며, 노동 과정에서 직장 혹은 사회 체제의 목적을 달성하는 데 필요한 부품 내지 수단으로 변모해 버리게 됩니다. 즉, 무슨 말이냐면 우리가 일을 하는 것, 직장에서든 사회에서든 일을 하는 것은 우리가 행복하기 위해서 일을 하는 것이죠. 그리고 우리의 행복은 우리가 원하는 삶의 목적을 실현할 때 행복해질 수 있는 것입니다.

그런데 현대 산업사회에서는 돈을 벌기 위한 생계를 위하여 우리의 건강, 우리의 생명을 갖다 바치다시피 일을 할 수밖에 없게 되고, 그 과정에서도 직장이나 사회 체제의 목적을 달성하기 위한 일개 부품이나 수단의 위치로서 우리가 기능할 수밖에 없는 그런 처지가 되었다라는 것입니다. 우리가 부품 내지 수단으로서 기능하게 되었다는 걸 조금만 생각해보면요, 부품이나 수단은 언제든지 폐기되고 대체될 수가 있죠. 언제 폐기되고 대체됩니까? 제 역할을 하지 못할 때 폐기되고 대체되는 거죠. 그러니까 일정한 노동력을 제대로 발휘하지 못하고 상실했을 때, 노동 생산성을 충분히 발휘하지 못할 때, 우리는 폐기되고 대체될 수 있는 것입니다. 내가 지금은 직장에서 잘 대우받고 열심히 일을 하고 있지만, 내가 아프다거나 혹은 내가 어떤 잘못된 일에 휘말린다거나 하면 나는 언제든지 폐기되고 대체될 수 있다는 것이죠. 누구든 내 자리를 차지하고 일을 담당할 새로운 대기 인력이 얼마든지 많이 있다는 것입니다. 이러한 과정에선 인간은 인간으로서의 고유한 가치는 사라져버리고 조직의 일원으로서, 조직의 부품으로서 전락해버릴 수밖에 없다라는 것이죠.

게다가 산업사회에서는 사람들 사이의 사회적 관계도 직접적이고

친밀한 일차적인 관계가 아니라 매우 기능적이고 간접적인 이차적인 관계로 바뀌게 됩니다. 그러니까 친밀한 1차적 관계가 아니라 기능적이고 간접적인 2차적 관계, 매우 형식적인 관계로 바뀌어 버리게 된다는 것이죠. 이것을 20세기의 작가 엘리아스 카네티는 "군중 속의 고독"이라는 개념으로 표현을 한 바 있습니다. 여러 사람들이 모여 있긴 하지만 그들 사이에는 아무런 사회적 관계도 없기 때문에, 한 사람 한 사람이 각자 고립되어 있는 존재다라는 의미를 가지는 것이죠.

파서 농경사회일 때보다 전통사회일 때보다 오늘날 우리는 매우 기능적이고 간접적인 관계로 삶을 살아가고 있습니다. 예를 든다면, 오늘날 대부분의 주거양식은 아파트지요. 아파트에서는 서로 옆집에 누가 사는지, 윗집, 아랫집에 누가 사는지 잘 모르죠. 심지어는 엘리베이터에 함께 타고 있어도 서로 인사를 주고받지 않는 모습이 일반적이고 보편적인 현상이기도 합니다. 이렇게 가까운 이웃이라는 말이 사라지고, 또 직장에서나 학교에서나 우리가 맞닥뜨리는 관계는 전부 기능을 중심으로 한 형식적인 관계뿐이라는 것은 사람들 사이에 끈끈한 유대관계를 사라지게 만드는 역할을 하게 되었다라는 것이죠. 이러한 인간의 소외와 수단화 현상의 심화는 사회적으로 자아 상실, 방향 상실의 시대를 가져오게 됩니다. 자아 상실, 방향 상실이란 내가 누구인지 모르겠는 상태, 내가 어디에 있고 어디로 가는지 모르는 상태, 이것이 자아 상실과 방향 상실의 상태입니다.

이런 자아 상실과 방향 상실을 철학에서는 '소외 현상'이라고 부르죠. 인간의 이러한 소외 현상을 가장 극명하게 드러내주는 작품이 있어요. 바로 프랑스 작가 알베르 까뮈의 《이방인》이라는 소설입니다. 알베르 까뮈의 작품 중에 가장 대표적인 작품이 《이방인》이라는 작품이에요. 이 작품으로 까뮈는 노벨문학상을 수상하게 됩니다. 《이방인》은요, 뫼르소라고 하는 프랑스 남자가 어느 날, 엄마가 죽었다는 전화 한 통을 받으면서 시작됩니다. 요양원에 있던 엄마가 돌아가셨다는 전화를 받고, 파리에서 직장생활을 하던 뫼르소는 휴가를 얻어 엄마가 있던 시골의 요양원으로 가서 엄마를 장례 지냅니다. 그리고 어머니의 장례를 치른 다음에 그 휴가 기간 동안에 휴양지 해변가의 해수욕장에 가서 일광욕을 합니다. 어머니 장례를 치른 다음에 해변가에서 일광욕을 하던 이 주인공 메르소는 그만 자기 앞에 지나가던 아랍 사람을 총으로 쏴서 살해하게 돼요. 총을 쏴서 살해하게 된 이유가 그 아랍 사람의 허리춤에, 그 아랍 사람들이 장식용으로 차는 그 반월형 둥그렇게 휘어진 칼이 있습니다.

그 반월형 칼을, 아랍 귀족이라든가 지체 높은 사람들은 장식용으로 차는데요. 뫼르소는 그 칼에 햇빛이 반사돼서, 햇빛이 눈부신 게 자기 눈에 반사가 되는 게 거슬려서, 그 아랍 사람을 살해하게 됩니다. 그러니까 요즘으로 치면 묻지마 살인을 한 거죠. 묻지마 살인을 하게 되고 메르소는 체포되어서 감옥에 갇히게 됩니다. 그리고 재판을 받게 돼요. 재판을 받은 뒤에 감옥에 갇혀 있으면서 뫼르소는 감옥 바깥에 있는, 그러니까 창문에서 비치는 밖에 있는 밤하늘의 별을 보게 돼요. 그리고 그 별을 보면서 밤하늘의 별이 찬란하게 빛나는 것을 강렬하게 느끼면서 사형날을 맞이하게 됩니다.

그러니까 이 소설은, 뭐 소설의 스토리텔링 자체가 개연성이 그렇게 높다고는 생각을 안 하는데요. 어머니가 죽었는데 별로 슬퍼하지 않고 의례적으로 장례를 치르고, 그 다음에 해안가 휴양지에서 일광욕을 하다가, 지나가는 행인이 그것도 직접적인 충돌이 있었던 것도 아니고 햇빛이 자기 눈에 반사되는 그런 칼을 차고 지나가서 그 칼에 비친 햇빛이 자기 눈에 반사돼서 잠을 못 잤다, 내가 눈부셔서 괴로웠다는 이유로 그 사람을 살해하고, 그 죄로 감옥에 갇혔는데 자기가 어떤 잘못을 했는지 깊이 뉘우치고 반성하질 않아요. 자기에게 죽음이 왔다는 걸 진지하게 느끼질 않아요. 그러다가 사형날이 된 새벽에 찬란하게 별이 빛나는 밤하늘을 보면서 소설이 끝납니다.

이게 말이 안 되는 것 같지만, 프랑스라는 사회가 부모-자식 관계가 우리나라처럼 끈끈하게 유대관계를 이루고 사는 건 아닌 거고, 가족관계가 해체된 걸 뜻하는 거고요. 사람들 사이의 관계조차도 어떤 유대관계 즉 사회적 상호작용 관계가 전혀 없고, 자기가 어떤 행동을 했을 때 그 행동의 인과관계와 그 행동의 무게 이런 것들을 전혀 깊이 생각하지 않는, 단순한 기능적인 존재가 바로 주인공 뫼르소라는 것인데요. 바로 이 뫼르소가 이 시대를 살아가는 현대인의 대표적인 모습이라는 거죠.

이렇게 사람들의 삶의 관계가 단절되고 수단화된 속에서 인간은 결국 자기가 누구인지 자기 뿌리를 잃고, 자기가 하는 행동이 어떤 결과를 야기하는지에 대한 어떤 책임감 이런 걸 갖지 못하는 존재가 현대인들이라는 거에요. 즉 자신의 뿌리를 잃고, 자신이 어떤 행동을 해야 되는지 방향을 상실한 존재, 이걸 드러내주는 소설이 까뮈의 《이방인》이라는 것이죠. 인간의 소외를 극명하게 나타내주는 거죠. 어머니가 죽었음에도, 어머니를 장례 치루었음에도 그 어떤 감정적인 동요가 없는 상태는 자신이 누구인가 하는 뿌리를 잃어버린 인간의 존재를 상징하고요.

지나가던 타인을 살해하는 행위, 그것을 통해서 체포되고 재판받음에도 자신이 어떤 행동을 했는지 제대로 인지하거나 뉘우치지 못하는 이러한 무감각성은 인간의 방향 상실, 인간의 감각의 상실, 인간으로서 자격 상실 곧 인간성의 상실을 극단적으로 보여주는 예라는 것이죠. 이러한 인간의 소외 현상의 일반화 내지는 확산이 현대 사회의 가장 큰 문제요 고통인 것이죠.

물질 만능주의와 배금주의(拜金主義)

현대 사회의 고통을 야기하는 중요한 요인으로서 우리는 물질 만능주의도 빼놓지 않을 수 없습니다. 물질 만능주의란 자본주의 체제가 강고하게 굳어짐에 따라 나타나는 현상이지요. 자본주의 체제가 강고하게 굳어짐에 따라, 사회든 개인이든 이윤추구라는 자본주의 제1의 원리가 행동수칙이 되었습니다. 돈을 벌기 위하여, 더 많은 돈을 벌기 위하여 행동한다라는 의미가 되겠죠. 사람들도 행복의 척도를 재화의 축적에 두게 됩니다. 이윤추구가 행복의 척도가 되었다는 것이죠. 그래서 돈을 많이 버는 것을 삶의 제1의 목표로 삼게 됩니다.

일상에서 우리는 '잘 산다'는 말을 사용합니다. 그런데, 잘 산다는 게 뭡니까? 어떤 사람이 재산이 많다는 걸 '그 사람은 잘 산다'고 표현하죠. 잘 사는 것, 재산이 많은 것, 돈을 많이 버는 것이 삶의 목표가 된 상태, 그게 물질 만능주의입니다. 인간의 사회적 가치도 결국 그 사람이 재산이 얼마인가, 돈을 얼마나 많이 버는가에 따라서 평가되는 지경에 이르르게 됩니다. 어떤 한 사람의 가치를 그 사람이 가지고 있는 인격이라든가, 그 사람의 성품이라든가, 그 사람의 재능 이런 걸로 보는 것이 아니라 그 사람이 얼마나 재산이 많고, 돈은 얼마나 많이 버는 사람이냐 이걸 가지고 평가한다는 것이죠. 이것이야말로 물질 만능주의가 심화된 가장 극적인 장면입니다.

물질 만능주의는 배금주의(拜金主義)를 낳습니다. 배금주의란 황금을 숭배하는 사상으로서, 이것에 입각해보면 인간에게 있어서는 도덕적인 행동의 가치보다는 이익 우선의 가치, 나에게 이익이 되느냐 되지 않느냐 이걸 가장 중요한 가치로 간직하게 되는 잘못된 태도를 야기하게 됩니다. 즉 물질 만능주의 때문에 인간은 도덕적인 행동보다는 이익 우선의 가치를 더 중요하게 생각하게 된다는 것이죠. 자아를 상실하고 삶의 방향성을 잃은 현대인은 이제 물질과 쾌락을 추구하고 탐닉하는 물질주의에 젖은 삶 곧 일차원적인 삶을 살게 됩니다.

이러한 현대인의 비극을, 미국의 철학자 헤르베르트 마르쿠제는 일찍이 '물질 만능주의에 젖은 1차원적 인간'이라고 표현한 바 있습니다. 그러니까 삶을 눈앞에 보이는 물질 여기에만 가치를 두고 살아가는 동물 같은 인간, 이 정도를 표현하는 용어로서 '1차원적 인간'이라는 용어를 쓴 것이죠.

사회·경제적 불평등

물질 만능주의가 더욱 더 고약했던 것은 물질 만능주의, 황금숭배 사상 등이 삶의 중심가치가 되면서 사람들 사이에 빈부격차와 사회적 불평등에 대한 모순이 더욱 더 심화되어 갔다는 점입니다. 자본주의 사회의 발달은 빈부격차와 그에 따른 사회적 불평등 현상을 심화시키게 됩니다. 자본이라는 말 자체가 푼돈을 의미하는 것이 아니라 사업을 할 수 있는 규모의 큰 돈을 의미하는 것이죠. 즉 자본이란 사업 또는 산업에 투입되는, 규모가 큰 돈입니다. 자본이 있는 사람은, 바로 이 자본을 투입하여 이윤 추구 활동을 해서, 더 큰 자본을 형성하게 되죠. 이렇게 자본이 있는 사람이 자본을 투입하여 이윤추구 활동을 하고, 그 이윤추구 활동을 통하여 더 큰 자본을 형성해 나가는 사이클이 체계적으로, 구조적으로 완성된 세상이 자본주의 체제입니다. 요컨대 돈을 벌 수 있는 자본이 있어야 더 큰 돈을 벌게 되는 그러한 현상이 사회에 고착된다는 것이죠.

그리고 이는 부익부·빈익빈 현상, 돈이 많은 부자는 더욱 더 부자가 되고 돈이 없는 가난한 자는 더욱더 가난해지는 현상을 초래하고 심화시키게 됩니다. 게다가 자본을 많이 가진 사람은 자본을 덜 가진 사람에 비하여 사회적으로 더 대접받고, 사회 각 부문에서 앞서 나갈 기회를 더 많이 갖게 되지요. 이러한 사회적 기회와 성취의 차이는 급기야 사회적 불평등 문제를 이야기하게 됩니다. 갑과 을이라는 단어, 금수저와 흙수저라는 단어는 이러한 빈부 격차에 따른 사회적 불평등 문제를 극명하게 드러내 주는 용어들이죠. 아카데미상을 받아서 유명해진 봉준호 감독의 영화 〈기생충〉 역시 이러한 사회적 불평등에 도사린 빈부격차의 문제를 다루고 있는 영화이죠. 이 영화가, 스토리텔링 자체도 훌륭하지만, 담고 있는 이러한 사회적 문제의식이 서구의 영화감독들과 영화평론가들에게 인정받아서, 칸느 영화제라든가 아카데미 영화제에서 그러한 큰 상을 받게 되었던 것이죠.

자연환경의 파괴

또한 산업의 발달은 공해의 발생, 자원의 고갈 등의 문제를 야기하게 됩니다. 그리고 그에 따라 자연환경 파괴, 대기오염과 기후변화, 생물 다양성의 파괴, 생태계의 파괴, 생활환경의 급속한 황폐화 등 이루 셀 수 없이 부정적인 영향을 심화시키게 됩니다. 마스크를 쓰지 않고는 밖에 나가서 생활을 할 수 없는 그런 날들을 야기시켰다는 것이죠. 그리고 환경공해와 기후변화, 생태계의 교란 및 파괴는 급기야 2020년에 전세계에 치명적인 감염병 확산, 코비드19 팬데믹을 가져오게 됩니다.

핵전쟁의 위협

또한 과학기술의 발달과 산업의 발달은 핵전쟁의 위협과 핵전쟁 발발의 가능성을 증대시켜 버리게 됩니다. 과학기술의 발달로 강대국의 핵무기가 완성된 이후에는 지구 전체를 몇 번이고 멸망시켜버릴 수 있는 가공할 파괴력이 상존하면서, 핵전쟁이 발발할 위험은 더욱더 커지고 있습니다. 현재 미국, 러시아, 중국, 프랑스 등의 강대국들이 가지고 있는 핵무기는 지구를 전면적으로 완전하게 파괴할 수 있는 무서운 파괴력을 가지고 있는 수준이라고 하죠. 즉 핵전쟁이 벌어지면 그야말로 글자 그대로 인류가 종말을 맞이할 수도 있게 되는 것입니다. 정말 무서운 일이 아닐 수 없습니다.

현대 학교 교육의 비인간화

다음으로는 인간중심 교육과정 모형이 등장한 교육적 배경을 살펴보도록 하겠습니다. 교육적 측면에서 볼 때는 현대 학교 교육의 비인간화 현상이 인간중심 교육과정 모형이 등장하게 되는 중요한 배경이 됩니다. 앞서 살펴보았듯이, 현대사회가 이토록 복잡한 사회문제를 안고 있음에도 불구하고, 학교 교육은 교육내용의 측면에서 이러한 사회문제를 효과적으로 다루지 못한다는 문제점을 안고 있었습니다. 이것은 학문중심 교육과정 모형의 한계점으로 볼 수도 있는 것인데요. 학문중심 교육과정 모형이 교과의 학문적 논리성 습득에 강조점을 둔 나머지, 교육에 있어서 현대 사회의 문제점들을 효과적으로 분석하고 비판하고 그에 대한 대안을 제대로 만들어내는 교육이 되질 못했다는 점이 항상 학문중심 교육과정 모형의 문제점으로 지적되었던 것이죠.

이에 따라서 작금의 학교 교육이 미래세대인 아동 및 청소년들에게 현대 사회의 여러 가지 사회문제를 해결해 나갈 수 있도록 하는 지적·사회적 역량을 길러주지 못한다는 교육적 한계를 반성하고, 이에 대한 대안으로서 현대 사회 문제를 분석하고 해결하는 지적·비판적·사회적 능력을 길러주려는 교육 실천을 추구하게 되는데요. 그래서 등장한 것이 인간중심 교육과정 모형이라고 할 수 있습니다.

그렇다면 인간중심 교육과정 모형에서 비판하는 현대의 학교 교육의 모습은 어떤 모습이었을까요? 그것은 한마디로 교육을 사회적 성공을 위한 수단으로서 바라보았다는 것입니다. 학교 교육은 발전 이데올로기, 성공 이데올로기에 의거하여, 국가적으로 볼 때는 사회발전과 경제발전을 위한 인재양성의 수단 또는 과정으로서 교육이 자리매김되고, 학생들에게는 높은 학업성취, 그에 따른 상위권의 상급학교 진학, 그리고 그의 결과로 높은 사회경제적 지위를 획득하는 통로로서 여겨지게 되었다는 점이 현대 학교 교육의 문제점이라고 본 것이죠. 다시 말씀드린다면, 학교 교육은 사회가 발전하고 개인이 성공하는 데 필요한 수단으로서의 가치를 갖는다고 바라본 것입니다.

물론 한 나라가 잘 살고 발전하려면 교육에 힘써야 하는 것은 당연한 이야기입니다. 그리고 학생의 관점에서 보면, 열심히 공부하여 높은 학업성취를 이루고 그의 결과에 따라 상위권의 상급학교 또는 상위권의 대학에 진학하게 되면, 그 모든 결과로 사회경제적 지위에 있어서 높은 자리를 획득할 수 있다는 것은 일종의 사회적 정설(正說)로 굳어져 있는 것입니다. 그런데 이러한 사회발전과 경제발전을 위한 교육의 수단화 그리고 학생의 관점에서 보면 상급학교에 진학하기 위한 수단의 과정으로서 또는 높은 사회경제적 지위를 획득하기 위한, 쉽게 말씀드리면, 출세하고 성공하기 위한 수단으로서 교육을 바라보게 되면, 교육의 본질을 간과하게 되고 교육이 본래 추구해야 할 가치를 도외시하는 부작용이 커지게 된다라는 것이죠. 그리고 그러한 문제점들이 결국 교육을 비인간적인 활동으로 만들어버리게 된다는 것입니다.

교육을 비인간적인 것으로 만들어버리는 가장 대표적인 현상은 교육과 학습을 '성적 높이기 경쟁'으로 바꿔버리는 현상이라고 지적할 수 있겠습니다. 교육과정의 실천과 학습은 오로지 시험성적을 높이기 위한 학습노동의 과정이 되어버리는 것이죠. 그리고 학생들 간의 경쟁 즉 성적 경쟁이 학교와 학생들의 근본정신(foundational mentality), 달리 말하면 펀더멘털(fundamental)이 되었다는 것이죠.

사실 본질상 공부하고 배운다는 것은 어찌 보면 놀이와 같이 즐거운 것이라고 볼 수 있습니다. 모르는 것을 하나하나 깨닫고 알아나가는 즐거움이 있는 것이죠. 그렇지만 출세와 성공을 위한 교육, 사회발전과 경제발전을 위한 교육으로 교육의 초점을 좁히게 되면, 결국 공부 또는 학습이라는 것은 시험성적을 높이기 위한 것, 높은 점수를 따기 위한 것으로 변모되게 마련입니다. 시험점수 따기가 전부를 차지한 학교 교육은 학생의 자발성, 자율성, 창의성을 키워주기보다는 타율과 복종심, 학생들의 이기심 등을 강화시켜 나가는 매우 비교육적이고 비인간적인 모습으로 변모하게 되는 것이죠.

갑자기 사십여 년 전 저의 고등학교 때 생활이 떠오르는군요. 제가 중·고등학교를 다닐 때는 학원을 다닐 수가 없었습니다. 과외도 받을 수가 없었죠. 과외 금지의 시대였습니다. 그 대신 학교에서 '자율학습'이라는 걸 했죠. 오후 5시 학교수업이 끝나면 밤 10시까지 학교에 남아서 공부를 해야 했습니다. 그런데 밤늦게까지 학교에 남아서 공부하고 싶은 학생들이 얼마나 됐겠습니까? 말은 자율학습이지만 학교의 규율과 지시에 의해서 교실에 남아서 공부하였던 것이죠. 타율학습이 아니었겠습니까? 게다가 고2, 고3이 되니까, 입시가 목전에 있지요. 이 자율학습 시간은 더욱더 강화가 됩니다.

선생님들은 학생들이 떠들지 못하도록, 자리에서 왔다갔다 하지 못하도록, 그리고 무엇보다도 자율학습에서 교실에서 이탈하지 않도록 감시하는 역할을 아주 강하게 했습니다. 심지어는 교실 창문에 창살을, 그리고 출입문에 자물쇠를 설치하기도 했죠. 여러분, 출입문이 잠겨져 있고 창문에 창살이 있는 것은 이미 교실이 아니라 무엇입니까? 그렇죠? 감옥이지요. 감옥에 갇혀서 오로지 시험점수를 높이기 위한 학습노동을 했던 것이죠. 이러한 모습이 과연 교육이었을까요? 그리고 그러한 모습은 오늘날 크게 개선되었을까요? 이렇게 교육은 본래 학생의 자발성과 자율성과 개성과 창의성을 키워주어야 하는 것인데, 시험점수를 높이기 위한 목적 하나로 학교 교실은 타율과 복종과 서로 간의 경쟁에 따른 이기심의 증폭 현상이 나타나는 매우 비인간적인 모습으로 바뀌게 된 것이죠. 이것을 우리는 교육의 비인간화 현상이라고 비판하는 것입니다.

결국 인간중심 교육과정은 이와 같은 현대 사회의 비인간화 현상과 현대의 학교 교육의 비인간화 현상을 교육의 본래적인 의미와 관점에서 극복하고, 교육의 내재적인 의미에 부합하는 인간화된 교육, 본질적인 교육을 실천하기 위한 교육개혁 실천운동으로서 등장하게 된 것입니다. 교육과정의 개념을 공부하던 맨 첫 강의에서 우리는 교육의 개념이 가르치고 배우는 일이라고 정의를 내렸습니다. 가르치고 배우는 목적은 한 사람이 독립적인 개체로서 성숙한 인격이 되어 자신과 주위를 함께 아울러 돌아보면서 삶을 풍요롭게 살아가는 개인으로 성장시키기 위한 것이라고 이야기했죠. 이러한 목적을 이루기 위하여 교학상장(敎學相長)하는 활동, 이것이 교육이라고 정의했습니다. 이러한 개념에서는 한 개인의 인격과 개성의 성장과 발현이 교육의 과정에서 매우 중요한 요소가 되는 것이지요. 인간중심 교육과정은 이러한 교육의 본래적인 의미, 교육의 본질을 되찾자는 운동이었다고 우리가 이해해 볼 수 있습니다.

3 인간중심 교육과정의 교육목표

인간중심 교육과정 모형 혹은 인간중심 교육과정 운동은 1970년대부터 1980년대까지 현대 산업사회의 학교 교육을 강력하게 비판하면서 새롭게 나아갈 교육의 방향으로서 인간교육을 강조하게 됩니다. 인간교육을 강조하는 인간중심 교육과정 모형은 다음과 같은 인간성의 중요한 요소들을 교육의 목표로 설정하게 됩니다.

첫 번째로, 교육은 "학습자의 자아실현을 위한 활동"이 되어야 합니다. 학습자가 가지고 있는 개성과 그 안에 들어있는 잠재성을 최대한으로 실현하는 자아실현이야말로 교육의 궁극적 목적이요, 교육의 구체적 목표가 되는 것이죠.

두 번째로, 교육은 "학습자의 자아실현을 위한 삶의 방향성을 제시"하는 것이 되어야 합니다. 교육을 통하여 개인은 자신이 어떠한 삶을 살아갈 것인지에 대한 방향설정을 올바르게 그리고 바람직하게 해낼 수 있어야 한다는 것이죠.

세 번째로, 인간중심 교육과정은 "전인교육(全人敎育)을 통하여 몸과 마음이 건강한 인간, 도덕적인 인간, 아름다운 인간, 슬기로운 인간을 육성"하고자 합니다. 즉, 몸과 마음과 정신과 지혜가 혼연하여 조화가 되는 인간이 길러지도록 교육이 이루어져야 한다는 것입니다.

네 번째로는, "사회문제에 정서적으로 공감하고, 이의 해결에 적극적으로 참여하는 사회참여형 인간을 육성"하는 것이 인간중심 교육과정의 중요한 교육목표입니다. 사회에서 나타나는 여러 가지 모순들을 해결하기 위한 사회적 참여로서, 모든 사람들의 합리적인 사고와 비판과 협력을 통해 사회문제를 해결해 나가고, 이에 의거하여 사회를 좀 더 나은 모습으로 발전시키려고 하는 태도를 기르는 것이 인간중심 교육과정의 중요한 교육목표가 되었다는 것이죠.

4 인간중심 교육과정의 교육내용

잠재적 교육과정

인간중심 교육과정 모형에서는 어떤 교육내용을 강조할까요? 인간중심 교육과정에서는요, 기본적으로 학생이 학교생활을 하는 동안에 가지는 모든 경험을 교육내용으로 봅니다. 학교에서 생활을 하는 동안에 학생이 가지는 모든 경험, 여기에는 수업시간에 교과학습을 하는 경험도 있을 것이고요, 쉬는 시간이나 점심시간 또는 방과 후의 특별활동 이런 것들이 다 포함이 되겠지요. 이렇게 학교 울타리 안에서 이루어지는 모든 생활의 경험을 교육내용으로 바라보는 것이 인간중심 교육과정의 기본 입장입니다. 이것은 표면적(表面的) 교육과정과 잠재적(潛在的) 교육과정을 두루 고려하는 것으로서, 특히 잠재적 교육과정의 중요성을 매우 강조하고 있는 입장입니다.

표면적 교육과정이라는 것은 학교에서 공식적으로 공표한 교육과정을 말합니다. 교육과정 문서로 발표되어, 우리 학교에서는 이러이러한 과목들을 가르쳐요라고 공식화한 것입니다. 그래서 공식적 교육과정이라고도 말하지요. 잠재적 교육과정은, 우리가 나중에 자세하게 배우겠지만, "공식적인 학교 교육과정에는 제시되어 있지 않지만 학교를 다니는 동안에 우리가 은연중에 배우게 되는 여러 가지 교육적 가치와 결과들"을 말하는 용어입니다. 인간중심 교육과정에서는요, 아동의 성장에 영향을 주는 모든 배움의 경험을 교육과정으로서 개념화하고 있습니다. 잠재적 교육과정을 강조하는, 이러한 인간중심 교육과정 모형의 교육과정관(教育課程觀)은 교육과정학자인 윌리엄 파이나(William Pinar)의 '쿠레레(currere)' 개념에서 대표적으로 찾아볼 수 있습니다.

Currere(쿠레레)란 Curriculum(커리큘럼)의 라틴어 어원으로서, 파이나의 교육과정 이론에서는 "자아의 성장과 실현을 위한 배움의 여정"을 의미하는 용어입니다. 한 개인이 성장하고 발전하기 위하여 경험하게 되는 모든 배움의 과정을 쿠레레라고 바라본 것이죠. 윌리엄 파이나는 미국과 캐나다에서 연구하고 가르친 교육학 교수입니다. 쿠레레에서 강조하는 것은 학습자의 자발적인 배움이죠. 학습자가 자신의 성장과 발전을 위하여, 자아의 실현을 위하여 자발적으로 배움이라는 경험을 해나가는 과정, 이것을 쿠레레라고 보았고, 그 쿠레레가 인간중심 교육과정 모형에서는 교육과정의 기본 개념정의로서 정착된 깁니다.

잠재적 교육과정을 강조하는, 쿠레레라는 교육과정 관점을 가지고 인간중심 교육과정은 특히 교육내용의 설정에 있어서 사회와 교육의 비인간화 현상을 극복하기 위한 대안을 마련하는 것에 교육내용의 핵심을 두게 됩니다. 현대 사회의 문제점들을 분석·비판하고, 이에 대한 건설적인 해결책을 내놓는 데 필요한 지식·기능·태도를 주된 교육내용으로 상정했다는 것이죠. 당연히 현대 사회의 문제점을 분석하고 비판하기 위하여 사회과학이나 자연과학의 분석적 지식, 비판적 지식을 매우 중요하게 강조하고 있습니다.

STEM COURSE

특히 종합적인 사고력과 비판 능력을 개발하기 위하여 상호 연관된 교과를 통합하고 융합하여 광역교과로 조직한 통합형 교과를 개발해서 학생들에게 가르치는 것이 인간중심 교육과정 모형에서의 교육내용 설정방식입니다. 이러한 통합형 교과의 대표적인 예로 《STEM Course》라는 게 있습니다. Science, Technology, Engineering, Mathematics를 하나의 통합된 교과로 구성하여 가르치는 교과인데요. Science 대신에 Society가 들어갈 수도 있습니다. 그러면 그 경우에는 사회와 기술과 공학과 수학 이렇게 연결이 될 수 있는 것이죠. 스템은 과학, 기술, 공학, 수학을 통합적으로 구성하여 과학기술에 대한 흥미와 이해도를 높이고, 공학과 수학을 기반으로 하는 종합적 사고력을 개발하려는 통합형 교과입니다. Science를 맨 앞에 두었을 때는 과학탐구가 통합적으로 연관되는 것이고요, Society가 앞에 나오게 되면 사회탐구가 통합적으로 연계되는 것이죠.

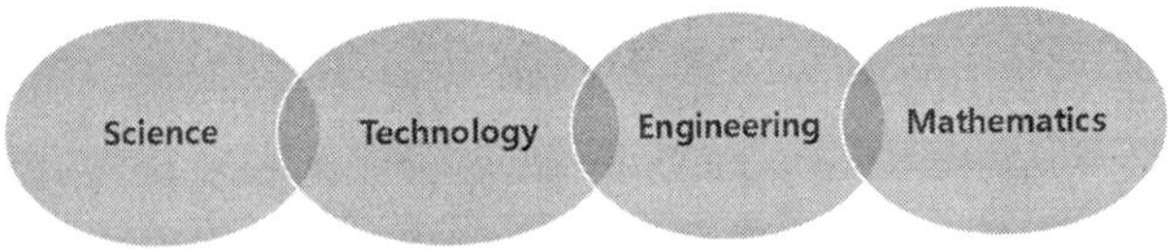

그림 13 STEAM 코스의 개념도

HUMANITAS COURSE

또한 인성교육을 강조하기 위하여 인간을 이해하고 삶의 사회성과 역사성 그리고 예술성을 통합적으로 바라보는 인문교양 교육으로서 《Humanitas(후마니타스) 과정》도 개발되었습니다. Humanitas라는 것은 인문교양을 뜻하는 라틴어인데요. 이 Humanitas라는 단어로부터 Human(인간)이라는 단어, Humanity(인간성)이라는 단어가 나오게 되죠. 문학, 심리학, 역사와 사회, 그리고 이를 음악, 미술, 연극 등의 예술활동으로 연계시켜 통합하는 교과설계를 해서 인문과학, 사회과학, 예술과학을 통합하는 광역교과로 만든 게 후마니타스 코스인 기죠.

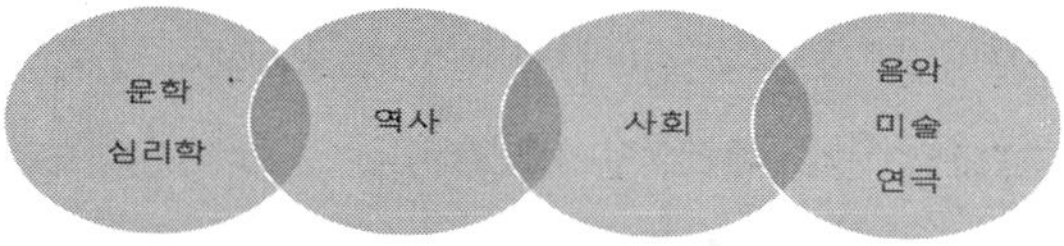

그림 14 HUMANITAS 코스의 개념도

STEAM COURSE

2천년대 이후 STEM은 STEAM으로 확장됩니다. 다음 시간에 배우게 될 역량기반 교육과정 모형에서 이렇게 확장이 되는 것인데요. STEAM은 Science, Technology, Engineering, Arts, Mathematics, 즉 과학, 기술, 공학, 인문예술, 수학의 머릿글자를 합하여 만든 용어입니다. 과학과 공학과 기술과 수학 그리고 예술 분야를 융합적으로 연계하여 만든 광역교과인 것이죠. STEAM은 과학기술 분야인 STEM에 인문학적 소양과 예술적 감성 등을 고려하여 인문 예술을 추가하여 만들었습니다.

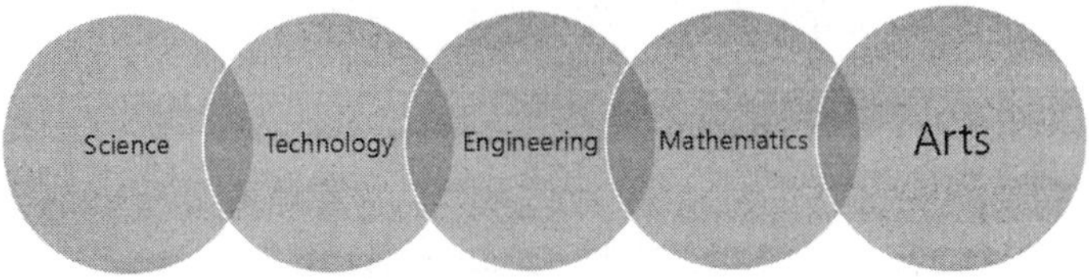

그림 15 STEAM 코스의 개념도

과학기술에 대한 학생들의 흥미와 이해를 높이고 과학기술 기반의 융합적 사고력과 실생활의 문제해결력을 함양하기 위한 교육이 바로 스팀 교육입니다. 스팀 교육은 역량기반 교육과정 모델에서의 광역교과 설계방식이지만 그 뿌리는 인간중심 교육과정 모형의 통합형 교과, 융합형 교과의 교육에 두고 있습니다.

5 인간중심 교육과정의 교육방법

그렇다면 인간중심 교육과정 모형에서는 어떤 교육방법을 제시했을까요? 기본 방향으로서 인간중심 교육과정 모형에서는 교육방법의 인간화를 강조합니다. 앞에서 인간중심 교육과정이 등장하게 된 교육적 배경으로서, 학교 교육의 비인간화 현상을 어떻게 극복할 것인가 하는 것을 살펴보았는데요. 학교 교육을 인간화시켜가는 가장 중요한 방법은 교사와 학생의 관계를 본질적으로 매우 중요한 인격적 상호작용의 관계로 만드는 데 핵심이 있습니다. 따라서 교사와 학생의 관계가 피상적이고 수단적인 관계가 되지 않고, 교육의 본질을 이루는 상호작용적 관계가 될 수 있도록 해주는 교육방법이 인간중심 교육과정 모형에서 강조되는 것이죠.

상호작용적 액션러닝(interacive action learning)

이것은 주입식 교육방법이나 은행저금식 교육방법에서 탈피하여 토론, 팀 프로젝트, 협동학습 등의 액션러닝이 도입되는 계기가 됩니다. 주입식 교육이나 은행저금식 교육은 지식을 학생들에게 일방적으로 전달하고, 시험을 통하여 시험점수를 높이는 것에 초점을 두고 문제를 풀어나가고, 그 문제의 틀린 곳을 찾아서 올바른 답을 다시 주입시키고 하는, 과거의 지식중심의 교육을 말하는 것입니다. 이런 지식 주입의 교육이 토론이나 팀 프로젝트나 협동학습 등의 상호작용 과정 그리고 학습자의 활동을 강조하는 액션러닝으로 바뀌게 되는 것이죠. 또한 전통적인 교사, 학생의 수직적 관계를 벗어나서 인간주의적인 교사에 의한 학생과의 수평적 인간적 상호작용 관계가 강조되는 것입니다.

그래서 인간중심 교육과정 모형에서는 '체험학습', 팀을 구성해서 하는 '협동학습', 학습자 개개인의 학습수준에 맞춰서 수업이 진행되는 '수준별 개별화 학습', 현실 사회의 문제를 기반으로 문제의 해결책을 구안하는 '문제기반학습', 장기간의 학습주제 탐구를 통하여 심도 있는 학습결과를 산출해내는 '프로젝트 기반 학습' 등이 두루두루 인간중심 교육과정 모형에서 대표적인 학습방법으로 사용됩니다. 이들 교수·학습방법들은 경험중심 교육과정 모형의 문제해결학습과 프로젝트 학습, 이것을 뿌리로 하고 있습니다. 문제해결 과정과 프로젝트 진행 과정에 학습자와 교사, 학습자와 학습자들 사이의 활발한 상호작용을 강조하는 체험형·협동형 학습이 연계되는 것이죠. 이러한 다양한 교수·학습모형은 인지적 구성주의와 사회적 구성주의 학습이론을 바탕으로 형성된 교수·학습모형들입니다.

인지적·사회적 구성주의에 입각한 학습

인간중심 교육과정에서 학습자는 개인적으로 혼자 앉아서 교과서를 들고 지식을 습득하는 학습을 해나가기보다는 함께 모여서 문제를 탐색하고 토론하고, 함께 문제를 해결하기 위하여 머리를 맞대서 좀 더 나은 해결책을 만들어 나갑니다. 인지적·사회적 구성주의의 학습의 관점에 입각해서 학습을 해나가고 있는 것이죠. 인간중심 교육과정 모형이 제시하는 이러한 교육방법들은 모두 학습을 시험점수 획득을 위한 개인의 인지적 활동으로 보기보다는 학습자들 상호 간의 활발한 상호작용과 협동으로써 주어진 과제를 실효성 있게 해결하는 집단활동으로서의 사회적 과정으로 봅니다.

달리 말씀드린다면, 그동안 학습이라는 것은 혼자 시험을 잘 보기 위하여 교재를 가지고 열심히 외우고 익히는 일종의 시험공부 활동이었다는 것이죠. 그렇지만 인간중심 교육과정 모형에서의 학습은 학습자들이 함께 모여서 토론하고 탐구하면서 활발하게 상호작용과 협동을 해나감으로써 주어진 문제를 집단활동을 통하여 해결해 나가는 사회적 상호작용의 과정이 된다는 것입니다. 한마디로 말하면, 모둠학습이 진정한 학습이다라고 하는 관점입니다.

6 인간중심 교육과정의 특징과 비판점

인간중심 교육과정의 특징

이제 인간중심 교육과정의 일반적인 특징에 대해서 정리해보도록 하겠습니다. 인간중심 교육과정은요, 첫 번째로, “잠재적 교육과정을 중시”하고 있습니다. 잠재적 교육과정은 학생들의 정의적(情意的)·사회적 발달에 큰 영향을 미친다고 보는 것이죠. 우리가 학교를 다니면서 배웠던 지식은 세월이 지나면 다 기억이 나지 않게 되어 있습니다. 망각한다는 것이죠. 그렇지만 학교를 다니는 동안에 우리가 배운 사회적 가치와 태도들은 매우 오랜 시간 한 사람의 인격 요소, 인성의 요소가 되어서 그 사람의 태도와 행동을 결정짓는다는 것이죠. 따라서 인간중심 교육과정에서는 표면적인 교과학습을 강조하는 교육과정보다는 학교에서 체험하게 되는 여러 가지 활동들이 가지는 잠재적 교육의 효과 이것을 매우 중요하게 생각합니다.

두 번째로, 인간중심 교육과정에서는 "학습자의 성장과 자아실현을 매우 중요"하게 여깁니다. 학습자를 성장 가능성을 지닌 능동적·주체적·자율적 존재로 바라본다는 것이죠. 물론 일정 정도 교사의 지도가 필요한 타율적 영역이 있겠으나, 기본적으로는 타율의 영역을 줄여나가고 학습자에게 자율의 영역을 점점 더 많이 부여할수록 아동은 올바른 방향으로 성장하고 자아실현을 해나간다고 보는 것이 인간중심 교육과정의 중요한 특징입니다.

세번째로, 인간중심교육과정은 "인성교육을 위한 교사·교육과정·교육환경의 인간화"라는 방향성을 매우 중시합니다. 이는 인본주의 철학 또는 인간주의 교육철학에 입각하여 학생을 인격적으로 대우하고, 학습자의 인성 발달에 초점을 두는 교육실천의 영역이라고 볼 수 있겠습니다. 그래서 학습자를 한 사람의 인격체로서 대우하면서, 학습자의 자율성을 최대한으로 보장하여, 학습자가 교실에서 자신의 성향과 개성과 창의성을 조화롭게 발달시켜 나가도록 하려는 교육과정 모델이 인간중심 교육과정 모형이라고 할 수 있겠습니다.

인간중심 교육과정에 대한 비판점

그런데 현실에서 인간중심 교육과정이 실천되었을 때에 인간중심 교육과정에 대해서 여러 비판이 가해지게 되었습니다. 첫 번째로, 인간중심 교육과정이 지나치게 이상적인 교육 모델을 제시했다는 점이 가장 큰 비판이었는데요. 교사와 학생 간의 상호작용과 인격적인 관계 형성, 이것은 아주 중요한 교육의 본질적 포인트인데, 현실 사회에서는 이러한 점이 적절하게 실현되어 나가지 못했다는 것이죠. 우리나라만 보더라도 교사와 학생의 상호작용 관계를 인성과 인격적 요소에 기초를 두고 실행해 나가려는 노력들이 그다지 교육적 효과를 잘 나타내지 못하는 걸 볼 수가 있습니다. 교권의 붕괴 현상이 점점 더 심해지고, 학생들 사이에 왕따라든지 학교폭력이라든지 이러한 현상이 여전히 심화되는 것은 인간중심 교육과정이 오늘날의 학교 풍토에서 어딘가 제대로 적용되지 못하는 구조적인 요인이 있다는 반성과 비판을 할 수 있는 것이죠.

인간중심 교육과정이 온전히 실행되지 못하게 만드는 구조적인 요인 가운데 가장 큰 것은 우리나라가 입시경쟁이 과도한 사회이고, 여전히 학교 교육은 입시교육의 풍토가 견고한 점을 들 수가 있겠습니다. 즉 입시경쟁이 과도하여 입시 위주의 교육풍토가 견고한 경우에는 인간주의 교육이 실행되기가 매우 어려웠다는 점이 인간중심 교육과정에 대한 두 번째의 중요한 한계점이라고 할 수 있겠습니다.

사실 학교 교육에서 교사와 학생의 관계가 제대로 정립되지 못하는 것이나 학생들 사이에 왕따라든가 학교폭력이라든가 하는 문제가 등장하는 것은 그 근본에는 과도한 경쟁, 과도한 입시경쟁이 그 밑바탕에 깔려 있는 것이라고 볼 수 있습니다. 즉 학업에 대한 경쟁 스트레스가 자기보다 약자인 내 옆의 다른 학생에게 표출되는 것이 학교폭력이고, 그러한 학업에 대한 긴장과 스트레스가 교사에 대한 반항과 교권 침해으로 표현된다는 것이죠.

세 번째로는, 인간중심 교육과정에서는 융합적·통합적 사고력을 강조해서 교과를 통합 또는 융합교과로 설계하여 가르치게 되는데요. 개별 교과목을 전공한 교사가 통합교과나 융합교과를 가르치는 데 어려움을 나타냈다는 점이 인간중심 교육과정에 대한 세 번째 비판점이라고 할 수 있겠습니다. 이를 해결하기 위하여 통합교과를 가르칠 때 관련 전공 교사들이 팀 티칭을 한다던지 또는 연수교육을 통하여 통합교과를 가르칠 수 있는 역량을 습득하도록 하는 것이 대안으로 실행되었지만 실효성이 그다지 높지 않았습니다.

왜냐하면, 교사들이 팀 티칭을 해서 가르치는 경우나 또는 한 교사가 연수교육을 통하여 여러 과목을 통합적으로 가르친다는 것은 단시간 내에 숙련될 수 있는 역량이 아니었다는 것이죠. 그래서 대학의 교원양성교육 단계에서부터 통합교과에 맞게 교사의 전공영역을 연결짓고 융합시켜 나가는 교원정책의 과제가 현실적으로 제기되었습니다. 이에 교원양성교육에서부터 융합형·통합형 교과를 가르치는 역량을 어떻게 길러줄 것인가에 대한 논의가 이루어지게 되고, 이는 결국 역량의 통합 또는 역량의 융합이라고 하는 관점에서 역량기반 교육과정이 등장하는 또 하나의 배경이 됩니다.

이것으로서 인간중심 교육과정에 대한 분석과 해설을 마치고요, 다음 시간에는 역량기반 교육과정 모형을 가지고 함께 또 공부해보도록 하겠습니다. 감사합니다.

일곱 번째 강의
역량기반 교육과정 모형

이번 시간에 여러분들이 학습하실 내용은 역량기반 교육과정 모형입니다. 역량기반 교육과정 모형은 인간중심 교육과정 모형 이후에 2천년대 들어서 전 세계가 교육개혁을 향해 나아가면서 새롭게 정립된 교육과정 모형인데요. 지금 이 강의를 수강하고 있는 여러분들이 초등학교에 들어가서부터 이곳 대학에 이르기까지 배워온 교육과정의 모델이 되는 교육과정 모형입니다.

1 역량기반 교육과정의 개념

먼저 역량기반 교육과정 모형의 정의를 내려보겠습니다. 역량기반 교육과정을 영어로는 Competency-based Curriculum이라고 부릅니다. 역량(competency)을 기반으로 구성된 교육과정이라는 뜻이죠. 역량기반 교육과정이란 21세기에 들어와서 개발·실행되기 시작한 교육과정으로서, 4차 산업혁명 시대의 지식기반 사회를 행복하게 살아가는 데 필요한 지식·기능·태도 및 인성을 교육내용의 중핵으로 삼는 교육과정 모형입니다. 그러니까 역량기반 교육과정 모형은 4차 산업혁명 시대를 대비한 교육 모형이라고 소개할 수 있겠습니다. 역량기반 교육과정 모형은 OECD 국가에서 시작되어 세계 각국으로 전파되고 있는 것이 특징입니다.

역량기반 교육과정이란 "교육과정을 이수하는 학생들이 미래 생활을 행복하게 영위하는 데 있어서 필수적으로 갖추어야 할 역량을 기반으로 교육내용을 구성한 교육과정 체제"를 말합니다. 즉 학생들이 꼭 배워야만 하는 역량들을 설정하고, 그러한 역량들을 배양하기에 최적인 교육내용, 교육방법, 교육환경을 구성하여 운용(運用)하는 교육과정 체제입니다. 여기서 가장 중요한 단어는 뭘까요? 그렇죠. 역량(力量)이라는 단어입니다. 역량기반 교육과정을 이해하는 데 있어서는 당연히 역량이라는 개념을 중심에 놓고 접근하여야 됩니다.

역량이란 사전적 의미로는 어떠한 일을 해낼 수 있는 실제적인 능력을 말합니다. 영어로는 competence 또는 competency라고 부르죠. 역량을 어떤 일을 실제로 해낼 수 있는 능력이라고 정의했을 때, 이때의 능력이란 선천적으로 타고난 소질이나 재능이라는 의미보다는 교육을 통하여 계발되고 발전되는 능력이라는 의미를 갖습니다. 교육과정의 맥락 속에서 역량이라는 것은 머릿속에 단순히 지식으로 들어있는 상태를 말하는 게 아니라 그 지식을 활용해서 실제 문제를 해결해낼 수 있는 능력, 곧 "실제의 활용능력"을 역량이라고 부른다는 것이 중요합니다.

2 역량기반 교육과정의 등장 배경

미래사회를 대비하는 교육혁신

역량기반 교육과정이 등장하게 된 사회적 배경을 살펴보면 다음과 같습니다. 역량기반 교육과정은 2천년대 들어 세계의 주요 선진국들이 미래 정보사회에 대비하여 교육의 패러다임을 바꾸면서 등장한 교육과정 모델입니다. 우리는 지금까지 1차 산업혁명, 2차 산업혁명, 그리고 3차 산업혁명을 거치면서 교육과정이 교과중심 교육과정 모형, 경험중심 교육과정 모형, 그리고 학문중심 교육과정 모형과 인간중심 교육과정 모형으로 변천되는 것을 볼 수 있었습니다. 그런데 이제 4차 산업혁명이 이루어지면서 초고도화된 정보사회가 도래하게 되는데, 이러한 미래사회에 대비한 교육의 패러다임, 교육의 새로운 혁신적 패러다임으로서 등장하게 되는 것이 역량기반 교육과정인 것입니다.

OECD 주요 선진국들은 지식과 기술의 습득에 주안점을 두었던 종래의 학교 교육으로는 고도로 발전된 정보화 사회에 대응하는 문제해결력을 담보할 수 없고, 더 나아가서 새로운 지식과 기술을 미래지향적으로 창안해내는 창의적 사고의 심층적 계발을 달성할 수 없다는 반성을 하게 됩니다. 그러니까 종래의 지식과 기술을 습득하는 데 주안점을 두었던 학교 교육은 이제 앞으로 정보를 이용해서 새로운 지식을 만들어내고 복잡한 문제를 해결해 내야 하는 미래사회에 제대로 대응할 수 없는 교육이라는 반성을 하게 된 겁니다. 그래서 이제는 복잡한 현대 사회의 문제점을 미래적 관점에서, 정보화 사회의 관점에서 새롭게 해결하고 구성해내는 그런 고도의 지식산출 능력, 지식생산 능력, 창의적 사고력 이런 것들을 개발하기 위한 교육혁신이 절실하게 필요하다고 봤다는 것이죠.

이에 2천년대 들어서 이제는 교육의 초점을 지식과 기술을 습득하는 데 초점을 두는 것이 아니라 "새로운 지식과 기술을 구성하고 창안하는 지적 능력의 계발"에 교육의 초점을 맞추게 됩니다. 그러니까 지식과 기술을 새롭게 구성하고 만들어내는 창안능력 이것을 교육의 핵심으로 생각하기 시작했다는 것이죠. 이로부터 새로운 지식과 기술을 구성하고 창안하는 지적 능력에 대한 교육학적 관점이 도출되는데, 그것이 바로 역량이라는 개념입니다.

학교 교육의 주된 기능이 아동과 청소년으로 하여금 미래생활을 준비하게 하는 것이라고 볼 때, 교육학적으로 창안된 역량 개념은 아동 및 청소년이 현재의 생활과 미래의 생활을 적절하게 수행하는 데 요구되는 일정 수준의 생활능력을 뜻하는 개념이라고 할 수 있을 것입니다. 한마디로, 역량이란 수행능력(performance-competency)이라는 것이죠. 수행능력으로서의 역량이란 생활의 제반 영역에서 통합적으로 적용되는 '과제수행능력'이라고 볼 수 있겠습니다. 과제를 실제적으로 수행할 수 있는 능력을 우리는 역량이라고 부른다는 거죠. 쉽게 예를 든다면, "아, 저 사람은 참 역량이 있어."라는 얘기는 '그 사람은 어떤 일이나 과제를 주었을 때 그것을 실제로 해낼 수 있는 능력을 갖추었다.'는 의미가 되는 것이지요.

4차 산업혁명의 시대

역량기반 교육과정 모형에서 역량이라고 하는 개념이 도출되는 데에는 4차 산업혁명 시대라고 하는 시대적 배경 또는 시대적 과제가 매우 중요한 역할을 하게 됩니다. 4차 산업혁명 시대의 미래 핵심역량을 찾아내고, 그 미래 핵심역량을 교육적으로 준비시켜주는 과정, 이것을 우리는 역량기반 교육과정 모형이라고 부른다는 것이죠. 현재 세계 각국이 개발·운용(運用)하고 있는 역량기반 교육과정은 정보화 사회의 미래적 기반에 토대를 두고 있습니다. 이러한 시대적·사회적 분위기를 가장 잘 나타내는 말이 "4차 산업혁명 시대에 대비한 교육 혁신"이라고 하는 구호(口號)입니다.

역량기반 교육과정은 4차 산업혁명 시대에 대비한 교육혁신에 있어서 결정적인 방법론이 되고 있습니다. 이는 4차 산업혁명을 통해서 발전되고 있는 임박한 미래사회는 지금까지 우리가 살았던 사회와는 생산·소비·여가생활 등의 삶의 모든 방식에서 전혀 다른 전면적인 변화가 일어난다는 것을 전제하고 있습니다. 요컨대, 여러분들이 손에 들고 있는 스마트폰으로 상징되는 정보화 사회가 더욱더 확산되고 심화된다는 것이죠.

그림 16 제1차 산업혁명부터 제4차 산업혁명까지의 사회변화

4차 산업혁명의 특성을 가장 잘 나타내는 표어가 '모든 것이 연결된다'는 말인데요, 이로써 더욱 더 지능적인 사회로 진화한다는 의미입니다. 이를 상징하는 용어가 '초연결'이죠. 모든 사물들이 혹은 전자기계들이 인터넷을 통하여 상호 연결되고, 거기에 고도화된 알고리즘이 탑재된 인공지능이 장착되고, 서로간에 인공지능에 의하여 연결되어 행동하는 초고도화된 전자정보사회, 이것을 내다보는 개념이 바로 4차 산업혁명입니다.

역사학이나 사회경제학 분야에서는 제1차 산업혁명은 18세기에 이루어졌다고 이야기합니다. 이때는 증기기관을 바탕으로 하는 기계화 혁명이 일어났던 때였습니다. 그러다가 20세기 미국을 필두로 제2차 산업혁명이 일어나게 됩니다. 이때에는 전기 에너지 기반을 통하여 기계를 작동하여 대량생산을 하는 생산혁명이 일어났던 시기입니다. 그러다가 20세기 중후반에 제3차 산업혁명이 일어나죠. 컴퓨터와 인터넷 기반의 지식정보혁명이 일어나게 됩니다. 그런데 인터넷이 좀 더 고도화되고 신화되어서 마침내 지능을 가진 정보처리 시스템이 등장하게 됩니다. 인공지능이 그것입니다. 지능을 가진 정보처리 시스템이 이루어졌을 때 우리는 제4차 산업혁명이 진행되고 펼쳐지는 것을 바라볼 수가 있게 되는 것이죠.

4차 산업혁명의 시대에는 지능과 정보가 결합됩니다. 즉 AI, 빅데이터, IoT(사물인터넷), 그리고 클라우드 서비스가 합쳐져서 새로운 세상이 열리게 되는 것입니다. 요컨대, 4차 산업혁명이란 컴퓨터 기반의 생산방식이 인공지능 기술, 빅데이터 기술, 로봇 기술, 그리고 사물인터넷 기술에 의해 혁신됨으로써, 인간의 삶의 방식 전반에 근본적인 변화가 일어나는 것을 말합니다. 그러니까 사람들이 일하고, 여가를 즐기고, 일상생활을 누리는 삶의 방식이 전혀 달라지게 된다라는 것이죠.

AI

4차 산업혁명을 선도하는 가장 핵심적이고 중요한 기술은 바로 인공지능, AI 기술입니다. Artificial Intelligence라고 하죠. 인공지능이라는 것은 컴퓨터가 사람처럼 생각하고 행동할 수 있게 하는, 일종의 지능적인 존재로 컴퓨터를 진화시킨다는 개념입니다. 인공지능은 컴퓨터 알고리즘에 의하여 자동적이고 자율적인 사고와 행동을 구현하는 정보처리 기술을 말합니다. 지금까지의 컴퓨터 정보처리라는 것은 외부의 입력값에 대하여 사전에 입력된 연산 및 코딩의 과정을 거쳐서 출력값을 산출하는 것이었습니다. 그러니까 컴퓨터에 데이터를 입력하면 컴퓨터는 사전에 프로그램화된 계산 과정에 의해서 연산을 하고 그 결과값을 산출해내는 것이죠. 그런데 인공지능이 구현되면 지능체가 스스로 주어진 문제에 맞추어서 입력값을 산정하고 코딩하여 산출값을 낼 수 있게 됩니다.

인공지능이 탑재된 로봇 청소기를 떠올리시면 됩니다. 집이 깨끗할 때는 청소기가 작동을 하지 않죠. 그런데 집이 점점 더러워져서 먼지가 쌓이고 쓰레기가 쌓이게 되면 이제 인공지능을 탑재한 로봇청소기가 '아, 청소를 해야 되겠구나.'라고 스스로 입력값을 산정하여서 청소하는 과정을 실행하게 되는 것입니다. 그리고 어느 부분이 쓰레기가 혹은 먼지가 많고 어느 부분이 적고 하는 것을 계산하면서, 어떤 방식으로 청소를 해야 계속 청결한 상태가 유지될 것인가를 스스로 계속 연산하면서, 즉 코딩(coding)을 스스로 계속 진행하면서 청소라고 하는 산출값을 내는 것이죠. 또한 이러한 산출값을 내는 과정에서 환경 변수가 발생하면 이마저도 실시간적으로 계산 과정에 피드백하여 오류를 수정하고 항상성이 있는 정확한 산출값을 내놓을 수 있게 됩니다.

인공지능이라고 하는 것이 바로 이것을 해내는 기술이라는 것이죠. 여러분, 인공지능을 상징하는 가장 대표적인 사물이 뭘까요? 여러 학생들에게 물어보면요, '알파고'라고 답합니다. 2016년에 있었던, 이세돌과 알파고의 바둑 대국, 기억하실 거예요. 여섯 번 싸웠는데 이세돌이 한 번밖에 못 이기고 다섯 번을 다 졌습니다. 알파고라는 것은 컴퓨터 프로그램이죠. 어떤 프로그램입니까? 바둑을 두는 기능을 탑재한 프로그램입니다. 그런데 알파고는 입력된 바둑 연산 과정을, 데이터를 많이 갖고 있으니까 그 데이터를 가지고 스스로 어디에 어떻게 바둑을 둬야 되겠다라는 걸 자율적으로 연산하고, 결과값으로 어디에다가 바둑돌을 놓자라는 산출값을 제시합니다. 어디에 바둑돌을 놓아야 하는지에 대한 상황 판단을 스스로 생각하고 실행하게 된다라는 것이죠.

빅데이터

이러한 인공지능 기술이 여러 전산장치에 활용이 될 수 있도록 하는 것이 4차 산업혁명의 목표입니다. 인공지능이 자율적으로 자동적으로 정보를 처리할 수 있는 것은, 또한 실시간적으로 데이터를 반영하면서 정보를 처리할 수 있는 것은 입력값을 이루는 데이터의 양을 종래와는 비교할 수 없을 만큼 많이 확보할 수가 있기 때문입니다. 즉, 인공지능은 이른바 '빅데이터(big data)'라고 부르는, 종래의 데이터 처리용량을 넘어서는 방대한 양의 데이터를 처리하는 컴퓨팅 기술이 바탕이 되기 때문에 가능한 것이죠.

양자 컴퓨터라는 개념이 있는데요. 지금 상용화까지는 아직 안 됐지만, 우리가 사용하는 일반적인 퍼스널 컴퓨터가 처리하는 데이터 역량보다도 수십, 수백, 수천 배 이상 더 많은 데이터를 처리할 수 있는 그런 컴퓨터입니다. 이런 양자 컴퓨터가 상용화되면 처리할 수 있는 데이터의 양은 기하급수적으로 많아지게 되죠. 데이터 처리용량이 많다는 것은 사람으로 치면 아는 지식이 많다는 것이 되고, 생각할 수 있는 능력이 더 높다는 것이 됩니다.

그래서 빅데이터 기술을 이용해서 데이터를 처리하게 되면 인공지능이 이른바 '딥러닝(deep learning)'이라는 것을 할 수 있게 됩니다. 딥러닝이라는 것은 정보처리 분야에서 사용하는 용어인데요, 인공지능 프로그램이 스스로 자율적인 학습을 함으로써 새로운 지식을 산출해낸다는 개념이죠. 인간이 하는 학습 과정을 컴퓨터가 스스로 할 수 있게 된다는 것입니다. 이 빅데이터 기술은 대용량의 데이터를 바탕으로 정형 데이터뿐만 아니라 비정형 데이터까지도 분석하게 됨으로써 인공지능의 딥러닝을 가능하게 하는 핵심 기술이 되고 있습니다. 그러니까 인공지능과 빅데이터가 서로 연결이 됨으로써 인공지능은 스스로 생각하고 정보를 처리할 수 있는 능력을 갖게 되는 것이죠.

이 빅데이터 기술의 본질은, 마법같은 얘기지만 컴퓨터가 인간처럼 생각하고 행동한다라는 것입니다. 아니 어쩌면 인간보다 훨씬 더 합리적이고 이성적으로 생각하고 행동하는 존재가 된다는 의미인 것이죠. 우리가 스마트폰을 가지고 온라인 쇼핑을 한다거나, 어디 가서 뭘 사 먹는다거나 이런 일을 하면 그 데이터가 다 처리가 되잖아요? 그 데이터들이 하나하나 쌓이게 되면 우리나라 사람들은 어떤 식품을 선호하는지, 어떤 물건을 좋아하는지 이런 것들을 쉽게 판단할 수 있습니다. 계절의 변화, 시간의 변화에 따라 어떤 물건에 대한 수요가 높은지 예측해 볼 수도 있고요.

그래서 기업에서는 이런 빅데이터를 수집해서 소비자들의 소비행위 패턴을 분석하고 거기에 대응해서 알맞는 물건들을 생산하고 판매하는 첨단화된 기업활동을 하는데요, 여기에 빅데이터가 매우 큰 역할을 하죠. 건강에 관한 빅데이터도 수집을 하면 한 국가가 그 나라 국민의 건강상태를 확인하고, 건강에 문제가 발생하는 것들, 질병 발생의 위기, 이런 것들을 손쉽게 대처할 수 있습니다. 코로나 사태 때를 떠올려 봅시다. 코로나19의 발생 과정 그리고 각 사람마다 코로나

19에 감염되었을 때 나타나는 증상들 이런 것들은 다 사람마다 차이가 나잖아요. 그 차이가 나는 데이터를 전부 다 하나하나 빠짐없이 모아 가지고 코로나19의 진행 과정에 대한 임상 정보를 구축하게 되면, 우리는 코로나19에 대한 퇴치 백신을 만든다거나 혹은 치료제를 만드는 데 매우 중요한 정보를 얻게 되는 것입니다.

이렇게 빅데이터라는 것은, 과거에는 수집하기도 힘들었고 또 처리하기도 힘들었던 정보를 양적으로 아주 많이 수집을 하고 그것을 처리해서, 우리가 어떤 정책이나 행동을 할 때 중요한 정보나 중요한 정책기준 이런 것들을 마련하는 데 활용할 수가 있기 때문에, 아주 중요한 기술입니다. 이런 빅데이터 기술 역시 4차 산업혁명의 핵심 기술이라고 할 수 있습니다.

IoT와 클라우드 서비스

이 빅데이터 기술이 인공지능과 결합하면서 모든 전자기기가 인터넷망으로 상호 연결되는 세상을 한번 떠올려 볼까요? 그것이 사물인터넷(Internet of Things, IoT)입니다. 실생활의 모든 정보를 온라인에 등록하고 이를 인터넷으로 연결하여 상호처리 및 활용을 함으로써 최적의 해법을 제시·실행하는 기술을 우리는 사물인터넷이라고 부릅니다. TV에서요, 아파트인데 외부 기온에 따라서 실내 공기를 조절하고, 또 실내 온도도 자동으로 조절하며, 사람이 없을 때에는 보안 활동도 하고, 또 주인이 들어오기 전에 난방을 해 놓는다거나 혹은 조명을 켜 놓는다거나 혹은 냉장고와 싱크대의 가스레인지가 연동돼서 음식할 준비를 하게 한다든가 하는 자동화된 아파트 시스템을 광고하는 걸 보신 적이 있을 것입니다. 그것이 광고상으로 뿐만 아니라 실제적으로도 가능한데요, 그게 바로 이 사물인터넷 기술 때문인 것이죠.

아파트 입구 현관문부터 주방 혹은 거실, 아이들 방이나 부부가 사는 방 이런 것이 인터넷망으로 서로 연결이 되어서 상호 최적의 공간 상태, 최적의 청결 상태 이런 것들을 유지할 수 있도록 아파트를 자동 관리하는 시스템이 직장의 사무실이나 학교나 어디든 모든 공간에서 실현된다는 것이죠. 각종 전자기기, 가전제품 이런 것들이 스마트 기술을 탑재하게 되고, 이를 클라우드 서비스 시스템과 연결하면 사물인터넷 환경이 구축·실행될 수 있습니다. 이러한 사물인터넷 기술의 구현을 앞으로 최첨단으로 잘 보여주리라 생각되는 것이 미국의 전기자동차 테슬라라는 물건입니다. 이 전기자동차 테슬라는 단순한 자동차가 아니라 여러분 손에 들고 있는 스마트폰이 자동차의 모습으로 굴러다닌다고 생각을 하시면 됩니다. 이 테슬라 자동차 회사의 회장이 앨런 머스크라는 사람인데요. 영화 〈아이언맨〉 아시죠? 그 아이언맨의 주인공 토니 스타크가 이 엘론 머스크를 모델로 해서 만든 캐릭터입니다. 그러니까 아주 부자인데 최첨단 기술을 개발하고 활용하는 회사의 회장님인 거죠.

이 테슬라라는 자동차는요, 하나의 스마트 기기입니다, 전자기기예요. 그래서 테슬라 자체가 여러분이 손에 들고 있는 스마트폰처럼 인터넷을 통하여 외부 세계와 상호작용하고 의사소통하고 정보를 처리

하는 일을 합니다. 그러니까 차를 타면 차에 운전대 하나밖에 없어요. 그리고 아이패드 같은 큰 태블릿이 중앙에 딱 운전석 옆에 있죠. 그리고 그것이 차를 움직이는 모든 과정이 그런 아이패드 같이 생긴 태블릿을 이용해서 다 제어를 합니다. 그리고 뿐만 아니라 이 테슬라 자동차 자체가 외부 도로 환경과 인터넷망을 통한 상호 정보처리를 하고, 다른 테슬라 자동차들과도 상호 정보처리 과정을 통해서 자율주행 시스템까지도 구축해서 실행할 수 있게 된 구현체입니다. 완전 자율주행을 목표로 미국, 아니 전세계의 도로를 달리는 꿈을 현실화해 나가고 있는 자동차가 테슬라지요. 이러한 테슬라 같은 전자기기가 집에 냉장고의 형태로, 세탁기의 형태로, 또는 텔레비전의 형태로, 또는 사람 모습을 한 로봇의 형태로 등장하게 되는 것이 4차 산업혁명의 목표요 표상이 되는 것이죠.

미래교육

방대한 양의 정보를 스스로 학습하여 처리하고 그 처리의 결과로 삶의 전반적인 환경 자체를 바꾸어 놓을 미래 핵심기술, 인공지능과 빅데이터와 사물인터넷 그리고 그것을 가능케 하는 클라우드 서비스. 이러한 것들이 현대 사회에 구현되었을 때에 인간은 그러한 기술을 이용해서 삶의 문제를 해결하고, 또 복잡한 사회 현상들을 파헤치고 분석해서 더 나은 사회의 모습을 구현해내는, 집단 지성의 발현과 실천 능력이 요구되는데요. 이러한 능력과 역량을 키우는 준비 과정이 반드시 필요합니다. 그렇기 때문에 그러한 준비 과정으로서 우리는 미래교육을 대비하지 않을 수가 없습니다.

미래교육의 핵심은 미래 핵심역량을 정보화 사회 또는 4차 산업혁명의 시대라는 현재 및 미래사회의 중핵적 특징과 요구에 부응하여 설정하고, ICT 테크놀로지에 기반한 락습 네트워크 체제를 이용하여 필수적인 미래 핵심역량을 길러나가는 데 있어요. 요컨대, 인공지능을 탑재한 로봇이 출현하게 될 임박한 미래사회에 과연 우리는 어떤 역량을 길러서 그 사회를 행복하게 살아갈 수 있을 것인가? 이것을 깊이 고민하는 지점에서 학교가 꺼내든 것이 바로 역량기반 교육과정 모형이라고 할 수 있는 것입니다.

3 역량기반 교육과정의 교육목표

그러면 역량기반 교육과정 모형은 어떤 교육목표를 달성하기 위해서 만들어진 교육과정 모형일까요? 역량기반 교육과정 모형에서는 다음과 같은 다섯 가지 정도의 교육목표를 추구하고 있습니다.

첫 번째로는, "4차 산업혁명 시대를 대비하는 미래인재를 육성"하는 것입니다.

두 번째는, "미래사회를 행복하게 살아갈 수 있는 개인역량을 배양"하는 것입니다. 그렇다면 4차 산업혁명 시대를 대비하며 미래 사회를 행복하게 살아가려면 개인은 어떤 역량을 갖추고 있어야 할까요? 그것에 대한 목표 설정이 세 번째부터 나오게 됩니다.

세 번째 교육목표는 "정보화 도구를 활용하는 능력을 습득"하는 것입니다. 그러니까, 발전해가고 있는 각종 ICT 도구를 활용하는 능력을 기르는 것, 이것도 4차 산업혁명 시대를 대비하는 중요한 역량이 되겠죠.

네 번째 교육목표는 이러한 "정보화 도구, 곧 다양한 스마트화된 플랫폼 도구들을 활용하여 지식과 정보를 구성적으로 산출하는 능력을 습득"하는 것입니다. 이 네 번째 교육목표야말로 역량기반 교육과정 모형이 가장 중요하게 추구하고 달성해야 할 교육목표라고 말씀드릴 수 있습니다.

다섯 번째는, "사회적 문제에 대하여 상호작용적 문제해결 능력을 습득"하는 것입니다. 복잡한 현실의 사회문제를 해결하기 위하여 구성원들과 상호작용적으로 협력하여 문제를 해결해 나가는 능력, 즉 상호협력 하에 과제를 해결해 나가는 협업능력을 기르는 것도 중요한 교육목표가 됩니다.

하나로 요약한다면, 역량기반 교육과정 모형의 핵심 교육목표는 "정보화 도구로써 협력적으로 지식과 정보를 구성·산출하여 문제를 해결하는, 융합적 문제해결역량을 기르는 것"이라고 정리할 수 있습니다.

4 역량기반 교육과정의 교육내용

그렇다면 역량기반 교육과정 모형에서 핵심적으로 가르치려고 하는 교육내용은 무엇일까요? 바로 다름 아닌 "미래 핵심역량"이 역량기반 교육과정 모형의 주요 교육내용이 되겠죠. 역량기반 교육과정에서 가장 중요한 교육내용은 미래 핵심역량입니다. 그렇다면 미래 핵심역량이 무엇일까요? 미래 핵심역량에 대한 대표적인 범례는 OECD의 "데세코 프로젝트(DeCeCo Project)"에서 찾아볼 수 있습니다. 프로젝트의 제목인 '데세코'는 Definition and Selection of Competencies(역량에 대한 정의와 선정)를 말합니다. 2천년대 들어 OECD가 주도하여 미래사회에 꼭 필요한 핵심역량이 무엇인지 선정하고, 그 미래 핵심역량을 어떻게 가르칠 것인가를 논의한 것입니다.

DeCeCo PROJECT의 미래 핵심역량

이 데세코 프로젝트에서 제안한 미래사회의 핵심역량은 크게 세 가지인데요. 첫 번째가 "상호작용적 도구 활용 역량"입니다. 그러니까 우리가 가지고 있는 스마트폰이 역시 대표적인 사례가 될 텐데요. 스마트폰은 중요한 상호작용 도구예요. 컴퓨터와 스마트폰이라는 중요한 상호작용 도구를 활용해서 지식과 정보를 처리하는 역량을 가장 먼저 중요한 미래역량으로 선정한 것이죠.

상호작용적 도구 활용에 관련되는 하위역량으로서는 다음의 것들이 있습니다.

① "언어 및 상징 텍스트의 상호작용적 활용능력"입니다. 문해력, 독해력, 의사소통력 이런 것들이죠.

② "지식과 정보의 상호작용적 활용능력"입니다. 지식이나 정보를 가지고 상호작용적으로 활용한다는 것은, 지식과 정보를 나 혼자 갖고 있는 게 아니라, 그 지식과 정보를 가지고 새로운 것들을 만들어내기 위해서는 다른 사람들과의 상호작용적 활용이 있어야 된다는 것입니다.

③ "테크놀로지의 상호작용적 활용능력"입니다. 스마트폰을 가지고 통화와 문자 보내는 거 밖에 안 하는 김봉석 교수는 테크놀로지의 상호작용적 활용능력이 좀 많이 떨어지는 거죠? 그나마 넷플릭스 하나 더 보는 정도입니다. 그래 갖고는 안 된다는 거죠. 테크놀로지의 상호작용적 활용능력은 여러분이 손에 들고 있는 첨단 테크놀로지를 가지고 상호작용적으로 활용해서 역시 새로운 지식과 정보를 만들어낼 수 있어야 한다라는 것이죠.

두 번째 미래 핵심역량은 "집단에서의 상호작용 역량"입니다. 특히 서로 다른 성향을 가진 이질적 집단 속에서 어떻게 협업할 수 있느냐 하는 것에 관련되는 역량입니다. 앞으로는 점점 더 국가간, 인종간 교류가 확대될 것이기 때문에 협업능력은 꼭 갖추어야 할 미래 핵심역량으로 제시했습니다.

집단에서의 상호작용 역량의 하위역량들을 보면요.

① "타인들과 관계를 잘 맺는 능력"이 있습니다. 이거는 뭔지 쉽게 이해가 되시죠? 일종의 사회성을 말하는 거겠죠.

② "협동 능력"입니다. 협력을 잘 할 수 있느냐 없느냐 하는 거죠.

③ "갈등관리 및 갈등해결 능력"입니다.

이 세 가지를 잘 갖추어야 집단에서의 상호작용 역량이 높다고 볼 수 있다는 것이죠. 이 중에 제일 중요한 건 세 번째의 "갈등관리 및 갈등해결 능력"이 되겠습니다.

미래 핵심역량의 세 번째 역량은 "자율적 행동 역량"입니다. 상호작용적 도구를 활용하고 집단 내에서의 상호작용을 잘 할 수 있으려면, 개인이 자신의 삶 전반에 대하여 자율적으로 사고하고 판단하여 행동하는 자율역량이 갖추어져야 한다고 본 것이죠. 이 자율적 행동 역량을 우리가 쉽게 표현해 본다면 "자기관리·자기계발 역량"이라고 볼 수 있겠습니다.

자율적 행동 즉 자기관리나 자기계발 역량은 다음과 같은 하위역량으로 구성됩니다.

① "거시적 조망에 따른 행동 능력"입니다. 그러니까 눈앞의 것만 보지 말고 좀 멀리 내다보고 행동할 수 있어야 한다라는 거겠죠.

② "인생계획 및 개인과업의 수립·실행 능력"입니다. 자기 삶을 계획하고, 계획한 바에 따라서 과업을 부과하여, 그 과업을 책임있게 실행할 수 있느냐 하는 능력이 자율적 행동역량에서 참 중요하죠.

③ "자신의 권리와 이익을 옹호하는 능력"입니다. 자신의 권리와 이해관계를 정당하게 주장하고 표현할 수 있는 능력을 말하는 거죠.

역량 1. 상호작용적 도구 활용	역량 2. 집단에서의 상호작용	역량 3. 자율적 행동
1-A. 언어, 상징, 텍스트의 상호작용적 활용 능력	2-A. 타인들과 관계를 잘 맺는 능력	3-A. 거시적 조망에 따른 행동 능력
1-B. 지식, 정보의 상호작용적 활용 능력	2-B. 협동 능력	3-B. 인생 계획 및 개인 과업의 수립·실행 능력
1-C. 테크놀로지의 상호작용적 활용 능력	2-C. 갈등 관리 및 갈등 해결 능력	3-C. 권리, 관심, 한계, 요구의 주장 능력

그림 17 DeCeCo 프로젝트의 미래 핵심역량

데세코에서 제시한 핵심 미래역량을 쭉 보면요, 결국 상호작용적 도구를 활용해서 다른 사람들과 함께 협력하여 과제를 해결하는데, 그 밑바탕에는 개인이 자기 스스로를 개발하고 관리하는 것이 밑바탕이 되어야 한다, 이러한 그림으로 미래역량을 구성해 본 것이 데세코 프로젝트인 것이죠.

도구를 상호작용적으로 활용하는 능력

그러면 좀 더 자세하게 이 세 가지 미래역량을 한번 분석해 보도록 하겠습니다. 첫 번째 역량범주인 "도구를 상호작용적으로 활용하는 능력"은 글로벌 경제시대와 정보사회에서 요구하는 언어·정보·지식 및 물리적 도구들을 활용하기 위한 사회문화적 역량을 말합니다. 그러니까 외국어, 모국어, 다양한 정보와 지식을 다루는 정보지식 처리 능력, 그리고 컴퓨터 기반의 스마트 도구들을 활용하는 능력, 이런 것들이 전부 합쳐진 것이 첫 번째 역량범주인 '도구를 상호작용적으로 활용하는 능력'에 해당하는 것이죠.

이러한 역량이 미래사회에 필요한 이유는 첫 번째로, 급속하게 발전되는 기술변화에 적응하고; 둘째로, 자신의 목적에 따라 도구를 효율적으로 활용하며; 셋째로, 세계와 적극적인 대화를 수행하기 위해서입니다. 그러니까 새로운 기술변화에 적응하고, 그 발전하는 기술에 따라 도구를 활용하면서, 전 세계와 커뮤니케이션 하기 위해서라는 것이죠. 이러한 역량은 단순히 도구에 접근하는 방법과 이것을 사용하는 기능적 기술을 넘어서서, 개인과 환경 간의 적극적인 상호작용 방법으로서 도구를 활용하고, 이를 통해 지식과 기술을 생성하고 적용할 수 있는 좀 더 고도화된 범위를 설정하고 있는 것이죠.

집단에서의 상호작용 역량

두 번째 역량범주인 "집단에서의 상호작용 역량"은요, 이질집단 속에서 사회적으로 상호작용하는 능력인데요, 분절되고 다원화된 오늘날 대인관계 관리의 중요성이 강조되면서 그 필요성이 부각된 역량입니다. 개인 간의 상호작용이 필요하지만 오히려 단절되어 있는 사회적 관계가 현실이죠. 게다가 다원화된 가치와 다원화된 대인관계 때문에 현대 사회에서 요구하는 상호협동 능력은 훨씬 더 많이 요구되고 부각되고 있는 것이죠. 집단 내에서의 상호작용 역량이 현대 사회에서 꼭 필요한 이유는 첫째로, 다원화된 사회에서의 다양성을 관리하고; 둘째로, 상호공감의 중요성을 강조하며; 셋째로, 사회적 자본의 중요성을 부각시키기 위해서입니다.

이 두 번째 범주의 핵심역량은 한 개인이 타인과 더불어 배우고 함께 생활하는 데 필요한 역량을 포함하고 있습니다. 사회적 역량이라고 부를 수가 있겠죠. 다른 사람을 사귀고, 그 사람과 상호작용을 하고, 그 집단 속에서 벌어지는 여러 가지 갈등을 해결하고 해소해 나가는 사회적 기술을 말하는 거죠. 문화적 역량이라는 게 있는데요, 서로 다른 문화를 이해하고 공감하는 역량과 다문화를 이해하는 역량으로서, 간문화적(intercultural) 역량 이런 것들이 다 여기에 관련되는 것입니다. 사회학에서는 이걸 소프트 스킬(soft skil)l이라고도 부르죠. 사람들 사이를 공감하고 함께 나누고 함께 연결하는, 사회성과 연관되는 역량, 이것이 우리에게 필요한, 아주 중요한 미래역량이라고 할 수 있습니다.

자율적 행동역량

세 번째 역량범주는 "자율적 행동능력"입니다. 세 번째 역량범주인 자율적으로 행동하는 능력은 사회적으로 고립되어 개별적으로 기능하는 것이 아니라 환경과 사회적 역동성을 이해하여 능동적으로 자신의 역할을 수행하는 것을 의미합니다. 그러니까 한 개인이 사회 속에서 주어진 사회적 역할을 제대로 담당하고 실행해 가려면 자기 자신의 삶의 전반 과정에 대하여 스스로 통제하고 조절해 나가는 자율적인 행동능력이 있어야 된다는 것이죠. 쉽게 말하면, 자기관리 능력이 있어야 된다라는 겁니다.

제가 생각하기에는 미래 핵심역량 도구를 상호작용적으로 사용한다거나 다른 사람들과 사회적으로 협동할 수 있는 능력 이 두 가지도 참 중요하지만 가장 중요한 건 이 세 번째 범주라고 생각합니다. 한 개인이 자신의 행동 과정 전반을 스스로 이해하고 조절하고 계획하고 통제하고 발전시켜 나갈 수 있는 능력은 사실 아주 중요한 능력이죠. 심리학에 '메타인지(meta-cognition)'라는 개념이 있습니다. 지능과 관련된 개념인데요, 내가 지금 무슨 일을 하고 있는지, 무슨 행동을 하고 있는지, 내가 앞으로 어떤 행동을 해야 될지를 스스로 이해하고 판단하는 능력을 말합니다. 이 메타인지가 높은 학생이 모든 방면에서 훌륭한 성취를 이뤄내죠. 아무튼 이 세 번째 역량범주인 자율적 행동역량은 메타인지의 수준과 밀접하게 연관된다고 생각할 수 있습니다.

개인은 사회의 발전에 효과적으로 참여하고, 일터와 가정과 사회생활 등의 다양한 삶의 측면에서 적절히 기능하기 위하여 자율적으로 행동할 필요가 있습니다. 이는 독립적으로 정체성을 개발하고 자율적으로 행동하기 위해서 꼭 필요한 역량이죠. 내 삶을 준비하고 계획하고 실행하는 능력입니다. 이러한 역량이 필요한 이유는 첫째로, 복잡한 세계에서 자신의 정체성을 깨닫고 목표를 설정하고; 둘째로, 자신의 권리와 책임을 인식하고; 셋째로, 자신에게 주어진 환경과 기능을 올바로 이해하기 위해서입니다. 그러니까 내가 지금 어떤 환경 속에 있고, 그 속에서 나는 어떠한 행동을 해야 하는지, 스스로 조망하고 판단하고 실천할 수 있는 능력을 뜻하는 것이죠.

요컨대, 이러한 자기관리 능력을 갖춘 사람이, 도구를 상호작용적으로 사용해서 지식과 정보를 산출하고, 그 지식과 정보의 학습 및 산출 과정을 타인과 상호작용적으로 협동적으로 수행할 수 있게 되면, 그 사람은 다가올 4차 산업혁명의 미래시대에 유능하게 살아가고 효능감 있게 살아가고 행복하게 살아갈 수 있다고 본 것이죠. 이에 따라 학교 교육은 첫 번째로, 정보 테크놀로지를 활용하여 인지적 문제를 해결하는 전략적 방법을 가르쳐야 합니다. 두 번째로, 협동적으로 과업을 수행하는 상호작용 방법 및 전략을 가르쳐야 합니다. 세 번째로, 자신의 생활에 대한 즉 학생 자신의 생활에 대한 체계적 기획, 관리 방법 및 전략을 가르쳐 주어야 합니다. 그러니까 학교에서 학생들에게는 학교에서는 학생들에게 정보 테크놀로지를 가지고 인지적 과제를 해결하는 방법을 가르쳐줘야 되고요. 협동적으로 이러한 과업을 수행하는 방법을 가르쳐줘야 합니다. 그리고 자신의 생활을 스스로 기획하고 관리하는 자기관리 능력도 꼭 가르쳐 줘야 합니다.

5 역량기반 교육과정의 교육방법

그렇다면 역량기반 교육과정에서는 이러한 미래 핵심역량을 개발시키는 교육내용을 어떤 방법으로 학생들에게 가르치고자 할까요? 즉 어떤 교육방법을 써서 우리는 미래 핵심역량을 개발할 수 있을까요? 역량기반 교육과정에서는요, 강의식 수업, 암기 위주의 교육방식을 탈피하여 문제해결형 수업을 지향합니다. 역량기반 교육과정에서 가장 중요한 것은 문제해결형 수업입니다.

역량기반 교육과정에서는 학습한 내용을 활용하여 과제를 해결해 나가는 과정이 수업의 중심이 됩니다. 그러니까 교과서에 들어있는 내용을 배우는 게 수업의 중심이 아니라 교과서 내용을 활용해서 실제적인 과제와 문제를 해결해 나가는 과정을 수업 속에서 진행한다는 것이죠. 이러한 문제해결형 수업의 바탕에는 구성주의라고 하는 학습이론이 들어있습니다. 구성주의 학습이론 또는 구성주의 학습원리,

아마도 이 구성주의 학습이라는 것은 경험중심 교육과정, 학문중심 교육과정, 인간중심 교육과정 등의 교육과정 모형의 변천 속에서 점점 덩치가 커지고 비중이 높아지고 있는 학습이론이라고 볼 수 있겠어요.

구성주의 학습이론에 의거하여 역량기반 교육과정에서 제시하는 수업의 모습은 첫 번째로, 학습자가 기존에 습득한 지식, 기술, 전략 등을 능동적으로 사용하고; 둘째로, 자신의 문제해결 과정을 반성적으로 성찰하며; 셋째로, 실제적인 문제해결을 위하여 자신의 역량을 새로운 형태로 재조정하거나 재구성해보는 학습경험을 갖도록 하는 데에 초점이 맞추어져 있습니다. 지금까지 내가 배웠던 지식과 그 지식을 활용하는 전략을 바탕으로, 새로운 문제가 주어졌을 때 그 문제해결 과정을 반성적으로 실천해 나가면서, 실제적인 문제해결에 도달하도록 그 과정 속에서 자신이 배운 여러 가지 지식을 재구성하면서 새로운 지식으로 산출해낼 수 있도록 하는 이런 학습경험이 역량기반 교육과정에서는 중요하게 강조된다는 것이죠.

좀더 쉽게 말씀 드리면, 내가 지금까지 배웠던 내용과 지식을 다 가지고서 주어진 문제에 대한 새로운 해답을 내가 만들어서 내놓을 수 있도록 하는 것이 구성주의 학습의 핵심입니다. 정해진 답을 '찾는' 게 아니라 문제상황의 해결에 적합한 답을 '만들어내는' 게 핵심입니다. 내가 활동을 통해서, 그것이 지적인 활동이나 혹은 기술적인 활동이 되었을 때, 활동을 통해서 내가 구체적인 산출물을 내 눈앞에 만들어낼 수 있도록 하는 과정, 이것이 구성주의 학습이라는 것이고. 역량기반 교육과정에서 중요한 교육방법이 된다는 것이지요.

그러면 지식과 기술을 통한 산출물, 이것을 어떻게 수업을 통해서 만들어낼까요? 역량기반 교육과정에서는 다음과 같은 다양한 수업방법을 통하여 학습자의 활동을 통한 지적·기능적 산출물을 제시하게 됩니다.

첫 번째로, 이론수업과 현장학습을 병행·연계하는 현장중심 수업모형인 "인턴십 프로그램(internship program)"을 들 수 있습니다. 학교에서는 이론의 영역을 배우고 실제 산업현장 혹은 기술현장에 가서 현장의 기술을 직접적으로 습득해 나가면서, 배운 것과 현장 속의 문제가 연계되어 현장 적응력을 높이고자 하는 것이 인턴십 프로그램입니다.

두 번째로는 "문제기반학습(problem-based learning)"을 실행합니다. 이 문제기반학습은 경험중심 교육과정 모형에서 등장했던 문제해결학습이 여러 과목에서 좀더 융합적으로 세팅된 교수·학습방법이라고 할 수 있겠습니다. 현장에서 발생하는 실제적인 문제를 교실의 학습상황 속으로 끌고 들어와서, 그 문제를 해결해 나가는 과정 속에서 연관되는 지식과 기술 혹은 인성적인 요소들을 통합적으로 학습하는 과정이 문제기반학습입니다. 이러한 문제기반학습이 장기간에 걸쳐서 학습주제의 심화와 연계를 계획하여 실행된다면 그것은 프로젝트 기반 학습으로 발전될 수 있습니다.

이러한 문제기반학습과 프로젝트 기반 학습은 아무래도 혼자 이걸 실행하기에는 많이 힘들 수 있겠죠. 그래서 팀으로 이러한 문제해결과 프로젝트 수행을 할 수 있도록 기획한 학습기법이 팀기반 학습(team-based learning)과 협동학습(group work)입니다. 흔히 말하는 조별 발표, 조별 활동이 그것입니다.그러면 이 팀기반 학습이나 협동학습은 우리가 왜 하는 걸까요? 이질적인 집단 속에서 상호작용하는 역량을 길러주기 위한 것입니다.

세 번째로는 "시뮬레이션 학습(simulation learning)"을 둘 수 있습니다. 시뮬레이션 학습을 통하여 학교에서 학습하는 학습장면이 실제 산업현장이나 직업현장에서 부딪치는 문제에 실질적으로 연관되도록 하는 현장중심 학습을 하게 됩니다. 세뮬레이션 학습은 주로 작업현장에 안전상의 위험성과 작업 난이도가 있을 대 학습자들의 안전을 위하여 사용되는데요. 예를 들면, 유아교육과에서 실제 유치원 교실현장과 똑같은 상황에서 유치원 선생님이 실행하는 수업활동을 학생들이 직접 시연해보는 모의수업을 들 수 있습니다. 또 간호학과 같은 경우에는 병실 혹은 뭐 수술실 이런 데서 간호사가 실행하는 활동들을 직접 배우는 그런 형태가 시뮬레이션 학습이 될 수 있겠죠. 이런 시뮬레이션 학습을 하게 되면 현장성이 교실 속으로 들어와서, 학생들은 실제 현장에서 사용되는 지식과 기술을 직접 체험적으로 배우고 익힐 수 있다는 그런 장점을 갖습니다.

인턴십, 문제기반학습, 프로젝트기반 학습, 팀기반 학습, 시뮬레이션 학습 이 모든 것들은 학교에서 배우는 수업내용과 학교 밖 산업현장의 실제 문제상황이 일치되도록 함으로써 학습자가 실제 현장에서의 문제해결 역량을 고도로 높여나갈 수 있도록 하는 데 초점을 두는 수업방법들입니다. 그러니까 단순히 지식을 습득하는 과정이 수업이 되는 것이 아니라 현장에서 그 지식을 가지고 문제를 해결하는 과정, 문제를 해결해 나가는 수준을 수업의 핵심으로 삼는 것이 역량기반 교육과정 모형에서의 교수·학습방법이라는 것이죠. 이러한 구성주의적 교수·학습방법들은 첫째로, 학습 과정에서 학습자들의 적극적이고 능동적인 참여를 유도하고; 둘째로, 학습성과가 실제의 문제해결에 유효적절하게 전이되도록 한다는 특징을 지닙니다. 참여와 문제해결이 수업의 핵심이 되는 것이죠.

6 역량기반 교육과정의 특징과 비판점

역량기반 교육과정의 특징

이제 역량기반 교육과정의 특징을 살펴보겠습니다.

역량기반 교육과정 모형은 지식을 습득하는 데 그치는 교육이 아니라 "지식을 실제생활에 적극적으로 적용하고 활용하는 것을 강조"하는 교육입니다. 이러한 점에서 경험중심 교육과정과 학문중심 교육과정의 문제 맥락을 계승하여 발전시킨 교육과정 모형이 바로 이 역량기반 교육과정 모형이라고 할 수 있겠습니다. 달리 말하면 학교에서 배우는 지식의 사회적 적절성(social relevance)을 강조하고 있는 것이라고 볼 수 있죠. 지식의 사회적 적절성이라고 하는 것은 학교에서 배운 지식을 가지고 사회의 문제를 해결하는 데에 적절하게 사용할 수 있느냐 없느냐 하는 것을 뜻하지요. 배운 것을 가지고 사회의 문제를 해결할 수 있을 때 우리는 사회적 적절성이 높다라고 이야기할 수 있습니다. 역량기반 교육과정은 바로 이 지식의 사회적 적절성을 고도화시키기 위한 교육적 노력이었던 것이죠.

또한 도서 매체가 기반이 되었던 전통적인 학교 교육에서 탈피하여 날로 발전하고 있는 "IT 기반의 스마트 환경에 부응하는 미래 혁신교육의 모델을 제공"하는 것이 역량기반 교육과정의 특징입니다. 책만 가지고 공부했던 전통적인 교육방식에서 탈피하여 다양한 전자통신매체를 가지고, 즉 노트북과 스마트폰과 태블릿 PC를 가지고, 혹은 VR 고글을 쓰고, 스마트 기반 환경에서 학습을 하는 형태, 이게 역량기반 교육과정의 눈에 보이는 두드러진 특징이라는 것이죠.

여기에 더하여 이전의 교육과정 모델들보다 더 많은 비중으로 "수업에서 학습자들의 그룹활동을 강조"하는 것도 역량기반 교육과정의 두드러진 특징입니다. 수업에서의 사회적 상호작용이 탐구와 문제해결의 과정에 적극 들어오게 되면 학습에서의 동기유발의 문제, 학습력의 지속 문제, 학습결과의 전이 문제 등에 있어서 훨씬 더 높은 효과성을 보여주기 때문입니다. 물론 미래역량 가운데 협업과 사회적 갈등관리에 관한 역량이 중요하게 부각되는 점도 이유가 되겠지요.

역량기반 교육과정에 대한 비판점

그런데 이러한 역량기반 교육과정은 다음과 같은 비판도 받고 있습니다.

역량기반 교육과정은 애초에 기업이 대학에 요구한 인재상, 곧 기업이 대학에 요구한 교육적 필요로부터 출발되었다고 볼 수 있습니다. 데세코 프로젝트로부터 역량기반 교육과정이 촉발되어 발전했지만, 사실 그 이전부터 기업은 대학에 혹은 고등학교에 '기업에서 이러이러한 인재가 필요한데 지금 당신들이 하고 있는 학교 교육모델로는 이것을 달성할 수가 없으니 학교 교육의 방식과 내용을 좀 바꿔주시오.'라고 요청한 바가 있었다는 거죠. 기업의 요청은 20세기 후반 1980~90년대부터 두드러지게 되는데, 그것이 제도적으로 수용되어서 21세기에 역량기반 교육과정으로 안착이 되었던 것입니다. 그렇다면 기업은 대학이나 혹은 고등학교에 어떤 걸 요구했을까요?

기업은 신입사원들이 다음과 같은 능력을 갖출 것을 요구하였습니다. 가장 중요한 게 "과제 분석력"이었습니다. 그러니까 시장조사를 해서 어떤 물건을 만들어서 팔아야 되는지, 어떻게 팔아야 되는지, 이런 것들을 파악하는 능력을 갖추고 회사에 들어와야 된다는 것이죠.

두 번째로는 "지식생산 능력"입니다. 이것은 기업에서 시장의 요구에 부응하는 제품개발 아이디어를 산출하고 문제를 해결하는 능력을 뜻하는 거죠. 어떤 제품이 요구가 되니 그 제품을 새롭게 어떻게 개발할 것이냐, 여기에 대한 지적 아이디어 산출능력이 요구가 됐던 것이죠.

그 다음에 그러한 지식생산 능력을 갖췄다고 하면, 실제로 제품을 개발하고 그것을 판매하는 종합적인 활동들이 요구되겠죠. 그것은 한 사람, 한 사람이 개별적으로 할 수 있는 게 아닙니다. 팀이 되어서 팀 속에서 협업을 통해서 달성해야 하는 과제인 것이죠. 그래서 "협업 능력"을 강조하게 됩니다. 팀 프로젝트를 수행하는 능력을 말하는 것이죠. 시장에 날마다 새로운 제품들이 쏟아지는데 경쟁사들이 만들어 내는 그 새로운 제품을 제치고 우리 회사제품이 소비자들에게 수용되려면, 시장을 조사하고, 새로운 제품을 개발하고, 그 제품이 활용되는 데서 나타나는 문제를 해결하고, 그걸 광고와 판매를 통해서 소비자들의 손에 쥐어주도록 하는 팀 프로젝트를 수행하는 게 기업의 사원들이 하는 일입니다.

그래서 이런 종합적인 능력이 신입사원들에게 필요한데 입사하는 신입들이 이걸 제대로 갖추고 있지 못하니, 대학교육, 고등학교 교육은 바로 이걸 강조해 달라는 요구가 있었다는 것이죠. 이에 따라 과제 분석력, 지식생산 능력, 협업 능력을 강조하는 교육의 방향성이 설정되게 되고, 이것이 수용된 것이 역량기반 교육과정 모형이었다라는 것입니다.

그런데요, 기업의 요구가 교육과정 개발의 우선적인 기초가 되면 교육의 본질적인 측면이 축소·왜곡될 수가 있습니다. 우리는 지난 시간에 공부한 인간중심 교육과정 모형이 다른 모형들에 비하여 교육의 본질적인 측면에 초점을 맞춘 교육과정인 걸 알고 있습니다. 그런데 인간중심 교육과정이 현실 사회에, 현실 교육에 수용되기가 무척 힘들었다고 했죠. 학교 교육에 대한 사회적 요구가 상당히 이렇게 경제적인 측면, 이런 부분에 집중이 되다보면 교육의 본질이 축소될 수 있고 왜곡될 수 있다는 것이죠.

역량기반 교육과정은 기본 설계와 개발 과정에서 과도하게 경제지향적인 학교 교육모델로서 형성되었기 때문에, 인성 함양이나 교양·예술성 함양 등의 전인교육의 가치를 축소시키는 결과를 초래하기도 하였습니다. 따라서 역량기반 교육과정은 학습자의 경제적 수행능력 즉 기업에서 요구하는 경제적 수행능력을 강조하는 것도 필요하지만, 한 개인이 인간으로서 가져야 할 인문적 가치 이런 것들을 놓치지 않고 항상 균형 있게 학생들에게 가르치고 제공해 주는 교육과정 모델로 발전되어야 할 필요가 있어요. 이에 오늘날에는 인문교양과 과학교양 및 예술적 소양을 균형 있게 가르침으로써 역량의 전인적 총체성 즉 전인교육의 모습을 강조하는 방향으로 발전해가고 있습니다. 그

지금까지 역량기반 교육과정 모형에 대해서 쭉 살펴봤는데요. 이 역량기반 교육과정 모형은 지금 이 수업을 듣는 우리 학생 여러분들이 배우고 있는 교육과정 모델입니다. 여러분들이 초등학교, 중학교, 고등학교, 대학교에 들어와서 배우게 되는 교육과정 모형은 바로 이 역량기반 교육과정 모형으로 운용(運用)되는 교육과정 모델입니다. 그래서 여러분들은 초·중·고등학교 때 협동학습 많이 했고요, 문제해결학습 많이 했고요, 조별 발표 많이 했고요, 과제 프로젝트 이런 거를 여전히 많이 하고 있는 것이죠. '파이팅!'입니다, 여러분.

여덟 번째 강의
교육과정 개발의 기본 모형: 목표모형 vs. 내용모형

이번 시간에는 여덟 번째 강의로 "교육과정 개발의 기본 모형"에 대해서 함께 공부해 보도록 하겠습니다. 지금까지 여러분들은 교과중심 교육과정 모형부터 역량기반 교육과정 모형까지 시대별로 교육과정이 어떻게 변화되고 발전되어 왔는지를 함께 공부하였습니다. 이제는 교육과정을 각 단계별로 어떻게 구성하고 만들어내는지, 교육과정을 개발하는 실제적인 방법을 공부할 것인데요. 교육과정을 개발하는 방법과 교육과정 개발모형은 꽤 많습니다. 그렇지만 이 시간에는 기본적인 수준에서 교육과정 개발의 커다란 틀을 살펴보겠습니다. 오늘 여러분들이 저와 함께 공부할 내용은 타일러(Ralph Tyler)의 목표중심 교육과정 개발모형과 브루너(Jerome S. Bruner)의 내용중심 교육과정 개발 모형입니다. 교육과정을 개발함에 있어서 가장 기본적인 모형들이 이 두 가지 모형입니다.

1 목표중심 교육과정 개발모형

Ralph Tyler

목표중심 교육과정 개발 모형은 미국 시카고대학교의 타일러(Ralph

Tyler)라는 교육학자에 의해서 완성된 교육과정 개발 모형이 되겠습니다. 목표중심 교육과정 개발 모형을 우리는 줄여서 '목표모형'이라고 합니다. 이 목표모형을 만든 학자는 랄프 타일러라는 분입니다. 1902년도에 태어났고 1994년도에 돌아가셨습니다. 92세까지 살았으니 아주 장수한 분이네요. 이분은 미국 시카고대학교의 교육학과 교수입니다. 미국 시카고대학교 어쩐지 귀에 익지 않으신가요? 시카고대학교는요, 존 듀이가 교육학과 교수로 재직하던 그 대학입니다.

그림 18 R. 타일러 교수와 그의 저서

존 듀이가 재직하던 시카고대학교의 교육학과에 존 듀이 교수의 뒤를 이어서 랄프 타일러라는 교수가 부임하게 된 것이죠. 이 분 역시 듀이의 제자입니다. 타일러 교수의 가장 큰 업적은요, 교육과정 개발에 관한 표준적이고 종합적인 방법 및 절차를 마련하는 데 공헌한 것이었습니다. 사진을 보니 TV 프로그램인 〈비정상회담〉에 나온 타일러라는 외국인 하고 인상이 좀 비슷한 것 같아요. 조상인가요? 아무튼 이 타일러 교수님이 쓰신 책 중에 제일 유명한 책이 있는데요,

《The Basic Principles of Curriculum and Instruction》, 우리나라 말로는 "교육과정과 수업지도의 기본 원리"라는 제목의 책입니다. 1949년도에 쓰여진 책이네요.

여러분, 우리가 《교육과정》이라는 과목을 공부할 때 제일 중요하게 생각해야 되는 인물 꼭 한 사람만을 들라 그러면 바로 이 타일러라는 사람을 꼽아야 합니다. 왜냐면요, 타일러는 교육과정을 개발하는 표준적인 절차와 방법을 만들어낸 학자이기 때문입니다. 교육과정을 개발하는 데 있어서 우리가 따라야 할 표준적인 절차, 표준적인 방법. 이것을 우리에게 제시해 준 사람이 타일러였어요.

20세기 초반까지 미국은 각급 학교별로 교육과정이 다 달랐다고 합니다. 워낙 땅덩어리가 커서 그랬나봐요. 학교마다 배우는 게 달랐어요. 같은 학교급이라고 해도 학교마다 교육과정이 천차만별이었다라는 것이죠. 물론 초등학교는 초등학교대로, 또 중학교, 고등학교 급에서는 같은 학교급이었다고 하면 대체로 비슷비슷한 내용을 내용을 가르치긴 했지만, 주별로 학교별로 강조하는 교과목이나, 같은 교과목에서도 강조해서 가르치는 교육내용이 서로 달랐다는 것이죠. 그런데 이렇게 각급 학교별로 교육과정이 다르고 배우는 과목이 다르면 어떤 문제점이 생기냐면요. 대학입시 같은 데서 어떤 과목에서 무슨 내용을 시험문제로 출제할까 하는 문제에 봉착하면 상당히 난감해지는 거예요. 즉 학교 급별로 교육과정 속에 들어있는 교육내용이 다 달랐기 때문에 대학입시에서 공통적이고 일반적인 내용만 뽑아 가지고 시험문제를 내야 한다는 부담이 높아졌던 것이죠.

여기서 중요한 문제가 하나 등장합니다. 대학입시의 시험문제는 당연히 고등학교 학생들이 공통적으로, 일반적으로 배우는 내용을 시험문제에 출제해야 하는 것이죠. 그래서 고등학교에서 반드시 배워야 하는 공통적이고 일반적인 내용들은 뭘까? 이거를 생각해보게 됩니다. 그러다가 아예 미국의 고등학교에서는 이러이러한 과목들을 공통 일반의 교육과정으로 가르치자라는 합의를 보게 돼요. 이러한 논의와 결정의 과정에서 가장 중추적인 역할을 했던 사람이 바로 타일러였습니다.

타일러는 미국의 중등학교, 그러니까 중학교와 고등학교의 교육과정을 공통화하고 표준화하는 작업을 수행합니다. 요즘으로 치면 타일러가 수능 출제위원 위원장이었던 거요. 그래서 수능 출제위원장이 돼 가지고 시험문제를 내고 보니까, 미국의 중·고등학교의 교육내용이 공통화되고 표준화될 필요가 있겠구나 그래서, 한 8년 정도 그러니까 준비 기간까지 합치면 한 10년 정도 연구를 해가지고, 미국의 중등학교, 중학교와 고등학교의 교육과정은 공통화하고 표준화하게 됩니다. 이것을 '8년 연구(eight years study)'라고 부르는데요. 타일러가 이 8년 연구를 하면서 교육과정을 표준적으로 개발하는 방법과 원리를 함께 다루게 됩니다.

미국의 중등학교의 교육과정을 공통화하고 표준화하는 작업을 수행하면서 타일러는 자연스럽게 교육과정을 표준적으로 개발하는 방법과 인리를 연구해서 실제 적용해보게 됩니다. 타일러의 이 같은 작업의 소산으로 탄생한 저작이 《The Basic Principles of Curriculum and Instruction》이라는 책이예요. 타일러가 자신의 저서인 《The Basic Principles of Curriculum and Instruction》에서 제시한 교육과정 개발의 방법과 원리가 지금 공부하는 '목표중심 교육과정 개발모형'의 대표적인 범례가 됩니다. 목표중심 교육과정 개발모형이라는 용어는요, 목표 즉 교육목표를 중심에 놓고 교육과정을 개발하는 모형이라는 의미를 갖습니다.

목표모형의 문제틀

그렇다면 목표중심 교육과정 개발모형은 교육과정을 개발하는 데 있어서 구체적으로 어떤 문제를 다루었을까요? 목표중심 교육과정 개발모형의 문제틀은 과연 무엇이었을까요? 한마디로 목표중심 교육과정 개발모형은 "어떤 교육목표를 달성하는 교육을 할 것인가?"라는 물음을 가장 전면에 내세우고 교육과정을 개발하는 모형이었습니다. 어떤 교육목표를 달성하는 교육을 할 것인가? 이 말을 간단하게 말하면, "어떤 교육목표를 세울 것인가?"이지요. 바로 이 물음을 교육과정 개발의 중심에 두었다는 거예요.

어떤 교육목표를 세울 것인가? 그리고 이러한 교육목표를 달성하는 데 있어서 최적의 교육내용은 어떻게 선정할 것인가? 이러한 물음들이 교육과정을 개발하는 과정에서 중요하게 제기되었습니다.

목표모형의 구성요소

목표중심 교육과정 개발모형의 구성요소를 살펴보겠습니다. 목표중심 교육과정 개발모형은 다음과 같은 네 가지의 요소를 구성요소로 가지고 있습니다. 첫 번째 요소는요, "교육목표의 설정과 진술"입니다. 두 번째는 "학습경험의 선정"이고, 세 번째는 "학습경험의 조직"이며. 마지막으로 네 번째는 "교육목표 달성도의 평가"입니다. 목표를 설정하고 진술하는 일을 제일 처음 시작하게 되고, 이 일이 끝나면 두 번째로 학습경험을 선정하는 일을 하게 됩니다. 그리고 세 번째로는 학습경험을 조직하는 일을 하게 되고요. 네 번째로는 교육목표 달성도를 평가하는 일을 하게 됩니다.

타일러가 제시한 교육과정 개발의 단계를 다음과 같이 그림으로 도식화해 보았습니다. 이것을 우리 교육과정 분야에서는 "타일러 레셔널(Tyler Rationale)"이라고 부릅니다. 타일러가 만든 레셔널, 합리적인 절차다 이런 의미를 가지고 있죠. 타일러가 제시한 교육과정 개발의 합리적 절차는 크게 네 단계로 이루어집니다. 박스 4개가 화살표로 연결되어 있죠. 그리고 네 번째 박스로부터 첫 번째 박스로 긴 화살표가 이어져 가게 됩니다.

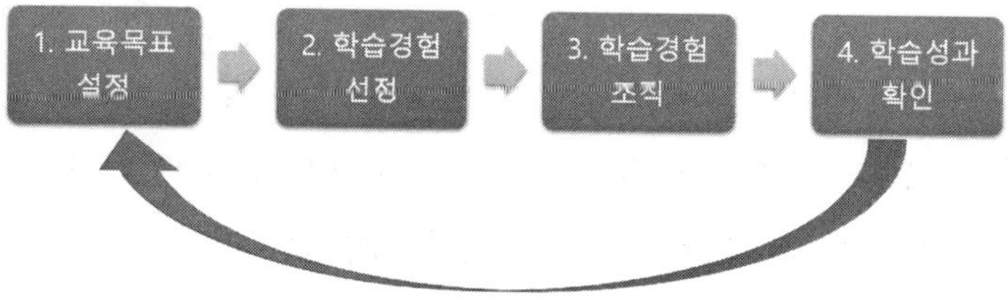

그림 19 타일러 레셔널

교육과정을 개발하는 첫 번째 단계는요, "교육목표의 설정" 즉 교육목표를 수립하는 것입니다. 교육목표를 설정하게 되면 두 번째 단계인 "학습경험의 선정"이라고 하는 활동을 하게 되죠. 두 번째 단계에서 학습경험 선정이 이루어지면 세 번째 단계로 넘어가서 "학습경험을 조직"하는 일을 합니다. 학습경험이 조직되면 그 다음엔 어떤 일을 해야 할까요? 사실은 그 다음에는 수업을 해야 됩니다. 학습경험을 가르치는 일이죠. 그런데 수업은 타일러 레셔널에서는 빠져 있습니다. 학습경험 조직이 이루어진 다음에 사실은 수업이 이루어지고, 그 수업이 끝난 다음에는 네 번째 단계의 활동을 하게 되는데요, 이 네 번째 단계가 "학습성과 확인"의 단계입니다. 그리고 네 번째 단계인 학습성과의 확인이 끝나고 나면 그 결과는 다시 맨 앞의 "교육목표 설정"으로 되돌아가게 됩니다. 이것을 피드백이라고 합니다. 학습성과를 확인한 후에 그 결과를 교육목표 설정으로 피드백한다는 것입니다. 학습성과를 확인한 결과를 가지고 다시 교육목표를 설정하는 일을 한다는 것이죠.

TYLER RATIONALE

타일러 래셔널의 단계를 조금 더 상세하게 살펴보겠습니다.

교육과정을 개발하는 첫 번째 단계는 "교육목표를 설정"하는 것입니다. 교육목표를 수립해야 우리는 교육활동의 방향을 정할 수 있습니다. 여행을 떠나기로 했습니다. 그러면 어딜 갈 것인가를 가장 먼저 정해야 되겠죠? 이게 교육목표 수립의 단계라고 볼 수 있어요. 교육목표는 교육활동을 통해서 교육이 최종적으로 달성해야 하는 성과를 말합니다. 우리가 교육활동을 해서 무엇을 이룰 것이냐, 무엇을 성취할 것이냐 이걸 정하는 게 교육목표 정하는 거라고 볼 수 있어요. 따라서 교육과정에는 반드시 맨 앞에 교육목표가 나와 있어야 합니다. 여러분들이 모의수업 학습지도계획안을 작성한다고 할 때에도 맨 상단에 오늘 학습할 주제 제목과 함께 뭐가 적혀져 있어야 됩니까? 이번에 할 수업의 학습목표가 제시되어 있어야 하죠.

교육과정 개발의 두 번째 단계는 "학습경험 선택하기"입니다. '학습경험'이라는 용어를 좀 주목하셔야 됩니다. 학습경험이라는 용어는 일반적으로는 교육내용을 가리키는 용어입니다. 학습경험이라는 용어는 교육내용을 학습자의 경험과 관련지어서 학습자의 관점에서 설정하라는 취지를 담고 있습니다. 그러니까 교육내용은 선생님이 학생들에게 가르치는 내용이 되는데, 가르치는 사람의 관점이 아니라 배우는 학습자의 관점에서 교육내용을 살펴보라는 취지를 담고 있다는 것이죠.

이러한 학습경험은 교육목표를 달성하기에 알맞은 내용으로 선정되어야 합니다. 당연하죠. 교육목표를 달성하는 데 알맞은 내용이 학습경험이 돼야 됩니다. 그리고 좋은 학습경험을 선정하려면 우리는 학습자의 발달 특성, 학습자의 인지적 특성 이런 것들을 잘 파악하고 있어야 됩니다. 즉 학습자를 파악하고 있어야 학습자의 역량이나 학습자의 특성에 부합하는 양질의 학습경험을 선택할 수 있게 되는 것이죠.

목표모형에서 교육과정을 개발하는 세 번째 단계의 활동은 "학습경험 조직하기"입니다. 학습경험 즉 교육내용을 조직하면 교과목의 형태가 됩니다. 그 다음에는 여러 개의 교과목이 상호 연관되어 전체적으로 하나의 교육과정이 되도록 하는 것이 학습경험의 조직입니다. 그러니까 하나의 과목 안에서는 학습경험을 착착 조직해 나가면 교과목 하나가 되는 거고, 그렇게 등장한 교과목이 서로 관련될 수 있도록 전체적인 틀로 묶어보는 것까지 해야 학습 경험의 조직이 끝나는 겁니다.

학습경험을 조직한다는 것은 교사의 관점에서 보면 교육내용에 대하여 "가르치는 순서를 정하는 것"입니다. 무엇을 먼저 가르치고 무엇을 나중에 가르칠 것인가 하는 순서를 정하는 게 학습경험을 조직하는 데에서 중요한 과제가 됩니다. 학습자의 관점에서 본다면 학습경험을 조직한다는 것은 내용을 학습하는 순서를 정해놓는 것을 말합니다. 어떤 내용을 먼저 학습하고 어떤 내용을 그 다음에 학습할 것인가를 정해주는 것이 학습경험 조직이 된다라는 것이죠. 일반적으로 우리는 쉬운 내용과 어려운 내용이 있을 때 쉬운 내용을 먼저 가르치죠. 그래서 학습경험도 쉬운 내용에서 어려운 내용으로, 단순한 내용에서 점점 복잡한 내용으로 조직해 나가는 것이 가장 기본적인 원칙입니다.

학습경험의 조직 다음으로는 네 번째 단계인 "학습성과의 확인"으로로 넘어가게 됩니다. 타일러의 목표모형에서 교육과정 개발의 네 번째 단계는 "학습성과 확인하기"입니다. 학습성과 확인하기의 단계는 학생들의 학업성취도를 측정하는 단계이죠. 학생들의 학업성취도 그러니까 시험성적을 산출해내는 단계입니다. 학생들의 학업성취도는 학습성과를 밝혀줍니다. 더 나아가 교육과정의 장점과 단점도 밝혀줍니다. 지금까지 개발된 교육과정이 어떤 강점이 있는지, 어떤 약점이 있는지에 대해 학업성취도를 확인함으로써 살펴볼 수 있다는 것이죠.

학업성취도 즉 학습성과를 확인하면 다음번의 교육과정 개발 및 실행에서 교육목표를 설정하는 데 필요한 중요한 정보가 됩니다. 이렇게 학업성취도를 확인하여 다음번 교육과정 개발에서 교육목표를 설정하는 데 중요한 정보로 사용하는 것을 피드백이라고 부른다고 그랬습니다. 학습성과는 교육목표 설정에 중요한 피드백 정보로 사용될 수 있는 것이죠. 학업성취도를 확인하는 방법은 여러 가지가 있습니다. 그렇지만 우리가 일반적으로 제일 많이 사용하는 것은 시험입니다. 시험을 침으로써 학습자들이 얼마나 교육목표를 달성했는지 확인해 볼 수가 있는 것입니다.

목표모형의 특징

이제 목표중심 교육과정 개발모형의 일반적인 특징을 논의해 보겠습니다. 목표중심 교육과정 개발모형을 "일반적·종합적 교육과정 개발모형"이라고도 부릅니다. 목표모형의 가장 큰 특징은 일반적·종합적 교육과정 개발모형이라는 겁니다. 타일러는 교육과정을 개발하는 일반적인 절차와 방법을 제시하였습니다. 목표모형은 교과 교육과정의 개발이나 비교과 교육과정의 개발 어느 것에나 적용가능한 일반적·종합적 교육과정 개발모형입니다. 일반적·종합적이라는 것은 어떤 과목, 어떤 분야에나 다 두루 적용될 수 있다는 것이죠. 마치 초등학교 1학년, 2학년 때 '종합장'이라고 하는 공책을 갖고 다니지 않습니까? 종합장은 특정한 과목 하나만 적는 공책이 아니라 여러 과목을 두루두루 종합해서 적는 거죠.

타일러의 목표모형은 교육과정을 개발하는 일종의 레시피와도 같다 볼 수 있겠습니다. 우리는 레시피가 있다면 요리를 더 잘 할 수 있게 되겠죠. 레시피대로 따라 하면서 요리를 해볼 수가 있지 않겠습니까? 타일러의 목표중심 교육과정 개발모형은 우리가 교육과정을 개발하는 데 있어서 쉽게 따라 하면서 적용해 볼 수 있는 일반적인 레시피라고 볼 수 있겠습니다. 교육과정을 개발하는 가장 쉬운 일반적인 절차, 종합적인 절차를 나타내는 것이 타일러의 목표모형이라는 것이죠.

타일러의 목표중심 교육과정 개발모형은 "목표-수단 접근법"이라고도 부릅니다. 목표중심 교육과정 개발모형은 목표수단 접근법을 사용하고 있다는 것이죠. 타일러는 교육과정을 개발할 때 교육목표를 중심으로 개발하도록 하였습니다. 즉 교육목표를 달성하기 위하여 교육내용, 교육방법, 교육평가가 순차적으로 진행되는 틀로 짜여져 있는 것이 타일러의 교육과정 개발방식입니다. 교육내용, 교육방법, 교육평가는 모두 다 교육목표를 달성하기 위한 수단이 되는 것이죠. 맨 앞에 교육목표를 정해놓고, 나머지 것들은 모두 목표를 달성하기 위한 수단으로서 작동하도록 한 방식입니다. 이것을 우리는 목표-수단 접근법이라고 부르는 겁니다.

타일러가 제시한 목표중심 교육과정 개발방법은 "체제 접근법"에 의거하여 진행된 교육과정 개발방식입니다. 체제접근법, 매우 중요한 용어인데요. 아마도 타일러가 제시한 목표 모형의 가장 중요한 학술적 특성이라고 하면 바로 이 체제 접근법을 사용하고 있다는 점이 될 것입니다. 체제 접근법이라는 게 뭐냐면요. 타일러가 교육과정을 개발하는 단계로서 제시했던 그림, 타일러 레셔널이 있지 않습니까? 이 도식이 시스템 어프로치(system approach) 곧 체제 접근이라는 것이죠.

체제 접근법이란 목표 달성을 위한 과업 및 활동이 상호 유기적으로 연관되어 전체로서의 체제가 효과적으로 또 효율적으로 유지되도록 하는 일처리 방식을 말합니다. 생물학이나 사회학에서 사용하는 용어인데요. 우리 몸도 체제(system)입니다. 교육과정이라고 하는 전체적인 활동도 체계 또는 체제라는 것이죠. 일반적으로 체제는 목표(goal)와 과업(task)으로 구성이 됩니다. 목표는 체제의 유지를 위하여 설정되며, 목표를 달성하기 위하여 필요한 과업과 활동이 배치됩니다.

우리가 어떤 사람에게 "야, 저 사람 참 일을 체계적으로 잘해."라고 말한다면, 그 사람은 어떤 방식으로 일을 할까요? 목표를 정해놓고, 그 목표를 달성하기 위한 과업·활동들을 추출해내서 순서대로 정렬시킨 다음에, 활동을 하나하나 실행해서 궁극적으로는 목표가 달성되도록 일을 하는 사람을 우리는 "야, 저 사람 참 체계적으로 일을 참 잘해."라고 이야기하는 것이죠. 체계 또는 체제라는 건 이렇게 목표를 정하고, 목표에 따라서 과업을 실행해 나가는 것, 이것을 우리는 체제라고 부릅니다. 이때 과업과 활동의 실행은 주기적으로 평가가 되며, 평가의 결과는 목표 - 과업 - 활동의 설정에 피드백 됩니다. 그리고 궁극적으로 이를 통하여 조직 전체가 실행 과정과 절차에 있어서 매우 높은 효율성을 갖추게 되는 것이죠.

타일러의 교육과정 개발방식은 교육과정의 개발과 실행을 하나의 체계(체제)라고 보고, 그것을 순차적으로 어떻게 풀어나가느냐에 대해서 우리에게 알려주고 있는 것이죠. 그래서 '체제접근 모형'이라고 부르는 겁니다.

목표모형에 대한 비판점

다음은 타일러의 목표모형에 대한 비판점을 살펴보겠습니다. 타일러의 목표모형에 대한 비판은 우선 목표-수단 접근법에 대해서 가해진 비판을 생각해 볼 수 있습니다. 목표-수단 접근법에서는 목표에 대하여 수단의 효과성과 효율성만을 중요하게 여긴다는 단점을 갖고 있지요. 즉 목표에 대해서 수단이 얼마나 효과가 있고 효율성이 있느냐 여기에 너무 깊이 초점을 두는 나머지, 목표 자체에 대한 성찰의 과정은 생략시켜 버린다라는 가장 큰 단점을 갖고 있습니다.

예를 들자면, 우리가 서울에서 부산까지 가는 가성비 높은 최적의 방법 이걸 생각해 볼 수가 있죠. 그래서 가성비 높은 최적의 방법을, 어떤 방법을 택해서 부산까지 갈 거냐 열심히 논의하다가 그만, '우리가 부산에는 그런데 왜 가야 되는 거지?' 이걸 생각을 못 하게 된다라는 것이죠. 그래서 교육목표를 정한 다음에 교육목표를 달성할 수 있는 효과적인 수단으로서 교육내용도 찾고, 교육방법도 찾고, 평가도 찾는 건데, 수단의 효과에 대해서 효율성에 대해서 너무 깊이 빠져들게 되면 교육목표를 설정한 이유 자체 즉 교육목표의 가치, 교육목표의 정당성 이런 것들을 제대로 비판하거나 성찰하거나 살펴보지 못하게 된다는 치명적인 약점이 지적되고 있습니다. 게다가 목표를 달성하는 수단을 오로지 효과성, 효율성의 관점에서만 생각하다 보니까 수단을 도구적 관점에서만 바라보는 것도 문제가 되었지요.

두 번째로, 타일러 모형에 대한 비판은 "블랙박스 모형"이라고 하는 이름에서 찾아볼 수 있습니다. 타일러의 교육과정 개발모형을 우리는 블랙박스 모형이라고도 부릅니다. 목표모형을 비판할 때 사용하는 명칭인데요. 블랙박스라는 건 뭐예요? 깜깜이 상자, 아무것도 안 보이는 깜깜이 상자를 블랙박스라고 합니다. 타일러는 교육과정을 개발할 때 수업의 과정을 들여다보지 않고 검은 상자, 블랙박스로 처리하였죠. 즉 수업의 영역은 교육과정의 개발에서 배제되어 있습니다. 타일러 모형의 경우는 교육의 핵심이 되는 수업의 과정을 교육과정 개발의 중요한 근거로 사용하지 않는다는 치명적인 약점을 가지고 있다라는 것이죠.

타일러의 교육과정 개발 모형을 비판하는 또 다른 명칭이 있습니다. "공장모형"이라고 부르는 건데요. 교육과정의 개발과 실행을 마치 공장에서 물건을 만드는 것처럼 투입요소와 산출요소의 함수로 바라보고 있다는 것이죠. 교육목표의 설정, 학습경험의 선정, 학습경험의 조직은 투입요소입니다. 그 다음에 학습성과의 확인 즉 교육평가에 관한 부분은 산출요소가 됩니다. 교육을 오로지 투입요소와 산출요소의 함수, 투입 대 산출비 이것으로 생각하는 관점이 타일러의 교육과정 개발모형이라는 것이죠. 학교 교육을 공장의 생산 과정으로 파악한다는 것입니다. 공장에서 원료를 투입하여 제품을 생산하는 과정으로 도식화된 사고방식을 학교 교육에 적용하고 있다는 것이죠.

물론 공장이 나쁜 것은 아닙니다. 그렇지만 공장을 교육을 이해하는 시각으로 사용한다는 것은 문제가 많은 관점이라고 할 수 있습니다. 왜냐하면 공장은 표준화되고 획일화된 제품을 만드는 곳이라는 거죠. 하지만 학교가 획일화된 성품과 인격을 가진 표준화된 학생을 만드는 곳이라면 이건 좀 문제가 있는 것이죠. 왜냐하면 인간은 공통성을 가지는 성품이나 인격도 있지만 개성이라고 하는 영역도 있고 그 사람의 고유한 인격성이라고 하는 요소도 있다는 거에요. 그리고 교육은 획일성보다는 개인의 특성, 개인의 개성이라든가 인격성, 고유성 이런 것들을 발달·발전시켜주어야 할 책무가 있는 겁니다. 인간중심 교육과정의 모토가 바로 이것이었죠. 따라서 투입 대비 산출의 가성비만을 따지는 공장모형이라고 하는 것은 학교 교육을 왜곡할 위험성이 얼마든지 상존하는 것입니다. 타일러의 목표모형에 대해서 이 점을 강력하게 비판하고 있는 것이지요.

2 내용중심 교육과정 개발모형

Jerome S. Bruner

다음으로는 내용중심 교육과정 개발모형을 공부해 보겠습니다. 브루너의 교육과정 개발이론을 공부하는 건데요, 이를. 내용중심 교육과정 개발모형, 줄여서 내용모형이라고 부릅니다.

내용모형의 대표적인 학자는 제롬 브루너입니다. 제롬 브루너는 1915년에 태어나서 2016년에 돌아가셨습니다. 비교적 최근에 돌아가셨네요. 그런데요, 이게 연도가 너무한데요, 100살이 넘었다는 것입니까? '장수만세'하셨네요. 브루너는 미국 하버드대학교 심리학과 교수였습니다. 인지심리학과 발달심리학을 전공했어요. 교육심리학 시간이나 혹은 아동발달, 영유아 발달 과목에서도 브루너가 연관돼서 나올 겁니다.

발달심리에서 피아제라는 분 공부했죠? 피아제의 인지발달이론 나요죠? 그걸 열심히 공부해서 교육적으로 응용한 분이 바로 이 브루너라는 학자였습니다. 브루너는 학문중심 교육과정 개발운동의 중심인

물입니다. 우리가 3차 산업혁명의 시대, 정보화 시대에 교육적으로 수학적·공학적 사고방식을 갖춘 우수한 인력을 길러내야 될 필요가 있다해서 만든 교육과정이 학문중심 교육과정이었다고 그랬죠. 브루너에 따르면 교육과정 개발의 중심은 교육내용 그리고 그것을 가르치는 교수·학습지도 과정이 되어야 합니다.

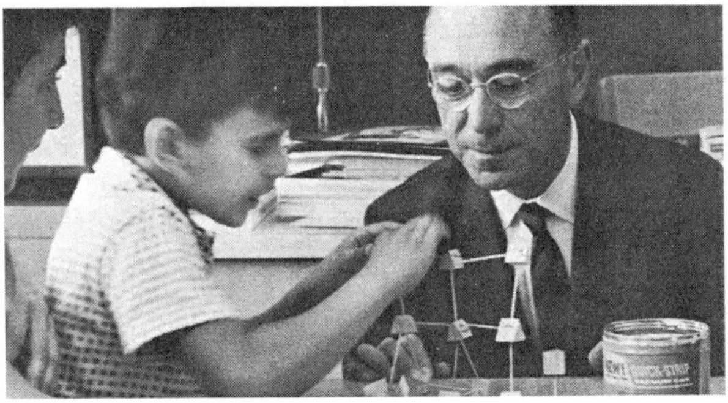

그림 20 발견학습을 참관지도하고 있는 J. 브루너 교수

그래서 브루너는 교육과정 개발의 중심을 교육내용과 교수·학습지도에 두고, 이에 대하여 인지심리학적으로 접근하여 교육과정을 개발하는 모형체계를 만들어냅니다. 그렇게 해서 만들어진 교육과정 모형이 학문중심 교육과정 모형이에요. 브루너의 대표저서는 《The Process of Education(교육의 과정)》이라는 책이에요. 다시 언급하지만 브루너는 학문중심 교육과정 모형을 만들어 낸 학자입니다. 여러분, 학문중심 교육과정의 정의를 다시 한번 떠올려 볼까요? 학문중심 교육과정은 교육내용을 학문의 구조 곧 지식의 구조로 상정하고, 이를 학습자의 인지발달 단계에 맞추어 조직한 후에, 발견학습으로 가르치도록 하는 교육과정 모형입니다.

학문중심 교육과정은 아예 교육목표를 지식교육으로 설정하고 있으며, 지식을 지식답게 가르치는 데 초점을 두고 있습니다. 그래서 교육과정 개발의 중심을 교육내용의 설정에 두고 있어요. 이 때문에 우리는 내용중심 교육과정 개발모형, 줄여서 내용모형 이렇게 부르는 것이죠. 브루너가 자신의 저서인 《The Process of Education》이라는 책에서 제시한 교육과정 개발의 방법과 원리가 내용중심 교육과정 개발모형의 대표적인 법례가 되었습니다.

내용중심 교육과정 개발모형은 교육내용을 지식의 구조에 놓고 교육과정을 개발하는 모형입니다. 브루너는 《The Process of Education》에서 '지식을 지식답게 가르치자'는 주장을 하는데요, 지식을 지식답게 가르치려면 첫째로, 지식의 구조를 교육 내용의 핵심으로 삼아야 하고; 둘째로, 지식의 구조를 나선형으로 조직해야 하며; 셋째로, 지식의 구조를 발견 학습으로써 지도해야 합니다. 그리고 넷째로, 이러한 교육을 하려면 교구와 교재를 통해서 학습동기를 지속적으로 유발시켜 나가야 합니다. 그러니까 《The Process of Education》이라는 저서에 의거한다면, 내용을 중심으로 교육과정을 개발하는 것은 첫 번째, 지식의 구조를 뽑아내야 되고; 두 번째, 그걸 '나선형'이라고 하는 개념 형태로 조직해야 하고; 세 번째로, 발견학습을 시켜야 하며; 네 번째로, 교재·교구를 통해 학습동기를 지속적으로 유지해 나가는 것이 교육과정 개발의 주요 과업들이 된다고 본 것입니다.

내용모형의 문제틀

그렇다면 내용중심 교육과정 개발모형의 기본적인 문제틀은 무엇이었을까요? 내용을 중심으로 교육과정을 개발하려면 어떤 물음을 던져야 할까요? 가장 중요한 질문은 바로 이겁니다. "지식을 어떻게 지식답게 가르칠 것인가?" 이 말은 "지식을 어떻게 올바른 형태로 구성, 정립하여 가르칠 것인가?"라는 물음이죠. 이는 지식의 구조를 찾아서 중핵적인 교육내용으로 삼고, 이를 가르치는 가장 효과적인 방법으로는 어떠한 방법을 제시할 수 있겠느냐 하는 것입니다. 이러한 질문을 아우르는 가장 근본적인 질문을 제시해 본다면 '왜 지식을 가르쳐야 하는가?' 이런 질문이 되겠죠. 왜 지식을 가르쳐야 하느냐 이 질문에 대해서 우리가 제대로 답한다면, 지식을 올바른 형태로 정립하여 효과적으로 가르치는 방법을 교육과정 개발의 중심 질문으로 삼을 수 있다고 본 것이 브루너의 입장이었습니다.

브루너는 내용을 중심으로 교육과정을 개발하게 될 때 우리가 고려해야 하는 주요 주제를 첫 번째, 지식의 구조; 두 번째, 나선형 교육과정 조직; 세 번째 발견학습; 네 번째, 교구와 교재를 통한 학습동기 유발, 이렇게 네 가지로 상정하고 있습니다. 이 네 가지는 교육과정을 내용을 중심으로 개발할 때 교육과정 개발자가 고려해야 하는 중요한 영역아죠. 꼭 이순서대로 교육과정을 개발하는 것은 아니겠지만 내용을 중심으로 교육과정을 개발한다면 대체적으로 지식의 특성과 본질에 대해서 우리가 한번 깊이 생각해 보아야 하고, 그다음으로는 그 지식을 어떤 형태로 조직해야 학생들에게 적절하게 가르칠 수 있겠느냐 하는 걸 고민해 볼 수 있게 되는 것이고, 세번째로는 교육내용을 잘 조직했다 하더라도 그것을 실제 수업에서는 어떤 방법으로 가르쳐야 하느냐 이걸 고민해 봐야 한다는 걸 시사하고 있죠.

브루너는 교육학자가 아니라 심리학자입니다. 마음의 문제를 탐구하는 사람이라는 거죠. 심리학자의 입장에서 봤을 때, 교육에서 가장 중요한 것은 학습자의 마음의 상태입니다. 교육에 임하는, 수업에 임하는, 학습에 임하는 학습자의 마음의 상태가 가장 중요하게 여겨지겠죠. 요컨대 학습자의 학습동기가 교유과 학습의 관건이라고 생각했을 겁니다. 교육과정을 개발할 때는, 수업에서 교재나 교구를 통하여 또는 선생님의 수업방법을 통하여 어떻게 학습자들에게 지속적으로 학습동기를 유발시켜 나갈 수 있느냐 이 부분을 깊이 고민해 봐야 한다는 것이 부르너의 문제의식이었다고 할 수 있겠습니다.

내용모형의 절차

우리가 학문중심 교육과정을 공부할 때 논의했던 바이지만 지식을 가르치는 이유는 학습자에게 사고력, 인지적 문제해결 능력 이런 것들을 길러주기 위함입니다. 지식을 학습함으로써 논리적인 사고력과 인지적 문제해결 능력을 습득하게 된다고 본 것이죠. 그런데 지식을 가르치려면 지식을 중심으로 교육과정을 구성하고 개발해야 됩니다. 브루너의 관점에서, 지식을 중심으로 교육과정을 개발하고 구성할 때 제일 먼저 해야 할 일은 지식의 구조를 찾아내는 일이죠.

그래서 내용중심 교육과정 개발에서는 가장 첫 번째로, "지식의 구조를 확인"하는 것을 교육과정 개발의 첫 번째 단계로 설정하고 있습니다. 가르치고자 하는 교과의 핵심지식 곧 지식의 구조를 찾아내서 학습자들에게 어떤 내용을 제공할 것인가에 대한 범위를 결정하는 것이죠. 지식의 구조를 교육내용의 핵심으로 삼는다는 것은 해당 교과, 해당 학문의 기본적인 사실, 개념, 원리, 방법의 체계를 교육내용으로 설정하는 것을 말합니다. 지식의 구조라는 것은 해당 학문의 밑바탕에 놓여있는 기본적인 사실과 개념과 원리를 가리키는 용어라고 했습니다. 또한 그러한 개념과 원리를 가지고 학문적인 탐구를 실행하는 규칙과 방법이라고 그랬어요. 어떤 교과목이든지 꼭 가르쳐야 하는 사실, 개념, 원리, 방법을 찾아내서 이걸 교육내용으로 설정하는 게 교육과정 개발의 첫 번재 단계, 지식의 구조를 설정하는 단계입니다.

또한 지식의 구조는 각 교과 간에 사실적으로, 개념적으로, 원리적으로 상호 연관될 수 있습니다. A라는 과목에서 배운 사실이 B라는 과목에 다시 등장하고 연계될 수가 있죠. 또한 B라는 과목에서 배운 어떤 개념이 C라는 과목에서 다시 등장하고 연결될 수 있습니다. 그리고 C라는 과목에서 배운 원리는 D라는 과목의 원리에 연결될 수가 있습니다. 사실, 개념, 원리, 방법은 교과목별로 상호 밀접하게 연관될 수 있다는 것이죠. 이것을 교육과정에서는 '사실의 상관', '개념의 상관', '원리의 상관', '방법의 상관'이라는 용어로 표현하는데요. 각 학문의 논리적인 체계는 서로 밀접하게 연관되어 있다는 걸 보여줍니다. 따라서 어떤 특정한 과목의 사실, 개념, 원리, 방법을 선정했다면, 이어서 이 사실 - 개념 - 원리 - 방법의 지식구조가 다른 어떤 과목에 연계될 수 있는지를 찾아보면서 교육내용을 설정하는 일을 하는 겁니다. 이게 첫 번째 단계, 지식의 구조를 확인하는 작업이에요. 사실과 개념과 원리의 상관을 파악하려면 지식의 형식 즉 지식의 형식체계에 따라서 가르쳐야 할 교과체계를 설정하는 작업이 매우 유용합니다.

지식의 구조가 결정되었다면 내용모형의 두 번째 단계에서는 그 지식의 구조를 "나선형 교육과정의 형태로 조직"하는 일을 하게 됩니다. 나선형 교육과정 조직이란 이런 겁니다. 한 교과 내에서 지식의 구조가 형성되고 정립이 되면 일반적으로 그러한 지식의 구조는 초등교육에서부터 중등교육 그리고 고등교육에 걸쳐서 반복적으로 다루어지도록 구성합니다.

여러분, 여기서 초등교육은 초등학교 교육을 말합니다. 중등교육은 중학교와 고등학교 교육을 말합니다. 고등교육은 대학교 교육이에요.

교육학에 대한 지식이 없는 일반인들이 제일 많이 틀리는 게 중등학교, 고등학교 이런 표현을 씁니다. 중등교육, 고등교육 이런 표현을 쓸 때 헷갈리는 거예요. 중등교육 그러면 영어로 secondary education이라고 합니다. 중학교와 고등학교를 합쳐서 부르는 개념입니다. 고등교육은 대학교를 말하는 거예요. 그러니까 중등교육, 고등교육 이래가지고 중등교육은 중학교이고 고등교육은 고등학교이다라고 틀리게 얘기하는 일이 없도록 우리 친구들은 유념해 주시기 바랍니다.

아무튼 학교 급이 올라가면서 지식의 구조는 "학습자의 인지발달 단계에 의거"하여 내용이 점점 심화되도록 조직을 합니다. 이것을 "나선형 교육과정 조직"이라고 해요. 나선형 계단을 떠올려 볼까요? 나선형 계단은요, 가운데 중심 기둥이 있고 그 기둥을 따라서 계단이 뱅글뱅글 돌아서 위로 올라갑니다. 나선형 계단을 맨 위에서 아래로 바라다 보면 원형만 뱅글뱅글 도는 걸 볼 수가 있죠. 위에서 보면 같은 지점이지만 밑에서 보면 높이가 달라요. 같은 지점에 있다고 하더

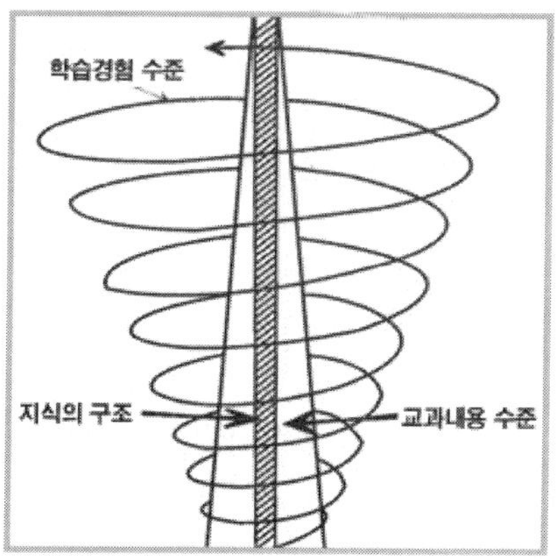

그림 21 나선형 교육과정의 개념도

라도 높이가 서로 다를 수가 있죠. 나선형이라고 하는 건 이렇게 지식의 구조가 위에서 볼 땐 같은 지점인 것처럼 보이지만, 밑에서 보면 수준이 다른 걸 뜻하는 교육과정 조직의 개념입니다. 같은 내용을 반복해서 다루는 것 같아보이지만 실은 학습 수준이 점점 더 높아지는 거예요.

초등·중등·고등교육으로 올라갈수록, 초등학교·중학교·고등학교·대학교로 올라갈수록 동일한 지식의 구조를 배우는 것이지만, 수준은 학습자의 인지발달 수준에 맞춰서 점점 높이 올라간다는 거예요. 이게 나선형 조직입니다. 지식의 구조가 반복적으로 다루어지지만 학습자의 인지발달 단계에 맞춰서 학교급에 따라 수준이 점점 높이 올라가도록 심화되도록 조직하는 것이 나선형 교육과정 조직입니다. 나선형 교육과정 조직은 지식의 구조를 제시하는 수준을 기본적으로 세 가지 단계·수준에 맞춥니다. 학습자의 인지발달 단계에 맞춰서 하기 때문에 기본적으로 세 가지 단계를 설정합니다. 기준은 피아제의 인지발달 단계입니다.

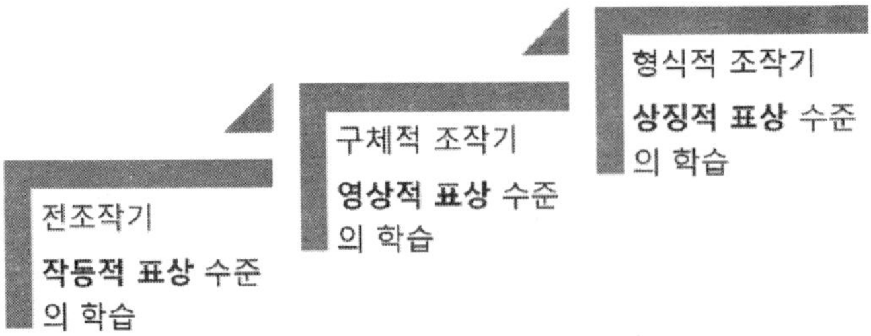

그림 22 인지발달단계에 맞춘 학습수준

일반적으로 학교 교육의 시작은 유치원에서부터지요. 유치원 시절은 전조작기에 해당합니다. 초등학교 시절은 구체적 조작기이지요. 그리고 중학교, 고등학교, 대학교 시절은 형식적 조작기에 해당합니다. 그러면 지식의 구조를 이제 전조작기, 구체적 조작기, 형식적 조작기의 인지발달 단계에 맞춰서 학습이 이루어지도록 조직해 나가면 되는 거예요.

맨 처음에는 전조작기에 수준을 맞춰서 "작동적 표상 수준(stage of enactive representaion)"으로 지식의 구조를 학습하도록 조직합니다. 이것은 지식의 구조를 학습자의 감각적 신체활동 수준, 즉 학습자의 감각적 경험 수준에서 지식의 구조를 학습해 나가도록 하는 단계입니다. 유치원에서 또는 초등학교 저학년에서 실물을 가지고 감각경험을 습득하는 교육장면을 떠올려 보실 수가 있겠죠?

다음으로는 구체적 조작기에 상응하여 그 다음 단계로 "영상적 표상 수준(stage of iconic representation)"으로 지식의 구조를 조직해 나갑니다. 감각적 경험을 바탕으로 하는 신체활동 수준에서의 지식의 구조 학습이 충분히 이루어지면 즉 작동적 표상 수준에서 학습이 충분히 진행이 되면, 그 다음으로는 영상석 표상 수준으로 학습이 수준 높게 상향되게 됩니다. Iconic Representation Stage에서 Icon이라고 하는 건 그림을 뜻합니다. 지식의 구조를 그림과 이미지 수준에서 즉 영상자료에 의한 시각적 경험의 수준에서 지식의 구조를 학습하도록 하는 단계가 영상적 표상 수준이 되겠습니다. 지금 제가 나선형 조직이라는 것을 설명하면서 여러분들에게 나선형으로 이루어진 계단 모습도 보여주었고요. 그 다음에 동심원으로 구성된 다이어그램도 보여주었고요. 피라미드 형태의 그림도 보여주고 있죠. 이게 지식의 구조라는 개념을 여러분들에게 그림과 이미지 수준에서 시각적 경험으로 제시하는 겁니다. 영상적 표상 수준에서 지식의 구조를 제시하는 거라고 보시면 돼요.

그리고 마지막으로, 형식적 조작기에 부응하여 세 번째 단계로 "상징적 표상 수준(stage of symbolic representaion)"으로 학습수준을 설정하여 지식의 구조를 조직해나갑니다. 지식의 구조를 상징과 기호 수준에서 추상적 경험틀로 표현하는 단계가 상징적 표상 수준의 학습이 되는 것입니다. 지금 이 강좌가 대부분 글로 이루어진 교재를 사용하고 있고, 이걸 상세화하여 말로 설명해나가는 방식으로 진행되는데요, 이것이 상징적 표상 수준에서 진행되는 학습이지요. 그러니까 동일한 지식의 구조가 작동적 표상, 영상적 표상, 상징적 표상의 수준으로 점점 상향되서 학습수준이 높아지고 심화되도록 교육과정을 만드는 게 나선형적 조직이라는 겁니다.

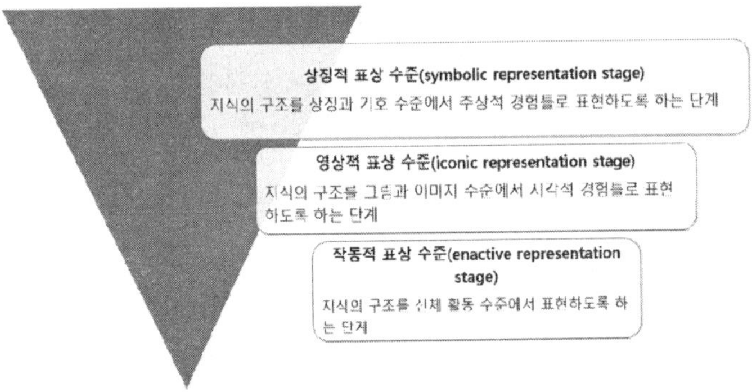

그림 23 나선형 교육과정의 학습수준

내용을 중심으로 교육과정을 개발하는 세 번째 단계는 "발견학습을 실행"하는 단계입니다. 발견학습은 수업의 과정을 의미하는 건데요. 교육과정을 설계할 때 발견학습이 진행될 수 있도록 수업내용과 수업

자료를 구성한다는 것이죠. 발견학습이라는 것은, 우리가 학문중심 교육과정 모형을 공부할 때 살펴본 것처럼, 교사나 교과서가 답을 알려주는 것이 아니라 학습자가 실험이나 관찰을 하여서 데이터를 수집하고, 수집한 데이터를 분석해서 그 속에 어떤 오류가 있는지 찾아내어 그걸 고쳐 나감으로써, 오류수정을 통한 가설검증을 실행하여 해답을 산출하도록 하는 학습 과정을 말합니다.

발견학습은, 우리가 이미 공부한 바대로, 문제해결학습과 프로젝트 학습의 장점을 결합한 교수·학습모형입니다. 지식을 체계적으로 학습하되, 학습자의 직접 활동에 의거하여 학습이 진행되도록 하는 것이죠. 또한 학습자의 내적 학습동기 유발에 초점을 두고 있어서 학습자에게 흥미를 지속적으로 유발을 시켜줄 수 있다는 것이 장점이죠. 또한 학습자의 분석적 사고뿐만 아니라 직관적 사고와 창의적 사고도 장려하는 수업모형입니다.

내용중심 교육과정 개발모형의 네 번째 단계는 "학습동기를 유발하는 교재·교구를 제작"하는 것입니다. 여러분, 학습에서 가장 중요한 것은 학습자에게 학습동기를 유발하고 지속시키는 거예요. 학습동기가 유발되어야 지속적으로 학습활동을 해나갈 수가 있죠. 교육과정 개발에서 학습동기를 담아내는 영역은 교재와 교구를 제작·활용하는 영역입니다. 교재와 교구가 학습의 흥미를 유발하고 지속적으로 학습동기를 유발시켜 나갈 수 있도록 만들어져야 한다는 거예요. 교재와 교구가 첫째, 학습자의 호기심을 지속적으로 자극하고; 둘째, 학습하는 데 있어서 시청각적으로, 감각적으로 적절한 자극을 제공하며; 셋째, 학습자가 머릿속에 지식이나 정보를 체계적으로 정리할 수 있도록 도식화·체계화되어 있어야 교육적으로 좋은 교재·교구라고 할 수 있습니다.

이 가운데 특히 학습동기를 내적으로 유발하는 것이 매우 중요한데요. 이는 학습자에게 발견의 기쁨, 앎의 기쁨을 맛보도록 하는 데서 형성이 됩니다. 그래서 교재와 교구에 문제를 집어넣고, 그 문제를 풂으로써 학습자들이 문제를 푼 기쁨, 문제를 푸는 즐거움, 특히 심리학적으로 자기 효능감을 형성해 나갈 수 있도록 학습교재를 구성하고 만들어야 한다는 것이죠.

내용모형의 특징

그러면 내용중심 교육과정 개발 모형의 주요 특징으로는 어떤 것들이 있을까요? 무엇보다도 가장 중요한 특징으로서 "지식교육을 올바르게 실행하고자 접근했던 방법"이라는 특징을 들 수 있겠습니다. '올바른 지식교육'이 내용모형의 목표였다는 것이죠. 교육의 본령(本領)을 지식을 가르치는 데 두고서, 어떻게 하면 지식을 더 잘 가르칠 수 있을까 하는 점에 교육과정 개발의 초점을 맞춘 것이 브루너의 내용모형이었습니다. 브루너는 지식을 잘 가르치는 게 교육의 핵심이라고 보고 있어요. 왜냐하면 지식을 배워야 우리는 논리적인 사고력과 인지적 문제해결력을 습득할 수 있기 때문입니다.

통상적으로 교육과정의 교육내용에서 지식은 대략 70% 정도의 비중을 차지합니다. 아주 비중이 높아요. 나머지 30%가 태도나 가치관이나 기능, 기술 이런 것들이거든요. 물론 최근의 교육과정에서는 지식의 비중이 점차적으로 줄어들고 있는 추세입니다. 우리가 지난시간에 공부했던 역량기반 교육과정의 경우는 지식의 비중이 50% 수준까지 줄어들어요. 더 줄어드는 추세이죠. 나머지는 전부 활동의 영역입니다. 그렇지만 활동도 지식이 받침이 되어야 활동을 잘 수행해 나갈 수가 있죠. 지식은 비중이 점점 줄어들고 있을지라도 여전히 학교 교육에서 중요한 비중을 차지하는 교육내용입니다. 왜냐하면 지식을 학습할 때 우리는 인지적 능력을 가장 잘 키울 수 있기 때문입니다.

지적 사고는 진공 속에서 일어나지 않습니다. 인지적 문제해결력은 지식이 하나도 없는 사람에게서는 발휘되기가 힘든 역량이에요. 지식이 뒷받침되어 있어야 우리는 지적 사고를 할 수 있는 것이고, 인지적 문제해결을 실행할 수 있는 것입니다. 이 점에서 볼 때, 브루너의 내용모형은 지식교육이라고 하는 교육의 핵심 타겟을 잘 설정한 교육과정 모형이기도 합니다.

또한 내용모형은 교육과정을 개발할 때 분할된 단계적 접근을 취하지 않고 "교육내용을 통으로 전체적인 관점에서 접근"하는 방식을 택합니다. 이것을 우리는 "전체론적 지식관(holistic perspective of knowledge)"이라고 이름 붙여 볼 수 있는데요. 한 교과에 대하여 전체적인 지식의 관점에서 가르쳐야 할 내용을 결정하고, 이것을 학교급별로 계열화·수준화하여 교육과정을 만들어 나가는 것이 브루너 내용모형의 특징입니다. 지식의 구조라는 건 어떤 분할된 단계적 지식을 가리키는 게 아니라 사실과 개념과 원리와 방법이 계열화되면서 전체적인 지식의 덩어리를 형성하고 있는 것을 말하죠. 이런 전체적인 지식의 덩어리의 관점에서 지식교육을 하려고 한 것이 브루너 모형이라는 것입니다.

따라서 교육과정을 개발할 때, 지식에 대한 전체적인 그림을 항상 염두에 두면서 전체적인 지식의 구조도를 형성해 가면서 학습이 진행되도록 하는 것이 교육과정 개발의 핵심 관건이었다라는 것이죠. 전체적인 지식의 구조도를 그려가면서 교육내용을 심화시켜 나가고 발전시켜 나갈 수 있도록 하는 것, 이게 올바른 지식교육이다라는 거예요. 말하자면 통학습(通學習)을 전제로 하는 것이죠.

내용모형에 대한 비판점

그렇지만 브루너의 내용중심 교육과정 개발모형은 다음과 같은 비판점을 안고 있습니다.

우선, 지식학습 이외의 영역에 대한 학습에서는 이 내용모형을 적용하기가 힘듭니다. 그러니까 학습이라고 하는 게 태도나 가치관을 학습하는 영역도 있을 것이고요, 기술이나 기능을 배우는 학습영역도 있을 것입니다. 그런데 태도학습이나 기능학습에서는 지식의 구조를 추출해서 전체적인 통의 관점, 통 지식의 관점에서 접근하는 이 브루너의 방식이 적용되기가 힘들었다라는 것이죠. 또한 지식학습에 국한하더라도 내용모형을 가지고 교육과정을 개발하는 것은 그리 쉬운 일이 아닙니다. 왜냐하면, 수학이나 과학 같은 몇몇 과목을 제외하면 지식의 구조를 뚜렷하게 추출해내기가 매우 까다롭기 때문이죠.

그래서 수학이나 과학 같은 과목은 내용을 중심으로 교육과정을 개발하는 게 쉽지만, 그 나머지 과목들, 사회교과라든지 인문교과라든지 예술교과 들은 내용만 가지고 교육과정을 개발하면 해당 교과 교육과정의 학습영역이 매우 협소해집니다. 또한 새로운 교육적 필요에 의해서 가르쳐야 하는 신생(新生)과목의 경우에는 내용모형의 개발틀을 적용하기가 쉽지 않습니다. 왜냐하면 신생과목의 경우에는 뚜렷하게 지식의 구조가 설정되어 있지 않기 때문이죠. 게다가 여러 개의 과목이나 상호 관련되는 다양한 학습주제가 통합·융합된 교과목을 개발하여야 하는 경우 즉 통합교과나 융합교과를 개발해야 하는 경우에도 지식의 구조라는 단일한 관점에서 교육내용을 설정하는 일은 매우 힘든 작업이 됩니다.

그래서 실제로 내용모형으로 교육과정을 구성한다고 할 땐 지식학습을 강조하는 몇몇 과목에 국한해서 적용해 볼 수 있고, 나머지 여타의 과목에 대해서는 내용모형 말고 다른 방식으로 교육과정을 개발하는 노력을 시도하게 되는 것이죠. 그래서 목표모형과 내용모형이라는 큰 틀을 가지고 이 두 가지를 적절하게 절충해서 적용하면서 교육과정을 개발하는 방식을 택하고 있는 것입니다.

아홉 번째 강의
교육목표의 설정(設定)

이번 강의에서는 교육목표의 설정에 대해서 공부해보도록 하겠는데요. 세 번에 걸쳐서 교육과정을 개발하는 단계와, 각 단계마다 어떤 과업들을 수행해야 되는지 상세하게 공부해보려 합니다. 지난 시간에 우리는 목표모형과 내용모형을 통하여 교육과정을 개발하는 커다란 틀을 살펴봤는데요. 여기서는 목표모형을 기준으로 삼아서 교육과정을 개발하는 각 단계별 과업들과 그 과업을 수행할 때 유의해야 할 사항들을 자세하게 살펴보겠습니다. 그래서 오늘은 맨 첫 번째 단계인 교육목표의 설정에 관해서 집중학습을 해보고자 합니다.

1 교육목표의 개념

먼저 교육목표의 개념을 함께 살펴보도록 하겠는데요. 교육목표란 다음과 같은 두 가지 뜻을 가지고 있습니다.

첫 번째로, 교육목표란 "교육활동의 방향"을 가리킵니다. 교육활동의 방향, 교육이 이루어지는 또는 교육이 나아가는 방향을 가리키는 것을 말하죠. 이것은 교육이 무엇을 지향하는지를 나타낸 것을 뜻합니다.

교육목표의 두 번째 의미는 "학습자의 도착점 행동"을 가리킨다라는 것입니다. 도착점 행동을 영어로 'terminal behavior'라고 그러는데요. 학습자의 도착점 행동이란 "수업이 끝났을 때 학습자가 최종적으로 습득하고 있어야만 하는 행동특성"을 나타내는 용어입니다. 그러니까 수업을 혹은 교육을 '우리가 어디로 향하여 간다'라고 개념화해보면 도착 지점이 나타나겠죠. 목표라는 건 이렇게 도착 지점을 가리키는 용어입니다. 그래서 도착 지점을 가리키는 학습자의 행동특성이기 때문에 도착점 행동이라는 용어를 사용합니다.

일반적으로 교육목표란 "교육을 통하여 달성하고자 하는 바를 밝혀 놓은 것"을 말합니다. 교육을 통하여 우리가 무엇을 달성하고자 하느냐 이것을 밝혀 놓은 것이 교육목표라는 것이지요. 특히 학습자의 현재의 상태와 학습자가 도달해야 할 바람직한 상태 사이의 간격을 필요(need)라고 부르는데, 교육목표는 바로 이 필요가 충족된 상태, 곧 "학습자가 도달해야 할 바람직한 상태"를 나타내는 개념입니다. 따라서 우리가 교육목표를 설정한다는 것은 교육과정을 통하여 학습자가 도달해야 할 바람직한 상태를 규정하는 것을 뜻합니다.

2 교육목표의 설정

교육목표의 원천

그렇다면 이러한 교육목표는 어떻게 설정할 수 있을까요? 교육목표 설정은 먼저 교육목표를 끄집어올 원천(源泉)을 찾아보는 것부터 시작합니다. 우리는 교육목표의 원천을 몇 가지 고려해 볼 수 있습니다. 즉, 교육목표를 설정하기 위하여 어떤 소스(sourse)를 택하느냐 하는 것이죠. 일반적으로 교육목표의 대표적인 원천은 첫 번째, 학습자에 관한 사실; 두 번째, 사회에 관한 사실; 세 번째, 교과전문가의 견해입니다. 학습자와 사회와 교과에 관한 논의들을 통하여 우리는 잠정적인 형태의 교육목표를 설정할 수가 있습니다.

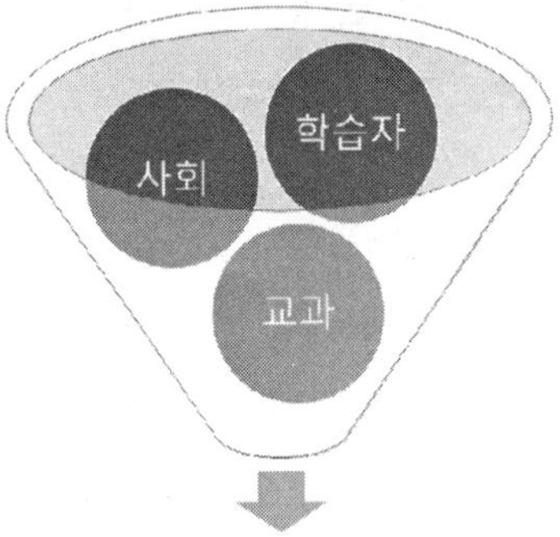

잠정적 교육목표

그림 24 교육목표의 원천

교육목표를 설정하는 데 사용하는 첫 번째 원천은 "학습자의 필요와 흥미"입니다. 학습자에 관해서는 학습자의 필요와 흥미를 파악하여 학습자가 도달해야 할 바람직한 상태와 학습자의 흥미 가운데 교육적인 의미를 갖는 것을 찾아내서 교육목표의 자원으로 삼습니다. 여기서 중요한 건 학습자의 필요를 파악하는 것이고요, 학습자가 도달해야 할 바람직한 상태를 설정하는 것입니다. 그리고 학습자의 흥미 가운데서 교육적인 의미를 갖는 것을 찾아서 교육목표로 설정하죠. 특히 학습자의 필요와 흥미는 진보주의 교육철학에서 강조하는 아동중심 교육이 내세우는 가장 중요한 슬로건입니다. 교육목표를 설정할 때 학습자의 필요를 찾아내고 학습자의 흥미를 고려하여 교육목표를 세우도록 한다, 이런 의미를 갖는 것이겠습니다.

교육목표를 설정하는 데 사용하는 두 번째 원천은 "사회생활"입니다. 사회와 관련해서는 사회생활에 필요한, 성인들의 사회에서의 활동과 생활조건, 가치관 등을 파악하여 그 속에서 사회적 필요 내지 사회적 요구를 찾아내고, 이를 교육목표의 자원으로 삼습니다. 교육목표의 자원으로서 사회생활은 학교 교육의 실용성, 실효성 문제와 관련이 됩니다. 즉 학교 교육을 통하여 사회에서 유용하게 써먹을 수 있는 내용들을 배우도록 한다는 의미이죠. 달리 말하면, 사회생활의 여러 영역 가운데 일반적인 시민생활이나 직업생활 또는 지역사회 생활을 학습자들에게 미리 준비시키려는 것입니다.

교육목표를 설정하는 데 사용하는 세 번째 원천, 즉 교육목표의 세 번째 자원은 "교과교육"입니다. 교과와 관련해서는 교과전문가들이 각각의 교과목에 대하여 제시하는 의견을 살펴봄으로써, 학습자가 꼭 알아야 하는 교과지식이 무엇인지 찾아내어 교육목표의 자원으로 삼습니다. 교육목표의 자원으로서 교과교육은 개별교과의 일반기능과 특수기능을 고려해야 합니다. 여기서 일반기능과 특수기능이란, 특정 교과를 배움으로써 얻게 되는 일반적 사고와 행동능력에 대한 '일반전이(general transfer)'와 또한 그 교과를 배움으로써 얻게 되는 특정한 사고와 능력에 관한 '특수전이(specific transfer)'를 살펴보는 것을 말합니다. 그러니까 우리가 어떤 과목을 배우든 그 과목을 통하여 일반적인 사고와 행동능력을 배우는 부분이 있고, 그 특정 과목과 관련된 전문적인 사고와 행동능력을 배우는 영역이 있습니다. 그래서 교과의 일반기능과 특수기능을 찾아내어 그것을 교육목표로 설정하는 데 자원으로 사용한다는 의미입니다.

교육목표를 거르는 체(screen)

학습자에 관한 사실, 사회에 관한 사실, 그리고 교과전문가의 견해. 이 세 가지 자원을 바탕으로 하여 도출해낸 교육목표는 어디까지나 잠정적인 교육목표입니다. 이러한 잠정적인 교육목표를 우리는 몇 가지 스크린 장치를 통하여 걸러내어서 확정된 교육목표로 바꾸어야 합니다. 그래서 우리는 교육목표의 스크린(screen)이라고 하는 것을 좀 고려해 볼 필요가 있는데요. 앞서의 세 가지 원천으로부터 끄집어낸 교육목표는 어디까지나 잠정적인 교육목표에 지나지 않죠. 즉 교육목표 후보군에 해당하는 것입니다. 이러한 잠정적인 교육목표들을 스크린하는 과정이 반드시 필요합니다. 스크린한다는 건 걸러낸다는 뜻입니다. 좋은 교육목표와 불필요한 혹은 바람직하지 않은 교육목표를 골라내겠다는 것이죠. 이때 "교육철학"과 "교육심리학"으로 잠정적인 교육목표를 걸러내어 확정된 교육목표를 만듭니다. 일차적으로 교육철학이, 이차적으로 교육심리학이 교육목표를 걸러내는 스크린 장치의 역할을 합니다.

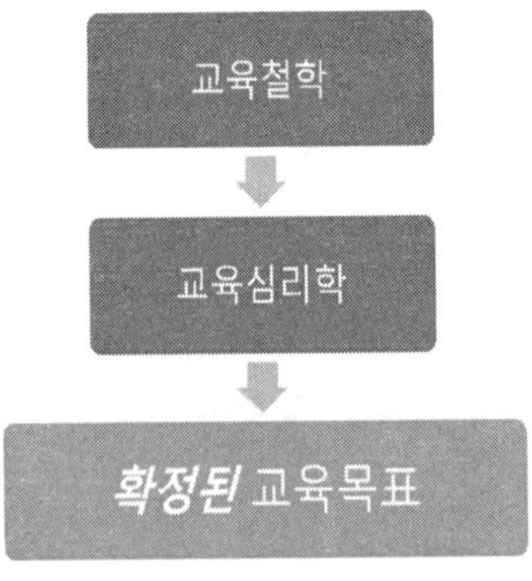

그림 25 교육목표의 스크린

교육철학으로 교육목표를 첫 번째 걸러냅니다. 교육목표를 설정하는 것은 가르칠 만한 가치가 있는 것을 결정하는 가치판단 작업입니다. 이때 잠정적 교육목표를 대상으로 실행하는 가치판단은 교육철학을 통해서 이루어집니다. 앞에서 말한 세 가지 원천으로부터 도출해낸 잠정적 교육목표가 과연 가르칠 만한 가치가 있는 것인지, 이것을 따져보는 것이 교육철학의 용도가 되겠습니다. 교육철학을 통하여 설정한 잠정적 교육목표가 가르칠 만한 가치를 지닌 것인지 따져보고, 아무래도 가르칠 만한 가치가 부족하거나 없는 교육목표라면 과감하게 제외해 버리도록 하는 것이 첫 번째 교육철학을 통한 스크린입니다.

잠정적 교육목표를 걸러내는 두 번째 스크린 장치는 교육심리학, 좁게는 학습심리학입니다. 잠정적 교육목표는 일차로 교육철학에 의하여 걸러진 후에, 이차로 교육심리학 또는 학습심리학에 의해 다시 한번 더 걸러져야 합니다. 교육심리학 내지 학습심리학을 통하여, 설정된 잠정적 교육목표가 실제로 가르칠 수 있는 것인지를 따져보아야 합니다. 이때 학습자의 발달특성과 인지특성을 파악하고, 이를 기준 삼아 잠정적으로 설정된 교육목표를 과연 학습자가 달성할 수 있겠는지를 따져보는 작입을 하여 잠성적 교육목표를 한 번 더 걸러내는 것입니다. 교육심리학 또는 학습심리학을 통하여 교육목표를 걸러낼 때 우리는 "학습의 준비도(readiness for learning)"라고 하는 개념을 기준으로 삼습니다. 학습의 준비도라는 것은 소정의 학습목표를 이룰 수 있는 신체적·인지적 준비를 갖추었는지를 따져보는 것을 의미합니다.

지금까지 교육목표를 설정하는 원천을 살펴봤습니다. 교육목표는 학습자, 사회생활, 교과의 원천을 통해서 끄집어내고, 이렇게 끄집어낸 교육목표는 잠정적인 교육목표로 둔 다음에 교육철학과 학습심리학을 통하여 걸러냅니다. 그래서 확정된 교육목표를 만들어내죠. 이렇게 확정된 교육목표는 이제 교육과정 문서 혹은 학습지도계획안에 문장의 형태로 진술하게 됩니다. 그래서 이제부터 교육목표의 진술에 대하여 함께 공부하겠습니다.

3 교육목표의 진술

설정된 교육목표는 문장으로 진술되어야 합니다. 왜 교육목표를 진술해야 할까요? 교육철학과 교육심리학을 통하여 스크린된 그래서 확정된 교육목표는 실제로 수업과 평가에서 의미 있는 지침으로 기능하기 위해서는 "명시적인 용어로 진술되어야" 합니다. 여기서 명시적(明示的)이라는 말은 분명하게 가리켜 밝힌다는 뜻입니다. 즉 눈으로 볼 수 있게 표시한다는 의미이죠. 교육목표를 눈으로 볼 수 있게 표시하는 것이 교육목표의 진술입니다.

교육목표가 진술되면 교사와 학습자는 수업 프로그램을 통하여 무엇을 달성해야 하는지를 미리 알 수가 있습니다. 교육목표를 보고 '아, 이번 수업시간에는 이러이러한 것들을 달성해야겠구나'라고 인식할 수 있다는 뜻이죠. 또한 교육목표가 진술되면 평가에서도 어떤 것이 평가될 것인지 미리 가늠해 볼 수 있습니다. 목표를 달성했는지 달성하지 못했는지를 파악하는 것이 평가이기 때문에, 당연히 평가는 교육목표를 준거로 삼아서 실행되게 됩니다. 따라서 교육목표는 평가에 있어서도 중요한 지표가 되는 것이죠. 요컨대 교육목표가 진술되면 교사나 학습자 또는 그 외의 제삼자가 '이 수업 프로그램을 통하여 학습자가 어떤 학업성취를 할 수 있겠구나'라는 걸 파악할 수 있는 준거역할을 할 수 있다라는 것이죠.

교육목표 진술방식

교육목표를 문장으로 표시하는 교육목표 진술방법은 크게 두 가지로 나눕니다. 하나는 "타일러 방식"이고요. 다른 하나는 "메이거 방식"입니다.

타일러식 교육목표 진술

먼저 타일러 방식에 대해서 공부해보겠는데요. 네, 그렇습니다. 이 타일러라는 사람은 지난 강의에서 공부한 목표중심 교육과정 개발모형을 제시한 학자입니다. 타일러에 따르면 교육목표는 "학생이 해야 할 일을 적는" 겁니다. 따라서 교육목표를 진술할 때는 "이러이러한 내용에 관한 저러저러한 행동"이라는 식으로 "내용과 행동을 이원적으로 표시"하는 것이어야 합니다. 즉 타일러는 교육목표를 진술할 때 "내용과 행동이 표시되는 이원적 진술방법"을 우리에게 요구하고 있습니다. 내용과 행동이 이원적으로 표시된 교육목표를 예시하면 다음과 같습니다.

국어과목의 교육목표입니다.
"현대 한국문학을 감상한다."
여기에서 현대 한국문학이라는 것은 수업의 내용입니다. 감상한다라고 하는 것은 수업의 행동이죠. 이렇게 내용과 행동이 한 문장으로 제시되도록 하는 것, 이게 이원적 목표진술 형식입니다.

또 하나의 예를 들어보겠습니다. 이번에는 수학교과의 교육목표입니다.

"피타고라스의 정리(定理)를 이해한다."

여기서 피타고라스의 정리는 학습내용이고요, 이해한다는 건 학습행동입니다. 역시 내용과 행동이 한 문장으로 제시되고 있죠.

사회과목의 학습목표입니다.

"남녀 불평등 문제에 관하여 자료를 수집한다."

남녀 불평등 문제는 학습내용이고요, 자료를 수집하는 것은 학습행동입니다.

이렇게 내용과 행동이 한 문장으로 표시되도록 하는 방식이 Tyler 방식입니다. 우리는 타일러 방식을 "교육목표의 이원적 진술"이라고 부릅니다. 학습내용이라고 하는 한 차원과 학습행동이라고 하는 다른 한 차원을 합쳐서 두 개의 차원으로 교육목표를 진술하기 때문이죠. "학습내용 + 학습행동"이 교육목표가 되도록 하는 것, 이게 타일러 방식인 교육목표의 이원적 진술입니다.

그림 26 타일러식 교육목표 진술

타일러 방식의 교육목표 진술에서 제시되어야 하는 학습자의 행동의 유형은 모두 7가지로 정리됩니다.

① "중요한 사실과 원리를 이해하기"

② "믿을만한 정보 원천에 익숙해지기" 이건 정보의 소스(sourse)

가 믿을 만한 거냐에 관한 거죠.

③ "자료를 해석하기"

④ "원리를 적용하기"

⑤ "학습 및 연구를 수행하고, 그 결과를 보고하기"

⑥ "넓고 원숙하게 흥미를 개발하기"

⑦ "사회적 태도를 함양하기"

이 일곱 가지 학습행동을 살펴보면요. ① 중요한 사실과 원리를 이해하는 것, ② 믿을만한 정보원천에 익숙해지는 것, ③ 자료를 해석하는 것, ④ 원리를 적용하는 것, 이것은 고차원적인 인지적 기능입니다. 흔히 우리가 지적 기능, 이렇게 부르기도 하죠. ⑤ 연구를 수행하고 결과를 보고하는 것은 특정한 행동유형을 나타내는 기능·스킬을 뜻합니다. ⑥ 흥미를 개발하고, ⑦ 태도를 함양하는 것은 가치나 태도를 함양하는 정서적·정의적(情意的)인 것과 관련이 되죠. 그래서 결국 우리가 학습해야 되는 행동유형은 "지식"과 관련되는 거 하나, "기능"과 관련되는 거 하나, "태도나 가치관"에 관련되는 것 하나, 이렇게 세 가지 범주라고 할 수 있습니다.

교육목표란 궁극적으로 이러한 일곱 가지 행동형을 기르는 것이며, 이는 반드시 어떤 특정한 내용과 결합되어 나타납니다. 내용과 행동, 이것을 진술한 것이 교육목표 진술입니다. 요컨대, 교육목표란 교과를 공부함으로써 습득되는 행동특성 내지는 교사가 교과를 가르치는 동안에 학생에게 길러주려고 의도한 행동특성을 의미합니다. 따라서 교육목표에는 반드시 특정한 내용을 공부함으로써 학습자에게 습득되는 행동특성, 이게 표시가 되어 있어야 합니다. 교육목표의 진술에서 학습자가 습득하는 행동특성은 반드시 학생의 행동상의 변화를 가리키는 것이어야 합니다. 즉 교육목표에 진술되는 행동특성은 학습자에게 실제로 나타나는 것이어야 하죠.

이러한 것은 다음의 두 가지 사항을 암시합니다. 첫째로, 교육은 학생을 대상으로 하는 일이기 때문에 반드시 학생에게 어떤 결과로 나타내어야 합니다. 둘째로, 교육목표는 그 달성 정도가 평가될 수 있는 것이어야 합니다. 요컨대 교육목표는 평가와 직접적인 관련성을 맺고 있는 것이라는 의미이죠.

메이거식 교육목표 진술

다음으로는 메이거 방식으로 교육목표를 진술하는 방법을 살펴보겠습니다. 교육목표와 평가를 상응시키려는 의도는 메이거의 "행동적 수업목표의 진술"에서 더욱 체계화됩니다. 메이거(R. Mager)는요, 타일러의 제자인 교육학자인데요. 메이거는 교육목표에서의 행동을 적극적으로 해석하여, 행동의 수행이 겉으로 드러나는 "외현적(外現的) 행동"일 때 교육목표에 알맞다라는 생각을 하였습니다.

교육목표가 제시하는 행동이 애매하거나 모호하여 이중의 해석을 야기한다면, 교육목표가 평가에서 의미 있는 지침으로의 기능을 수행하지 못할 것입니다. 즉, 여러 가지 혼란된 의미가 합쳐져 있는 교육목표라면 평가의 기준이 될 수 없다는 것이죠. 따라서 교육목표에서 행동은 그 의미가 명료하게 제시되도록 "명시적 행동용어"로 진술되어야 합니다. '행동용어'라는 말이 중요한 의미를 갖는데요, 눈으로 볼 수 있는 행동을 지칭하는 단어로 교육목표가 진술되어야 한다는 것입니다. 교육목표는 행동이 학생에 의하여 실제로 수행되었다는 증거가 명백히 드러날 수 있도록 행동용어로써 설정되고 진술되어야 합니다.

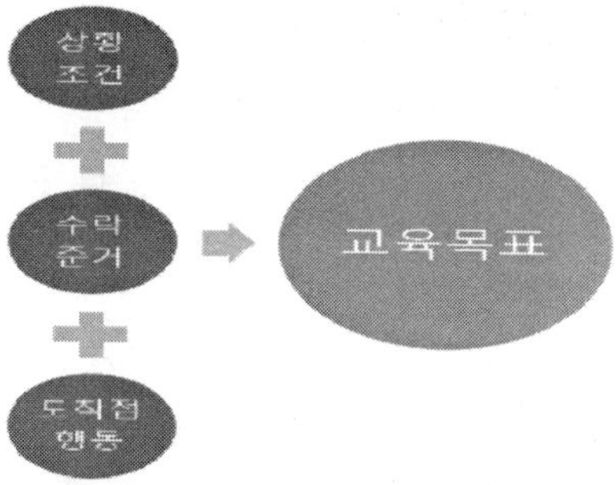

그림 27 메이거식 교육목표 진술

따라서 교육목표에는 ①학생이 실제로 수행해야 하는 외현적 행동을 제시하는 "도착점 행동"이 들어있어야 하고, ②그 도착점 행동이 발현되는 상황이나 조건을 나타내는 "상황조건"이 제시되어 있어야 하며, ③도착점 행동이 어느 정도로 잘 수행되어야 하는가를 판단하는 기준인 "수락준거" 이게 들어있어야 합니다. 즉 교육목표에는 ①도착점 행동 ②상황조건 그리고 ③수락준거라고 하는 세 가지 요소가 포함되어 진술되어야 합니다.

메이거의 방식으로 진술된 교육목표를 예시하면 다음과 같습니다.

수학과목의 교육목표입니다.

"1개의 미지수를 포함하는 1차 방정식이 주어졌을 때. 학습자는 참고서나 수표(數表)나 계산기의 도움 없이. 그 미지수를 풀 수 있다."

여기서 한 개의 미지수를 포함하는 1차 방정식이라는 것은 학습이 이루어지는 "상황조건"입니다. 그런데 이러한 1차 방정식이 주어졌을 때 학습자는 참고서나 수표(數表)나 계산기의 도움 없이 특정한 행동을 해야 됩니다. 이 부분이 학습의 성취 여부를 파악하는 "수락준거"가 되겠습니다. 그리고 학습자가 최종적으로 실행하게 되는 "도착점 행동"은 미지수를 풀어낸다라는 것이죠.

그래서 "상황조건"과 "수락준거"와 "도착점 행동"이 제시되어 한 문장 안에 들어있는 것 이게 메이거 방식으로 교육 목표를 진술하는 것이 되겠습니다.

사회과목의 학습목표를 예를 들어보겠습니다.

"세계지도를 주었을 때, 학생들은 15분 이내에 지도상의 6대 해류를, 화살표로 정확하게 표시할 수 있다."

여기서 '세계지도를 주었을 때'라는 건 학습이 이루어지는 "상황조건"을 말합니다. '15분 이내에'라는 것은 학습의 성공 여부를 파악하는 "수락준거"가 됩니다. '6대 해류를'이라는 것도 수락준거에 해당하지요. '지도에 화살표로 정확하게 표시한다'라는 것은 학습자가 수행해야 할 "도착점 행동"이 되는 것이죠.

메이거 방식으로 교육목표를 진술하는 것을 "교육목표의 명시적 행동용어 진술"이라고 부릅니다. 이 명시적 행동용어 진술은요, 학습이 이루어지는 장면인 "상황조건", 학업성취의 여부를 파악하도록 하는 기준이 되는 "수락준거", 그리고 학습이 최종적으로 어떤 행동으로 나타나야 하는가를 보여주는 "도착점 행동" 이 세 가지가 함께 진술되어야 교육 목표가 됩니다. 상황조건, 수락준거, 도착점 행동으로 교육목표를 진술하는 것이 메이거 방식입니다.

4 교육목표의 분류: 인지·정의·운동기능

앞에서 우리는 학습자가 도달해야 할 일곱 가지 학습행동의 유형을 논의한 바 있습니다. 그 일곱 가지를 범주화해 보니까 학습자가 도달해야 할 학습행동은 △"지식과 이해"의 측면 △"기능"의 측면 △"태도와 가치"의 측면으로 나눠볼 수가 있었습니다.

지식과 이해의 측면에서 설정되는 교육목표를 우리는 "인지적 영역"이라고 이야기해 볼 수 있습니다. 이 인지적 영역은 '무엇무엇을 안다.'라고 표현할 수 있는 교육목표들을 말합니다.

또한 교육목표는 특정한 기능에 관련되는 것들만 모아볼 수 있습니다. "기능적 영역"이라고 할 수 있습니다. 기능적 영역의 교육목표는 '어떠어떠한 것을 할 줄 안다.'라고 동작으로 표시할 수 있는 여지가 있는 교육목표들을 여기에 집어넣을 수 있습니다.

교육목표 가운데는 태도와 가치의 측면에서 설정되는 교육목표도 있을 수 있는데요. 이것을 우리는 정의적((情意的)) 영역이라고 부릅니다. 정의적 영역의 교육목표는 '흥미와 태도를 기른다'로 진술될 수 있는 유형입니다.

그러니까 교육목표란 건 크게 세 가지 영역으로, 지식에 관한 거, 기능에 관한 거, 그리고 정의적 태도에 관한 거 이렇게 세 가지 영역으로 구분해 볼 수가 있겠습니다. 이러한 작업을 과학적이고 체계적인 방법으로 진행한 학자가 있는데요. 타일러의 제자인 벤자민 블룸(B. Bloom)이라는 학자입니다. 벤자민 블룸은 교육목표를 분류하는 체계를 정립해서 《교육목표 분류학》이라고 하는 책을 썼습니다. 교육목표와 교육평가 사이의 관련성은 타일러의 뒤를 이은 블룸의 교육목표 분류학에서 더욱 확고하게 정립됩니다.

블룸은 타일러가 제시한 일곱 가지 행동유형들이 평가의 기준으로서 기능할 수 있도록 이것들을 인지적 영역, 정의적 영역, 그리고 신체적 영역으로 구별하였습니다. 인지적 영역은 영어로 Cognitive domain, 정의적 영역은 Affective domain, 그리고 심체적 영역은 Psycho-motorist domain이라고 부릅니다. 인지적 영역이라고 하는 것은 지식과 정보를 다룬다는 뜻입니다. 정의적 영역이라는 것은 태도나 가치관을 다룬다는 뜻을 갖고 있습니다. 심체적 영역은 운동기능, 즉 신체 운동기능에 해당하는 영역을 뜻합니다. 교육목표 분류학에서는 생물학에서의 분류법을 원용하여 교육목표의 영역을 크게 인지적 영역, 정의적 영역, 운동기능적 영역의 세 가지로 나누었습니다. 제가 앞에서는 '심체적'이라는 말을 썼다가 지금은 '운동기능적'이라는 용어를 사용하고 있습니다. 일반적으로 '심체적', '심리운동적', '운동기능적', '심동적'등으로 여러 가지 용어를 씁니다. '심리운동적'과 '운동기능적'은 같은 말이라고 생각하시면 되겠습니다.

블룸은 교육목표 분류학에서 교육목표를 인지적 영역, 정의적 영역, 운동기능적 영역으로 나눈 다음에, 각각의 교육 목표들을 영역별로 학습의 계열 또는 순서에 따라 위계화·계열화 하고 있습니다. 위계화·계열화했다는 것은 교육목표가 마치 계단처럼 순서와 계열을 가지고 위로 올라가도록 배치했다라는 뜻입니다.

인지적 영역에서의 위계

먼저 블룸이 분류한 교육목표 분류의 체계 속에서 인지적 영역, 즉 지식학습에 관련되는 교육목표 영역을 어떻게 분류하고 위계화했는지 한번 보도록 하겠습니다.

블룸은 단순한 것에서부터 복잡한 것의 순서로 "① 지식 ② 이해 ③ 적용 ④ 분석 ⑤ 종합 ⑥ 평가" 이렇게 총 여섯 가지 교육목표를 제시하고 있습니다. 즉 인지적 영역에서는 지식, 이해, 적용, 분석, 종합, 평가라고 하는 여섯 가지의 교육목표가 위계화되어서 제시되어 있다는 것이지요.

교육목표의 위계		특성	인지적 영역의 행동을 나타내는 동사
복잡	6. 평가	내적 증거 또는 외적 준거에 의거하여 정보의 가치를 판정한다.	*평가하다, 판단하다, 가치를 매기다, 받아들이다, 거부하다*
	5. 종합	여러 정보를 결합해서 새로운 형태의 전체적인 정보를 만든다.	*결합하다, 나타내다, 추론하다, 통합하다, 정리하다, 창조하다*
	4. 분석	정보를 개념 요소, 관계, 원리 등으로 나눈다.	*연구하다, 분류하다, 공부하다, 조사하다, 기술하다, 구별하다*
	3. 적용	학습한 정보를 학습했던 것과는 약간 다른 상황에 이용한다.	*이용하다, 문제를 해결하다, 실천하다, 재생산하다. 비교하다, 대조하다*
단순	2. 이해	정보를 예를 들어서 설명한다.	*확인하다, 인지하다, 선택하다*
	1. 지식	정보를 기억을 통해 회상한다.	*상기하다, 반복하다, 회상하다, 기억하다, 기재하다*

그림 28 인지적 영역의 교육목표 분류

가장 첫 번째 등장하는 "지식"이라고 하는 교육목표는 정보를 기억을 통해서 회상한다는 의미를 갖습니다. 그러니까 특정한 정보를 머릿속에 암기하여 떠올리는 형태를 '지식'이라고 하는 교육목표·행동으로 본 것입니다. 예를 든다면 '3·1운동은 1919년에 발발하였다.'라는 것을 안다든지 또는 '삼각형의 내각(內角)의 합은 180도이다.'라는 사실을 안다든지 아니면 '물은 섭씨 100도에서 끓는다.'라는 것을 아는 것, 이런 것들은 전부 기억을 통해서 정보를 회상하는 것에 해당이 되죠. 지식에 관련되는 교육목표를 설정할 때는 '상기하다', '반복하다', '회상하다', '기재하다' 이런 동사를 사용해서 교육목표를 진술하게 됩니다.

지식의 단계가 완성이 되면 두 번째 단계로 "이해"라고 하는 교육목표의 위계가 설정됩니다. '이해'라는 교육목표는 '정보를 예를 들어서 설명한다.'라는 특성을 갖습니다. 그러니까 '예를 들어서 설명한다.'라는 것이 이해를 했다는 것을 나타내주는 가장 중요한 특성인 것이죠. '예시한다', '확인한다', '인지한다', '선택한다'이러한 용어들이 인지적 행동으로서의 이해를 나타내는 용어들입니다.

이해 다음에 등장하는 세 번째 단계는 "적용"입니다. '적용'이라고 하는 것은 일단 학습한 정보를 학습했던 것과 유사한 여타의 다른 상황에 이용하는 것을 말합니다. 우리가 흔히 응용이라고 부르는 영역이죠. 적용 단계를 나타내는 학습행동의 동사들은 '이용하다', '문제를 해결하다', '실천하다', '재생산하다', '비교하다', '대조하다' 이런 동사들입니다. 그러니까 교육목표에서 이용, 문제해결, 실행, 재생산, 비교, 대조 이런 용어들로 표현되는 교육목표들은 다 적용 수준의 교육목표가 되겠습니다.

적용에서 한 단계 위로 올라가면 "분석"이라고 하는 교육목표의 위계가 등장합니다. '분석'이라는 건 쪼갠다는 뜻이죠. 정보를 요소와 관계와 원리에 의거하여 쪼개고 나눈다는 의미를 갖습니다. 분석의 단계를 나타내는 목표행동의 동사들은 '연구하다', '분류하다', '공부하다', '조사하다', '기술하다', '구별하다' 이런 용어들입니다. 교육목표를 진술할 때 연구, 분류, 공부, 조사, 기술, 구별 이런 용어들을 사용하면 적용보다 한 단계 더 위에 있는 분석단계의 교육목표를 달성해야 한다는 의미가 되겠습니다.

다섯 번째 단계는 "종합"입니다. 분석 다음의 종합단계. 이것은 여러 가지 정보를 결합해서 더 큰 새로운 형태의 전체적인 정보를 만드는 것을 말합니다. 사용하는 동사로는 '결합하다', '나타내다', '추론하다', '통합하다', '정리하다', '창조하다' 등의 동사를 사용합니다.

맨 꼭대기에 있는 "평가"는 내적인 증거나 외적인 준거에 의거하여 정보의 가치를 판정하는 것을 말합니다. 가장 난이도가 높은 교육목표 행동이 되겠습니다. 사용하는 목표행동의 동사들은 '평가하다', '판단하다', '가치를 매기다', '받아들이다', '거부하다' 등의 동사를 사용합니다.

요컨대, 우리가 인지적 영역, 지식영역의 학습을 할 때에는 기본적으로 정보를 외우고 이해하고 적용하는 것 이게 필요합니다. 1단계, 2단계, 3단계의 학습이 기본적인 학습이 되겠습니다. 그다음에 분석, 종합, 평가는 심화 차원의 단계가 되겠습니다. 알고 이해하고 적용하는 것은 기본단계의 학습이고요, 분석하고 종합하고 평가하는 것은 더 큰 새로운 지식을 만들어내는 심화학습의 단계입니다. 블룸은 우리가 지식을 학습할 때 이렇게 모두 여섯 단계의 형태로 학습이 위계화되어서 점점 어렵고 복잡해지는 순서로 학습이 진행되도록 교육목표를 설계하고 있는 것입니다.

정의적 영역에서의 위계

계속해서 블룸은 정의적 영역의 교육목표도 상세하게 분류하고 있는데요. 정의적 영역의 교육목표는 태도나 가치관을 학습하는 영역이라고 했습니다. 이 정의적 영역의 교육목표는 특정한 태도나 가치관이 얼마나 내면화되느냐에 따라서 교육목표 체계를 위계화해 나갈 수 있습니다. 그래서 "① 감수 ② 반응 ③ 가치화 ④ 조직화 ⑤ 인격화"의 다섯 단계로 교육목표를 위계화해 나갈 수 있습니다.

교육목표의 위계		특성	정의적 영역의 행동을 나타내는 동사
내적	5. 인격화	자신의 행동을 이끄는 인생 가치관을 형성하다	내면화하다, 의인화하다, 논증하다
	4. 조직화	자신의 가치 판단을 명료화하고 체계화하다	비교하다, 명령하다, 순위를 매기다
	3. 가치화	반응한 여러 자극 가운데서 특정한 자극을 골라서 수용하고 선호를 나타내다	수용하다, 거부하다, 존중하다, 간주하다, 바라다
외적	2. 반응	자극에 자발적으로 만족스러운 반응을 보이다	반응하다, 대답하다, 응하다
	1. 감수	자극에 주의를 기울이다	받아들이다, 듣다, 우연히 만나다, 알아차리다

그림 29 정의적 영역의 교육목표 분류

먼저 정의적 영역의 가장 기본적인 단계인 "감수(感受)"를 보면요, 이 감수라는 건 바깥에서 오는 자극을 받아들인다는 뜻이에요. 영어로 receiving, receive라고 합니다. 외부에서 들어오는 자극에 주의를 기울이는 것을 말하지요. 감수 단계를 나타내는 정의적 영역의 행동동사는 '받아들이다', '듣다', '알아차리다' 이러한 동사들입니다.

그 다음단계가 "반응"인데요. 반응이라는 것은 외부에서 들어오는 자극에 자발적이면서 만족스럽게 반응을 보이는 것을 뜻합니다. 수동적·무조건적 반응이 아니라 능동적이고 조건적인 반응을 말합니다. 쉽게 말하면, 좋다는 느낌이 들어서 반응한다는 거죠. 사용하는 행동동사는 '반응하다', '대답하다' 등입니다.

반응 다음의 세 번째 단계는 "가치화" 단계입니다. 가치화라는 것은 반응한 여러 자극들 가운데 특정한 자극을 골라서 수용하고 선호(選好)를 나타내는 것을 말합니다. 이것은 수용·반응한 자극에 대해서 좋다는 판단을 내리고 마음 속에 담아두는 걸 뜻해요. 반대로 이건 안 좋아라고 판단을 하고 버리는 경우도 해당됩니다. '수용하다', '거부하다', '존중하다', '간주하다', '바라다' 등과 같은 동사로 표현될 수 있는 단계입니다.

네 번째, "조직화"의 단계는요. 자신의 가치판단을 명료화하고 체계화하는 것을 뜻합니다. 가치판단을 명료화하고 체계화했다는 것은 가치관을 명확하게 설정했다는 것이죠. 그래서 '비교하다', '명령하다', '순위를 매기다' 등의 행동을 할 수 있는 단계가 조직화 단계입니다.

맨 꼭대기에는 "인격화"의 단계가 있는데요. 인격화의 단계는 내가 형성한 가치관, 가치판단의 체계가 나의 인격으로 표현되는 것을 말합니다. 그러니까 인생 가치관의 형태가 구축되는 단계가 인격화의 단계라는 것입니다. 이 인격화의 단계를 나타내는 정의적 영역의 행동동사는 '내면화하다', '의인화하다', '논증하다' 등이 되겠습니다.

정의적 영역에서는 "내면화의 원리"에 따라 교육목표가 다섯 단계로 분류·위계화됩니다. 내면화의 정도는 얕은 수준에서부터 깊은 수준의 순서로 위계화되는데요. 내면화의 정도가 가장 얕은 수준은 단순하게 받아들이는 감수 단계죠. 그러다가 점점 수준 높게 올라가서 맨 위에는 내면화의 수준이 가장 깊어진 수준으로서 인격화의 단계가 됩니다.

운동기능적 영역에서의 위계

블룸이 교육목표를 분류한 것은 정의적 영역의 교육목표까지였어요. 후에 블룸의 제자들이 운동기능적 영역 즉 기능적 영역에서도 교육목표를 위계화해서 분류할 수 있지 않을까 하여 작업을 해놓은 것이 운동기능적 영역의 교육목표 분류입니다. 운동기능적 영역도 단순한 형태에서부터 복잡한 형태로 위계화해 나가면서 교육목표를 설정할 수 있는데요. "①반사동작 ②기본동작 ③지각능력에 의한 동작 ④신체능력에 의한 동작 ⑤숙련동작 ⑥비언어적인 의사소통으로서의 동작" 이렇게 여섯 가지로 점점 복잡한 형태로 위계화해 볼 수 있습니다.

교육목표의 위계		특성	운동기능적 영역의 행동을 나타내는 동사
복잡	6. 비언어적 의사소통	자세, 몸짓, 얼굴 표현 등의 표현동작과 그 밖의 창의적인 동작	표현하다, 창작하다
	5. 숙련동작	놀이, 운동경기, 춤, 예술 등의 종목에서의 숙련된 동작	숙달하다, 발달하다, 변하다
	4. 신체능력	지구력, 근력, 유연성, 민첩성, 반응시간, 기민성	실행하다, 모방하다, 복제하다, 조작하다
	3. 지각능력	근육운동감각, 시각, 청각, 촉각 및 이들 간의 협응능력	조립하다, 구성하다, 분해하다, 연주하다, 조직하다
	2. 기본동작	걷기, 달리기, 도약하기, 밀기, 당기기 등과 같은 신체동작	출석하다, 시작하다, 나타내다, 움직이다, 보이다
단순	1. 반사동작	단편적이거나 상호 단편적인 반사행동 및 동작	선택하다, 기술하다, 찾아내다, 변별하다, 구분하다

그림 30 운동기능적 영역의 교육목표 분류

먼저 첫 번째로, “반사동작”이라는 것은요, 신체의 생리적인 특성에 의해서 단순하게 나타나는 반사행동들을 말합니다. 단편적인 반사행동을 뜻하지요. 이것을 나타내는 운동기능적 영역의 행동동사로는 ‘선택하다’, ‘기술하다’, ‘찾아내다’, ‘구분하다’ 이런 것들입니다.

두 번째의 “기본동작”은 신체동작으로서 걷기나 달리기, 도약하기, 밀기, 당기기 등과 같은 기본적인 신체동작을 말합니다. 이것을 나타내는 운동기능적 영역의 행동동사는 ‘출석하다’, ‘시작하다’, ‘나타내다’, ‘보이다’ 이런 것들이에요.

세 번째부터가 이제 좀 더 중요해지는데요. 세 번째, “지각능력에 의한 동작”은 근운동과 감각(시각, 청각, 촉각 등)의 협응능력에 의거하여 이루어지는 동작을 말합니다. 감각기관들 간의 협응에 의하여 우리가 실행하는 동작들의 수준이 지각능력에 의한 동작이에요. ‘조립하다’, ‘구성하다’, ‘분해하다’, ‘연주하다’, ‘조직하다’ 등으로 표현되는 단계입니다. 이 협응능력에 의한 동작부터 기초적이면서도 점점 심화되어 가는 학습의 형태가 되는 것이죠. 협응능력이 높은 학생들이 신체운동능력이 뛰어나다는 평가를 받는 거죠.

협응능력이 잘 되어 있을 때 네 번째, “신체능력에 의한 동작”으로 위계화해서 운동기능 학습이 심화될 수 있습니다. 지구력, 근력, 유연성, 민첩성, 반응시간이나 기민성 등과 같은 신체적 특성에 의한 동작들을 뜻해요. ‘실행하다’, ‘모방하다’, ‘복제하다’, ‘조작하다’ 등으로 표현될 수 있는 영역입니다. 주로 체육수업을 예로 든다면, 기본동작과 지각능력을 기초학습으로 하여 꾸준하게 반복을 통하여 신체능력을 높여나가는 형태, 신체능력을 발전시켜 나가는 형태의 학습을 해 볼 수 있습니다.

신체능력이 충분히 발달이 되면 다섯 번째 단계인 “숙련동작의 연출"이 가능해집니다. 놀이나 운동경기나 춤 또는 예술 등의 분야에서의 숙련된 동작을 뜻하는데요. 이 숙련된 동작을 나타내는 일반용어가 있습니다. '개인기'라는 단어입니다. 축구에서의 개인기, 농구에서의 개인기, 춤이나 예술에서의 개인기가 있죠. 개인이 어떤 동작을 숙달되게, 완벽하게 수행해낼 수 있는 형태, 그게 숙련동작의 영역입니다. '숙달하다', '발달하다', '변하다' 등의 동사로 표현될 수 있는 단계예요.

이 숙련동작의 단계가 완성이 되면 더 높은 상위에 위계화된 "비언어적 의사소통"의 수준으로 심화된 학습이 이루어질 수 있습니다. 이 비언어적 의사소통이라는 것은 자세, 몸짓, 얼굴, 표현 등의 표현동작과 그 밖의 창의적인 동작들을 뜻하는데요. 표현과 창의성, 이게 핵심이 되겠습니다. 그러니까 신체동작을 통해서 어떤 예술적인 표현을 하고, 그 속에 창의적인 의미를 집어넣는 거예요. '창작'이라고 우리가 표현하죠.

예를 든다면, 여러분, 김연아라고 하는 은퇴한 피겨스케이팅 선수가 있죠? 이 김연아 선수가 운동에 있어서 숙달된 동작까지도 잘했지만, 그것보다 더 중요한 게 있었어요. 금메달을 딸 때 바로 이 여섯 번째 단계인 "비언어적 의사소통으로서 창의적인 동작"을 연출할 수 있었다라는 것입니다. 아사다 마오라는 라이벌 선수가 있었죠. 이 친구가 어쩌면 신체능력이나 숙련동작 수준에서는 김연아 선수보다 훨씬 더 뛰어난 선수였다고 볼 수 있습니다. 트리플 악셀인가? 3단 뛰기 점프를 할 수 있었잖아요. 그렇지만 아사다 마오가 그러한 연기들을 할 때는 상당히 경직된 모습들, 표현들을 보여주었죠. 반면에 우리 김연아 선수는 오히려 그 얼굴의 표정에 연기에 창의성과 감정, 이런 표현들이 풍부하게 들어가 있었습니다. 그걸 우리는 피겨에서는 '예술점수'라고 그러죠. 그래서 늘 보면 기술점수는 아사다 마오가 김연아 선수와 비슷하거나 좀 더 앞섰지만, 예술점수에서 뒤져서 금메달을 못 땄어요. 그래서 김연아 선수보다 더 일찍 은퇴해버리고 말았죠. 김연아 선수가 예술성의 점수를 더 많이 받아서 금메달을 따게 된 영역이 바로 이렇게 제일 높은 수준의 "비언어적 의사소통 수준에서의 운동기능" 때문이었던 것입니다.

아무튼 운동기능적 영역의 교육목표는 ①반사동작이라고 하는 신체의 기본적인 생리적 행동에서부터 출발해서 ②기본동작, ③지각능력에 의한 협응동작, ④신체능력에 의한 동작, ⑤숙련동작, 그리고 이걸 바탕으로 하는 ⑥비언어적 의사소통으로서의 예술적 동작으로 위계화되어 있습니다. 운동기능적 영역의 교육목표는 "복잡성의 원리"에 따라서 학습행동이 위계화되어 있습니다. 특히 운동기능적 영역에서의 복잡성은 감각적·인지적 과정과 행동적 과정이 연계된 협응양식의 복잡화·고도화에 기반합니다. 상위단계의 목표행동일수록 고도로 복잡화된 협응반응이 요구되며, 최상위의 목표행동에서는 예술성, 창작성, 창의성 등과 같은 비인지적인 특성과 정의적인 특성을 통합하는 종합능력이 요구되는 것이지요.

5 교육목표 진술에서 유의점

강의를 마무리하는 단계에서, 교육목표를 진술할 때 우리가 유의해야 할 사항들을 몇 가지 살펴보도록 하겠습니다.

첫 번째로, 교사의 수업행동이나 교사가 수업 중에 하여야 할 행동을 교육목표로 진술하면 안 됩니다. 교육목표는 "학생들이 수행하여야 하는 활동"으로써 진술하여야 합니다.

둘째로, 학습의 과정을 교육목표로 진술하면 안 됩니다. 교육목표는 "학습결과를 가지고 교육목표로 진술"해야 된다라는 것이죠. 예를 든다면, '신라의 삼국통일에 관하여 토론한다.'라는 교육목표는 수업의 과정을 제시하는 겁니다. 토론이라는 과정을 통해서 삼국통일을 알아나가는 걸 의미하는 거죠. 이렇게 교육목표를 설정하면 안됩니다. 수업이 이루어진 결과로서 학습자가 할 수 있는 행동을 써줘야 돼요. 즉 '신라가 삼국을 통일하게 된 원인을 설명할 수 있다.' 이러한 형태로 수업의 결과에 초점을 맞추어 제시하는 것이 바람직합니다.

셋째로, 교육목표를 진술할 때 교과목의 내용이나 주요 제목을 세분화하여 나열하면 안 됩니다. 내용만 쓰면 교육목표가 안 돼요. 내용에다가 행동이 붙어야 되죠. '이러이러한 학습내용에 대한 학습자의 저러저러한 학습행동' 이게 교육목표를 진술하는 기본공식입니다.

넷째로, 하나의 교육목표에 두 가지 이상의 학습행동을 포함시키면 좋지 않습니다. 교육목표는 하나의 학습행동에 대하여 쓰는 겁니다. 하나의 학습내용에 대해서 하나의 학습행동이 교육목표로 완성되는 형태가 좋아요.

다섯 번째로, 교육목표는 명확하게 진술할수록 좋다는 생각 때문에 교육목표를 시나치게 세분화시켜서 한 차시의 교육목표를 여러 개로 진술하는 것은 바람직하지 않습니다. 물론 이는 유치원 수업이냐, 초등학교 수업이냐, 중·고등학교 수업이냐, 대학교의 수업이냐에 따라서, 즉 학습대상의 발달단계와 가르치는 내용의 전문성·복잡성에 따라 달라지는 문제이겠습니다만, 일반적으로는 한 차시의 수업에 두세 개 정도 분량의 수업목표가 제시되는 게 적절합니다.

열 번째 강의
학습경험의 선정(選定)

지난 시간에 우리는 교육목표를 설정하는 방법과 원리를 학습했지요. 이번 시간에는 설정된 교육목표에 부합하는 좋은 학습경험들을 찾아내는 방법과 원리를 공부해 보도록 하겠습니다. 열 번째 강의에서 공부하는 학습주제는 학습경험의 선정(選定)입니다. 교육목표에 부합하는 좋은 학습경험들을 찾아서 정하는 문제를 다룹니다.

1 학습경험의 개념

먼저 학습경험의 개념을 정의해보도록 하겠습니다. 학습경험이란, 일반적으로 이야기하면, 교육내용을 뜻하는 용어입니다. 교육과정 속에는 학생들에게 가르쳐야 할 교육내용이 들어있게 되겠죠. 그러한 교육내용을 우리는 교육과정 분야에서 학습경험이라고 하는 전문적인 용어로 표현합니다.

학습경험(learning experience)이란 학습자가 학습환경과 상호작용하여 습득하는 인지적·정의적·기능적 산출물을 의미합니다. 즉 학습자와 학습환경 사이의 상호작용을 총체적으로 말하는 개념이죠. 학습자는 단순히 교과서만이 아니라 교실공간에서, 유형·무형의 학습환경에 둘러싸여서, 학습활동을 수행하게 됩니다. 그리고 그 결과 다양한 학습경험을 얻고, 인지적으로, 기능적으로, 태도나 가치관의 측면에서 행동상의 변화를 겪게 되죠. 이 점에서 우리는 학습경험을, 학습자에게 제공하는 학습환경이라고 말할 수 있습니다. 학습경험은 교육목표를 달성하기 위한 소재요 수단입니다. 교육목표를 달성하기 위한 소재와 수단이 학습경험입니다. 이는 교육목표를 효과적·효율적으로 달성하도록 하는 것이 좋은 학습경험을 가늠하는 기준이 될 수 있다는 걸 듯합니다.

2 학습경험의 유형

일반적으로 우리가 교육과정 속에 집어넣어야 하는 학습경험은 크게 "지식", "기능", "태도"라고 하는 세 가지 유형으로 구분됩니다.

지식

먼저 지식을 살펴보겠습니다. 교육과정 속에 반드시 들어가야 하는 학습경험으로서 가장 많은 비중을 차지하는 것이 지식입니나. 지식은 크게 네 가지로 다시 구별해 볼 수 있는데요, 사실(fact), 개념(concept), 원리(principle), 방법(method)의 네 가지입니다. 교육과정 속에 들어가는 학습경험으로서 지식은 사실, 개념, 원리, 방법으로 이루어져 있습니다.

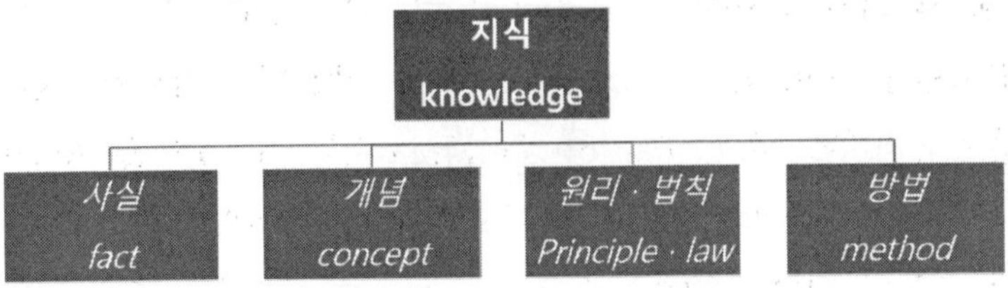

그림 31 학습경험 '지식'의 구성요소

사실

지식에 있어서 가장 기본적인 요소가 되는 "사실(fact)"은 실제로 일어난 사건이나 현상을 가리키는 말입니다. 즉 실제로 일어난 일을 우리가 사실이라고 하죠. 우리가 학생들에게 제공하는 지식이라는 학습경험 가운데 가장 많은 비중을 '사실'이 차지하고 있습니다. 사실 하나하나가 중요한 정보가 될 수 있는 것이죠.

개념

사실들이 표현되고 묘사될 때 우리는 개념을 사용하게 됩니다. 교육과정 속에 들어가는 지식의 두 번째 요소는 바로 "개념(concept)"입니다. 개념이란 어떤 사물에 대한 일반적인 뜻이나 내용 또는 구체적인 사실들에서 뽑아내어 일반화시킨 추상적 관념이라는 의미를 갖습니다. 즉 구체적인 대상에서 공통되는 요소들을 추출하여 일반화시킨 것을 우리는 개념이라고 부릅니다. 사실이라고 하는 것은 매우 구체성을 갖는 것이고, 그 사실을 추상화하고 일반화시킨 것이 개념이라고 하는 것이죠. 그래서 사실에 관한 걸 먼저 학습하고, 그 사실을 일반화하고 추상화해서 개념을 습득하도록 학습의 순서를 정해볼 수가 있는 것이죠.

원리

사실과 개념이 학습이 되면 그 다음엔 원리에 대한 학습으로 나아가는 것이 바람직하죠. 즉 학습경험으로서 지식의 세 번째 요소는 "원리(principle)"입니다. 원리란 '사물과 현상의 근본 이치' 또는 '인식이나 행위의 기초·근본이 되는 보편적 규범'을 뜻합니다. 이와 유사하게 법칙law)이란 개념도 있는데요, '현상의 원인과 결과에 내재하는 보편적이고 필연적인 규칙'이라는 의미를 갖습니다. 주로 자연현상을 가리킬 땐 '자연법칙(natural law)' 이렇게 사용을 하고요, 사회현상에 적용되는 규범·규칙의 체계는 '사회원리(social principle)' 이렇게 부릅니다. 원리와 법칙은 현상을 설명해주는 기본적인 뼈대가 된다고 할 수 있습니다. 어떤 현상의 인과관계를 규칙적으로 밝혀주는 체계를 우리는 원리와 법칙이라고 보는 것이죠. 그래서 맨 먼저 사실을 배우고, 사실을 바탕으로 개념을 학습하고, 개념을 바탕으로 원리를 학습하는 것이죠. 원리나 법칙을 학습을 하면 지식에 있어서 중요한 것들은 거의 다 배우게 되는 것이죠.

방법

그리고 마지막으로, 지식의 네 번째 요소로서 "방법(method)" 즉 지식을 탐구하는 방법을 학습경험 속에 집어넣습니다. 흔히 방법이란 어떤 목적을 달성하기 위하여 사용하는 수단을 가리킵니다. 지식이라고 하는 학습경험 속에 들어가는 방법은 "지식을 탐구하는 방법"을 말하는 것이죠. 지식을 탐구하여 그 속에 들어있는 원리와 법칙을 발견해내는 방법을 가르쳐줘야 한다는 의미입니다.

기능

학습경험의 두 번째 유형은 "기능(skill)"입니다. 기능은 일정한 목적과 유용성을 담고있는 신체동작의 연합을 가리키는 말인데요, 이 기능도 기술(skill), 기능(function), 방법(method)이라는 세 가지 요소로 나누어 볼 수 있습니다. 그러니까 학습경험으로서의 기능은 기술과 기능과 방법으로 구성되어 있다고 볼 수 있는 것이죠.

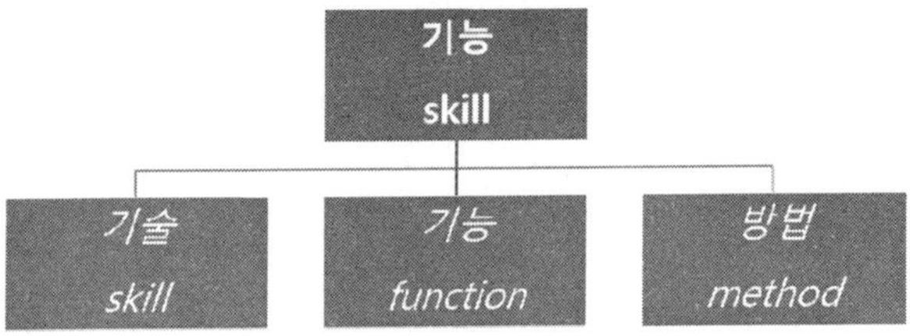

그림 32 학습경험 '기능'의 구성요소

기술

기능의 영역에 해당하는 학습요소로서 첫 번째로 제시해 볼 수 있는 것은 "기술"입니다. 기술은 어떤 일을 정확하게 능률적으로 해내는 솜씨를 뜻하는 말입니다. 과학지식을 생산하고 가공하는 데 응용하는 방법이나 수단을 기술이라고도 하죠. 주로 이공계 분야에서 어떤 작업을 정교하게 해내는 능력을 우리는 기술이라고 부릅니다. 기술은 주로 동작, 신체 작업을 위한 동작으로 표현될 수 있는 학습영역입니다.

기능

기술과 함께 학생들에게 제공되어야 하는 학습요소는 "기능"입니다. 기능은 사물의 작용이나 활용을 뜻하는 단어인데요. 어떤 도구의 기능이라든가 어떤 대상의 기능을 파악하는 것,. 이것은 작업과 연관되는 중요한 학습경험이기도 한 것이죠.

방법

세 번째 요소는 "방법"입니다. 방법이라는 것은 일반적으로는 어떤 목적을 달성하기 위하여 사용하는 수단이라는 의미를 갖지만, 여기에서는 어떤 도구나 대상을 사용하는 방법, 즉 사용법에 관련되는 것이라고 볼 수 있습니다. 예를 든다면 요리하는 방법을 안다든지 자전거를 타는 방법을 안다든지, 이렇게 어떤 대상이나 도구의 활용방법과 관련되는 학습경험의 요소들이 이에 해당하겠습니다.

태도

학습경험의 세 번째 유형은 "태도(attitude)"입니다. '태도'라는 말은 정의적 영역에 해당하는 학습경험들을 가리키는 개념입니다. 정의적 영역에 해당하는 여러 개의 학습경험 가운데 가장 대표적인 것을 따온 거죠. 이 정의적 영역, 태도영역의 학습경험에는 크게 흥미, 관심, 태도, 가치관 이렇게 네 가지의 학습요소들을 집어넣을 수 있습니다. 이 가운데 흥미와 관심은 한데 묶일 수 있는 것이기 때문에 태도라고 하는 학습경험의 영역 속에는 '흥미·관심', '태도', '가치관'이라고 하는 세 가지 요소가 들어있다고 말할 수 있겠습니다.

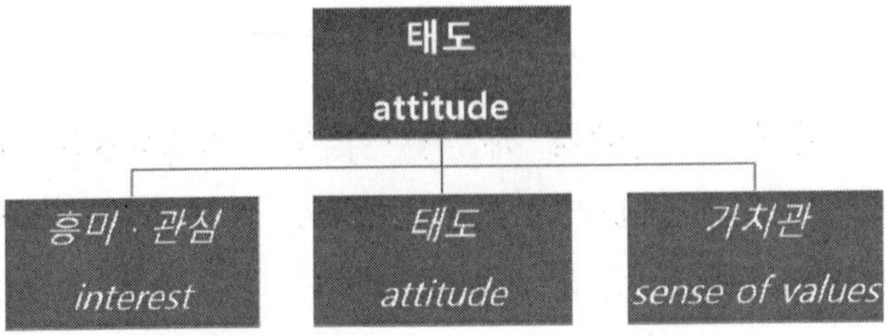

그림 33 학습경험 '태도'의 구성요소

흥미와 관심

학습경험의 세 번째 유형인 태도에서 가장 기초가 되고 기본이 되는 것은 '흥미와 관심'입니다. 흥미, 관심 둘 다 영어로는 interest라고 표현이 되는데요. 관심은 여기서 concern이라고 하는 단어도 동의어로 사용니다..

먼저 '흥미'를 보면요, 흥미는 어떤 사람이 대상에 이끌려 관심을 가지게 되는 감정을 뜻하는 단어입니다. 즉 한 개인이 내재적으로 가지고 있는 감정 또는 정서의 요소로서, 특정 대상에 이끌려 관심이 촉발되는 일반적인 경향을 나타냅니다. 그러니까 어떤 대상에 대해서 내가 지속적으로 관심을 가지고 있을 때 우리는 '흥미가 형성되어 있다' 이렇게 이야기를 하는 것이죠. 학습경험 요소 가운데에 태도나 가치관을 기르기 위하여 학습자에게 가장 먼저 제공해야 될 학습경험 요소들은 흥미에 관련된 요소들입니다. 당연히 학습자의 흥미, 학습자가 평소에 가지고 있는 흥미가 무엇인지에 대한 '흥미도 검사'를 진행하여 볼 필요가 있겠죠.

흥미에 반해서 '관심'이라고 하는 것은 특정 사물에 마음이 끌려서 주의를 기울이는 일, 즉 좀더 직접적이고 즉각적인 관심의 표현을 나타내는 개념입니다. 눈앞에 보이는 어떤 사물에 마음이 끌려서 주의를 적극적으로 기울이는 형태가 관심이 되겠죠. 흥미는 일반적인 경향이고, 그 흥미를 바탕으로 해서 학습자에게 특정한 관심이 유발될 수 있는 즉 학습동기를 유발할 수 있는 그런 대상을 제시해주는 것이 학습경험 요소로서의 관심이라고 할 수 있겠습니다.

태도

관심이 일반적 성향으로 발전하게 되면 흥미가 되죠. 흥미가 일반적 태세로 확립이 되면 태도가 됩니다. '태도'란 어떤 사물에 대한 감정이나 생각 따위가 겉으로 나타난 모습이라고 정의가 되는데요. 어떤 상황이나 사물에 대한 준비태세로서의 마음가짐을 뜻하기도 합니다. 요컨대, 태도란 생각이 겉으로, 행동으로 표출되는 전체적인 모습을 나타내는 용어입니다. 그러니까 속에 있는 생각과 마음이 겉으로, 행동으로 표현된다는 수준까지 다루는 용어가 태도인데요. 태도라는 것은 순간순간 변하는 것이 아니라 내적인 일관성을 가지고 있는 것일 때 우리는 태도라는 말을 씁니다. 따라서 일시적인 관심이 지속화됨으로써 흥미로 발전되고, 흥미에 의해서 어떤 사물이나 사람에 대한 태도가 길러진다고 볼 수가 있죠.

가치관

태도가 형성이 되면 그 태도는 심화되어서 그 사람의 인격의 수준으로까지 깊어질 수가 있는데요. 그것을 우리는 가치관의 형성이라고 부릅니다. 즉 사람이 자신을 포함한 세계나 만물에 대하여 가지는 평가로서의 근본태도 또는 가치판단의 기준을 우리는 '가치관'이라고 부르죠. 그러니까 우리가 지식, 기술, 태도라고 부를 때 이 맨 마지막 태도는 결국 정의적 영역의 학습요소이고요. 그 정의적 영역의 학습은 관심, 흥미, 태도, 가치관의 순서로 확장될 수 있습니다. 그리고 이러한 확장은 어떤 가치관이 특정한 개인에게 심화되고 내면화되는 정도를 포함하고 있다고 할 수 있습니다.

3 학습경험의 형태로서 교과

지금까지 우리는 학습경험의 유형으로서 지식, 기능, 태도를 살펴보았습니다. 그러니까 교육과정 속에 들어가야 할 중요한 학습경험, 중요한 교육내용으로는 지식과 기능과 태도가 있다는 것이죠. 그렇다면 이러한 학습경험들은 지식과 기능과 태도가 서로 연결되고 엮여져서 전체적으로는 하나의 교과목의 형태로 정립이 된다는 걸 생각해 볼 수 있습니다. 그래서 우리는 학습경험의 전체적인 모양으로서 교과를 생각해 볼 수가 있어요. 교육내용으로서의 학습경험은 교육의 실천 과정에서 교과 또는 교과목의 형태로 정립됩니다.

여기서 교과란 탐구주제에 따라 편성된 학습과제의 묶음을 말하지요. 예를 든다면, 인간과 사회에 대한 탐구는 인문·사회교과라고 부릅니다. 자연과학에 대한 탐구가 들어있는 학습경험들은 자연·과학교과로 정립이 되지요. 예술적 표현에 대한 탐구주제는 묶어보면 예능교과로 편성이 됩니다. 일반적으로는 교과를 학습의 목적성에 의거하여 크게 △도구교과 △내용교과 △표현교과 △생활교과, 이 네 가지로 분류합니다. 학습의 목적에 따라 우리는 도구교과, 내용교과, 표현교과, 생활교과를 정립할 수 있는 것이죠.

도구교과

먼저 도구교과에 대해서 생각해 보겠습니다. 우리가 일반적으로 도구교과라고 부르는 것은요, 여타의 지식을 습득하는 데 필요한 인지적 기술과 방법을 가르치는 데 중점을 두는 교과들을 도구교과라고 합니다. 그러니까 다른 과목을 공부하는 도구가 되는 교과목들을 도구교과라고 부른다는 것이죠. 도구교과를 잘 배우면 이를 도구로 이용하여 다른 과목의 지식을 잘 습득할 수 있습니다. 언어교과, 수학교과가 대표적입니다. 언어교과, 말하기·듣기·읽기·쓰기의 내용이 들어있는 언어교과야말로 다른 과목을 학습하는 데 필요한 언어적 기능과 지식을 습득하는 아주 중요한 과목이죠. 수학교과도 역시 마찬가지입니다. 수학적 사고와 수학적 추론을 배우는 수학과목이야말로 나머지 다른 과목들의 내용을 학습하는 데 필요한 논리적·추론적 사고능력을 길러주는 데 중점을 두는 과목입니다. 요컨대 도구교과란 우리가 흔히 말하는 국어, 영어, 수학, 국·영·수에 해당하는 과목이죠. 국·영·수를 잘해야 나머지 다른 과목들도 공부를 잘 할 수 있다라고 하는 상식적 견해가 바로 이 도구교과의 특성을 잘 대변해 주고 있습니다.

내용교과

두 번째로, 내용교과에 대해서 보겠습니다. 내용교과란, 내용이라는 말이 의미하는 것처럼, 인간과 사회와 자연세계에 대한 내용지식과 정보를 가르치는 데 중점을 두는 교과를 말합니다. 그러니까 사회와 자연세계에 대한 주요 내용들, 지식·정보들을 중점적으로 가르치는 과목들이라는 얘기죠. 내용교과를 잘 배우면 인간 자신과 인간이 사는 세상인 사회 그리고 자연세계의 현상을 이해하고 해석하는 지적 능력을 획득할 수 있게 됩니다. 즉 사회와 자연에 대한 지식을 습득하는 게 내용교과의 중요한 교육목적인 것이죠. 내용교과를 잘 배워두면 세상을 보는 지적 안목이 형성·심화될 수 있다는 것입니다. 흔히 우리가 말하는 사회, 역사, 지리, 과학 등과 같은 과목들이 대표적인 내용교과입니다. 지식과 정보를 풍부하게 전달해주는 교과목들, 재미있는 내용들이 많은 과목들이 내용교과입니다.

표현교과

세 번째는 표현교과인데요. 표현교과란 인간의 정서와 느낌과 심미의식을 표현하는 방법과 기술을 가르치는 데 중점을 두는 교과입니다. 표현교과를 통하여 우리는 학습자의 정서발달과 사회성 발달 등의 인성교육을 달성해 나갈 수가 있죠. 음악,미술,체육, 곧 음·미·체가 대표적인 표현교과입니다. 표현교과는 인성교육에서 가장 중요한 몫을 담당하는 과목들입니다. 사실 국·영·수를 가장 중요한 과목이라고들 생각하지만, 실상은 음·미·체가 더 중요합니다. 우리가 대학을 갈 때는 국·영·수로 가지만 인생을 행복하게 사는 데 있어서는 음·미·체로 행복하게 되는 것이거든요. 미·적분보다도 한 편의 좋은 음악, 멋진 그림, 운동할 때 느껴지는 내 몸의 긴장과 이완, 이런 것들이 우리를 행복하게 해주는 거 아니겠습니까.

생활교과

다음은 생활교과입니다. 생활교과란 우리가 일상생활을 유능하게 살아가는 데 필요한 정보와 기능을 가르치는 데 목적을 두는 교과를 말합니다. 생활교과를 배우면 의식주 및 직업생활에 관련된 필요기능을 익힐 수가 있죠. 기술, 가정 등의 실과계통 과목들이 생활교과에 해당합니다. 자잘구레 하게 느껴질 수도 있지만 일상에서 우리는 해야 할 일들이 참 많습니다. 밥 하고, 빨래 하고, 집안청소 하고, 직장생활을 할 때도 여러 가지 필요한 일들을 많이 행해야 합니다. 가만히 놔두면 쌓여서 삶을 불편하게 만드는 것들을 하나하나 통제하고 조절하고 처리해 나가는 것, 이것이 생활의 능력입니다. 생활교과는, 여전히 학교에서는 별로 중요하게 여기지 않는 과목들일지라도, 우리 삶의 편리·편의와 행복을 위해서는 꼭 배워야 하는 과목입니다.

4 학습경험 선정(選定)의 원리

지금까지 학습경험의 유형과 영역으로 지시, 기술, 태도라고 하는 것과 도구교과, 내용교과, 표현교과, 생활교과에 대해서 살펴보았는데요. 끝으로 학습경험을 선정하는 원리에 대해서 살펴보고자 합니다. 학습경험을 선정한다는 건 선택해서 결정한다라는 뜻인데요, 여러 개의 학습경험 중에서 어떤 것을 학습자에게 제공할 것이냐 하는 문제를 다루는 것이 되겠죠. 학습경험을 선정하는 문제는 학생들이 갖게 되기를 바라는 학습경험을 최대한으로 보장하는 학습환경을 마련하는 문제입니다. 즉 학습경험의 선정이란 학습자들에게 최적의 학습조건을 제공하는 것이라고 할 수 있죠. 그리고 이에 대한 가장 커다란 기준은 "학습목표를 효과적으로 달성하게 해주는 최적의 학습경험을 선정한다"는 것입니다.

이를 위해서는 우리는 다음과 같은 다섯 가지 사항을 고려해야 합니다.

첫 번째로, 학습자에게 실질적인 학습활동의 기회가 제공되는가?

두 번째로, 학습자에게 만족스러운 학습활동이 제공되는가?

세 번째로, 학습자가 실제로 수행할 수 있는 학습활동이 제공되는가?

네 번째로, 상호 관련성을 지닌 다양한 학습활동이 제공되는가?

마지막 다섯 번째로, 다양한 학습성과를 가져다주는 학습활동이 제공되고 있는가?

이런 다섯 가지 사항을 고려하여 좋은 학습경험을 선정하도록 해야 합니다. 일반적으로 학습경험을 선정하는 데 적용하는 5대 원리가 있습니다. 학습경험을 선정할 때에는 첫 번째로, "기회의 원리"를 적용해야 합니다. 두 번째로는 "만족의 원리"를 적용해야 합니다. 세 번째로, "가능성의 원리"를 따져보아야 하고요. 네 번째로는, "동목표 다경험의 원리"를 적용해야 합니다. 그리고 다섯 번째는, "동경험 다성과의 원리"를 적용하여야 합니다. 이러한 다섯 가지 원리는 교육목표를 달성하는 데 있어서 효과적인 학습경험을 찾아내는 기준이 된다고 할 수 있겠는데요. 달리 말하면 학습경험을 선정하는 가장 중요한 원칙은 교육목표를 달성하는 데 있어서 가장 효과가 있는 학습경험을 정하는 것이라고 할 수 있겠습니다. 그러니까 '효과성' 그리고 그 학습경험이 가지는 '교육적인 가치' 이러한 것들이 학습경험을 선정하는 중요한 기준이 된다고 볼 수 있겠습니다.

기회의 원리

학습경험을 선정하는 데 적용하는 첫 번째 원리는 "기회의 원리"입니다. 학습경험은 교육목표가 가리키는 행동을 학생이 실제로 해볼 수 있는 기회가 제공되는 것이어야 합니다. 즉 학습경험은 설정된 교육목표의 학습행동을 학습자가 실제로 수행하도록 하는 경험요소가 들어있어야 한다라는 것입니다. 쉽게 말씀드리면, 학습경험 속에는 교육목표에서 제시하는 학습행동이 실제로 수행되는 내용요소들로 구성되야 한다는 것이죠.

예를 든다면, '창의성을 기른다'라는 교육목표에 의거하여 학습경험을 선정한다라면 그 학습경험 속에는 창의성을 직접적으로, 실제적으로 경험하도록 하는 활동이 들어있어야 하는 것입니다. 창의성을 기른다는 교육목표를 정했는데 제공되는 학습경험은 A4 용지에다가 창의성을 기르는 10가지 방법, 그래서 1부터 10까지 항목을 적은 다음에 그것을 학습자들에게 설명해주고 암기하도록 한다면 그것은 창의성을 기르는 것과는 전혀 무관한 활동이 되겠죠. 즉 창의성을 기른다라는 목표에 부합하는 학습경험이란 실제로 창의성을 기르는 활동을 수행하는 기회, 예를 들어 상상활동을 한다든지, 음률을 듣고 느낌을 몸으로 표현해본다든지, 과학발명품을 직접 손으로 만들어본다든지 하는 학습장면이 학습경험 속에 담겨져 있어야 한다라는 것입니다.

만족의 원리

학습경험 선정의 두 번째 원리는 "만족의 원리"입니다. 학습경험은 학생이 교육목표가 가리키는 학습경험을 수행하는 과정에서 만족감을 느낄 수 있는 것이어야 합니다. 쉽게 말씀드리면, 학습경험은 학습자에게 만족감을 주는 것이어야 한다는 것이죠. 이를 위해서는 학습경험을 학습자에게 '흥미와 관심'을 불러일으키는 것을 가지고 선정해야 합니다. 학습자에게 흥미와 관심을 불러일으키려면 학습경험이 학습자의 과거의 경험, 학습자 주변의 일상, 학습자가 가지고 있는 사전(事前)지식 등과 연결되어 있어야 합니다. 학습자는 자신의 과거 경험이나 일상생활 장면 속에서 혹은 그 전에 배워서 알고 있는 것에 새로운 학습요소가 연결될 때 흥미와 관심을 보일 수 있게 되는 것이죠. 흥미와 관심을 가지는 학습경험이라면 만족감을 유발할 가능성이 매우 높습니다.

또한 학습경험을 수행함으로써 학습자가 '성취감'을 맛보고 '자기효능감'을 갖게 된다면 학습경험에 대한 만족감이 매우 효과적으로 형성될 것입니다. 이때 학습자에게 성취감과 자기효능감을 주려면 학습에 대한 과제곤란도가 너무 높아서도 안 되고, 반대로 너무 낮아서도 안 됩니다. 과제곤란도는 학습자의 근접발달영역 내에서 설정되는 것이 바람직하지요. 과제 수준이 너무 높으면 활동을 포기하게 되겠죠. 과제 수준이 너무 낮으면 몇 번 하다가 역시 관심을 더 이상 갖지 않게 될 것이기 때문입니다.

가능성의 원리

학습경험 선정의 세 번째 원리는 "가능성의 원리"입니다. 학습경험은 학생에게 기대하는 반응행동이 학생 자신의 수행능력의 범위 내에 있는 것이어야 합니다. 바꿔 말씀드리면, 학습경험은 학생의 인지적·기능적 능력의 범위 안에서 설정되어야 합니다. 다시 말씀 드리지만, 학습경험의 과제곤란도가 학습자의 근접발달영역 내에서 설정되는 것이 가장 바람직한데요. 이렇게 되면 학습경험의 수행을 통하여 성취감과 자기효능감을 경험할 수 있게 됩니다.

이것은 학습자의 발달 수준 및 학습준비도의 범위 안에서 학습경험이 선정되어야 한다라는 의미와 같은 것이죠. 학습자는 자신의 발달 수준을 뛰어넘는 학습은 할 수가 없습니다. 또한 학습자는 학습에 대한 준비도가 형성되어 있지 않으면 역시 학습을 할 수가 없습니다. 그렇기 때문에 학습자에게 제공되는 학습경험은 반드시 학습자의 발달 수준과 학습준비도에 맞추어서 설정되어야 하는 것입니다.

동목표 다경험(同目標 多經驗)의 원리

학습경험 선정의 네 번째 원리는 "동목표 다경험의 원리"입니다. 즉 하나의 교육목표를 달성하는 데에는 여러 가지 학습경험이 사용될 수 있다는 원칙이죠. 동목표, 목표가 동일하다는 의미를 갖고 있고요. 다경험, 경험이 다양하다 이런 의미죠.

예를 든다면, 논리적 사고력을 기르기 위하여 토론수업을 통하여 논리규칙에 따라 자신의 주장을 논증하도록 하거나, 수학시간에 특정 도형의 성질에 대하여 증명하는 문제를 풀도록 하거나, 또는 작문시간에 자신의 주장을 논리적으로 펼치는 논리적 글쓰기를 하도록 하면 토론수업, 수학, 작문이라고 하는 여러 가지 학습경험을 통하여 논리적 사고력을 기른다는 동일한 한 가지의 교육목표를 달성하도록 만들 수 있습니다. 하나의 교육목표를 달성하는 데에 다양한 학습경험이 서로 연관되어 선정될 수 있도록 하는 원리가 동목표 다경험의 원리입니다.

동경험 다성과(同經驗 多成果)의 원리

학습경험을 선정하는 다섯 번째 원리는 "동경험 다성과의 원리"입니다. 한 가지의 학습경험은 반드시 한 가지의 목표 달성에만 유용하거나 한 가지의 학습성과만을 가져오는 것이 아닙니다. 하나의 학습경험으로 동시에 여러 가지 목표를 달성하게 하거나 여러 가지 학습성과를 가져오도록 할 수 있습니다. 그러니까 하나의 학습경험을 제공함으로써 여러 개의 학습목표를 달성할 수 있도록 할 수 있다는 것이죠. 동일한 경험으로 다양한 성과를 거두도록 한다 이런 의미죠.

예를 들면, 사회수업에서 모의법정 활동을 수행하도록 함으로써 첫째로, 자신의 주장을 논리적으로 전개한다; 둘째로, 다른 사람의 주장을 논리적으로 비판한다; 셋째로, 여러 사람의 주장을 비교·분석하여 평가한다라고 하는 적어도 세 가지의 학습성과를 달성할 수 있도록 학습경험을 선정할 수도 있습니다.

자, 정리해 보겠습니다. 학습경험을 선정할 때에는 첫 번째로, 기회의 원리를 적용해야 합니다. 두 번째로는 만족의 원리를 적용해야 합니다. 세 번째로, 가능성의 원리를 따져보아야 하고요. 네 번째로는 동목표 다경험의 원리를 적용해야 합니다. 그리고 다섯 번째는 동경험 다성과의 원리를 적용하여야 합니다. 학습경험을 선정하는 가장 중요한 원칙은 교육목표를 달성하는 데 있어서 가장 효과가 있는 학습경험을 정하는 것이라고 할 수 있겠습니다. 물론 그러한 학습경험은 반드시 교육적인 가치, 즉 가르칠 만한 가치가 있는 것이어야 합니다. 이것으로서 학습경험을 선정하는 방법과 원리를 다루는 학습을 끝마쳤습니다. 다음시간에는 각각의 학습경험들을 서로 연결하여 커다란 학습교과로 만드는 방법인 "학습경험의 조직"에 대해서 공부하겠습니다. 수고 많이 하셨습니다.

열한 번째 강의
학습경험의 조직(組織)

지난시간에는 학습경험을 선정하는 원리에 대해서 함께 공부했습니다. 그런데요, 선정보다 더 중요한 게, 이제 그렇게 선정된 학습경험들을 실제로 학생들에게 가르치고 전달할 수 있는 형태로 조직하는 일 이거를 더 잘 해야 됩니다. 학습경험이 잘 조직된 교육과정은 학생들이 체계적·효율적으로 학습해 나갈 수 있게 되는 것이기 때문입니다.

1 학습경험 조직의 개념

먼저, 학습경험의 조직이 어떤 개념인지부터 공부해 보도록 하겠습니다. '조직(組織)'이라는 말은요, 씨실과 날실을 서로 엮어가면서 천을 만들어낼 때 우리는 조직이라는 말을 씁니다. 그렇게 만들어진 것을 우리는 직물이라고 하죠. 학습경험의 조직에서도 역시 같은 의미의 조직이라는 단어를 사용합니다. 날실과 씨실로 천이 이루어지는 것처럼 학습경험 역시 날실에 해당하는 학습경험과 씨실에 해당하는 학습경험들을 서로 연결연결 해가면서 전체적인 학습경험을 만들어 나가는 것을 의미합니다.

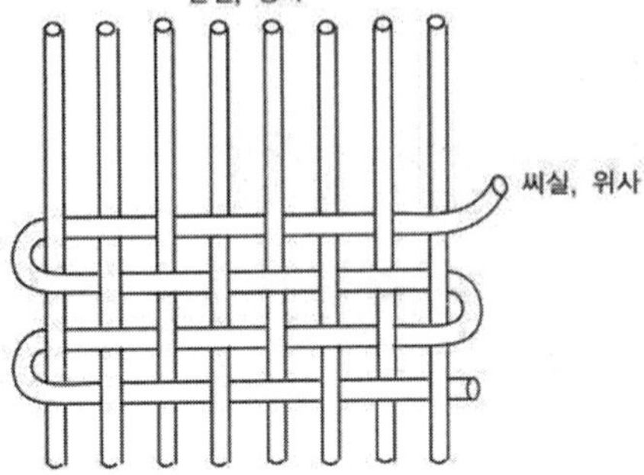

그림 34 날실과 씨실

좀 더 학술적으로 학습경험의 조직에 대해서 정의를 내려본다면, 학습경험을 조직하는 것은 "선정된 여러 가지의 학습경험들을 교사가 가르치고, 학습자가 학습할 수 있도록 일정한 순서로 편성"하는 것을 말합니다. 그런데 이러한 순서는 시간적인 순서이기도 하지만 또한 공간적인 관점에서의 순서이기도 합니다. 이른바 씨실과 날실이라고 하는 개념이 그것인데요. 시간이 지나가면서는 '어떤 내용들을 점점 더 어렵게 공부해 보도록 내용을 제시할 것인가?' 하는 문제가 있고요. 비슷한 시간대 또는 비슷한 지점에서는 '서로 연관되는 내용들을 날실처럼 어떻게 서로 연관지어가면서 배우도록 할 수 있을 것인가?' 하는 문제가 있게 됩니다. 이것을 결정해주는 문제가 학습경험의 조직이라고 할 수 있겠습니다.

이렇게 학습경험을 조직하는 이유는요, 각각의 개별적인 학습경험들이 서로 연결되어 좀 더 커다란 의미 있는 지식 덩어리, 곧 'Bundle of knowledge'라고 부르는 지식 덩어리로 정착될 수 있도록 하는 것이죠. 그럼으로써 학습의 체계성과 효과성, 효율성을 확보하기 위하여 조직하는 것입니다. 교육학의 견제에서 교육은 학습자의 행동을 변화시키는 일입니다. 개별적인 학습경험들은 학생들에게 의미 있는 행동의 변화를 가져다줄 수 없지요. 반복되면서 점점 심화되고 확장이 되는, 덩어리로 형성이 되어가는 학습경험만이 학생들의 인식과 행동을 변화시킬 수 있다고 보는 거지요. 한겨울 눈덩이를 생각하시면 될 것 같아요. 조그마한 스노우볼이 계속 진전되면서, 눈밭을 계속 굴러가면서, 점점 커다란 눈덩어리가 돼서 나중엔 눈사람을 만들 수 있을 정도로 커지잖아요?

학습경험도 이와 마찬가지입니다. 개별적인 학습경험들이 단독적으로 학습자에게 습득되어서는 지식, 태도, 가치의 변화를 가져다줄 수가 없다는 것이에요. 학습심리학의 관점에서 볼 때도 개별적인 지식이나 기능, 태도는 지속적으로 반복되어서 학습이 되고, 그것이 또다른 지식 혹은 또다른 기능, 또다른 태도나 가치관 등과 연결이 되면서 체계가 잡힌 커다란 지식덩어리 혹은 기능의 덩어리 혹은 태도의 덩어리가 될 때에 학습자에게 유효한 문제해결도구가 될 수 있다고 파악하는 것이죠. 그러니까 쉽게 말씀드리면, 한 사람 한 사람으로는 힘이 없고 조직이 결성되어야 힘이 세지잖아요? 이거와 유사한 것이라고 보시면 되겠습니다.

2 학습경험 조직의 범주

그렇다면 학습경험을 조직할 때 우리는 무슨 일들을 해야 할까요? 학습경험험을 조직하는 일은 어떤 과제를 다루는 일일까요?

Scope : 학습경험의 범위

우선 제일 첫 번째로, "학습경험의 범위(scope)"를 먼저 정해야 합니다. 이것을 학습경험 조직에서는 "학습경험의 범위를 정한다." 이렇게 표현을 하는데요. 학습경험의 범위를 정한다는 것은 어떤 내용을 어느 영역에 집어넣을 것인가 하는 문제를 다루는 것입니다. 그러니까 학습내용의 영역을 정하고, 그 영역 속에 해당하는 학습경험을 집어넣는 거죠. 한마디로 교육내용의 영역을 구분하고 정하는 일이 되겠습니다. 이 점에서 학습경험의 범위를 정하는 것은 서로 다른 특성을 가진 학습경험들을 구별하고 구분하는 일립니다. 그러니까 교과를 구분하는 결과를 가져오는 작업이 학습경험의 범위를 정하는 작업입니다.

이것은 교육내용을 조직하는 관점에서 보면 수평적으로, 횡적으로 학습경험을 정하는 것이라고 할 수 있어요. 그래서 "수평적 조직" 혹은 "횡적 조직" 이렇게 부릅니다. 학습 경험의 영역을 결정하는 문제, 이걸 범위를 정하는 문제라고 합니다. 학습경험은 제일 먼저 범위를 정해야 돼요.

Sequence : 학습경험의 순서

학습경험의 범위를 정했다면, 두 번째로는 "학습경험의 순서·계열(sequence)"을 정해야 합니다. sequence라는 것은요, 영화나 드라마 혹은 만화에서 장면이 시간의 순서에 따라 어떻게 전개되느냐를 가리킬 때 sequence라는 말을 씁니다. 시간의 순서에 따라 장면이 어떻게 제시되느냐 이것을 교육의 관점으로 가져와서 얘기해 보면요. 한 영역 내에서 먼저 가르쳐야 될 내용은 무엇이고 그다음에 가르쳐야 될 내용은 무엇인가를 정하는 문제라고 할 수 있습니다. 여러 개의 학습경험들이 있는데, 그 중에서 어떤 걸 시간적으로 먼저 가르치고 어떤 걸 시간적으로 그 다음에 가르쳐야 되느냐, 이걸 정하는 문제입니다. 요컨대 각각의 교육내용을 단계별로 어떻게 제시할 것이냐 이것을 다루는 문제예요.

그래서 시간이 흐를수록 학습경험이 점점 쉽게 가야 되겠어요? 어렵게 가야 되겠어요? 그렇죠. 점점 어려운 내용이 제시돼야 되겠죠. 단순한 내용을 먼저 제시하고, 그 단순한 내용을 토대로 하는 복잡한 내용들을 그다음에 제시해야 되겠죠. 이렇게 마치 그림을 그려본다면 계단을 밟아 올라가듯이 학습경험이 순서화되고 계열화되잖아요. 그래서 이것을 우리는 "수직적 조직", 다른 말로는 "종적 조직" 이렇게 부릅니다.

Integration : 학습경험의 연계·통합

학습경험을 조직하는 세 번째 과제는요, 서로 관련이 있는 "학습경험들을 연결하고 통합"하는 일입니다. 영어로는 integration이라고 부르는데요. A 영역에서의 학습경험을 B 영역에서의 학습경험과 어떻게 연결 지을 것인가 하는 문제를 다루는 겁니다. A 영역에서의 학습경험과 B 영역에서의 학습경험은 서로 달라요.

예를 든다면 국어에서의 어떤 특정한 단어에 대한 학습경험과 수학에서의 학습경험은 서로 다를 수 있어요. '집합'이라는 단어를 사용해 보죠. 국어시간에 집단 혹은 집합이라고 하는 개념을 배워요. 그런데 수학시간에 집합의 법칙에 대해서 공부를 합니다. 국어시간에 배우는 집합이라는 학습경험과 수학시간에 배우는 집합이라는 학습경험은 분명히 서로 범위가 다른 학습경험이죠. 그래서 애초에 영역이 서로 다르게 구분됐을 거예요. 그런데 국어시간에 배우는 집합이라는 단어에 대한 학습과 수학시간에 배우는 집합의 법칙이라고 하는 학습경험을 서로 연결지어 줄 수는 없을까요? 서로 연결됨으로써 더 커다란 통합된 집합이라고 하는 개념적 지식을 형성해 줄 수 있지 않겠느냐, 이 문제를 다루는 게 바로 이 세 번째 단계예요. 관련 있는 학습경험들을 서로 연결하고 통합한다는 거죠. 교과영역은 달라도 서로 관련성이 있는 학습경험들 간의 관계를 설정해 주고 통합해 나가도록 하는 것이죠.

이렇게 경험들이 서로 연결되고 통합이 되면 종합적인 지식·기능·태도, 이게 형성이 될 수가 있어요. 그러면 일상생활에서 부딪히는 복잡한 문제에 대한 적용능력이 훨씬 더 높아진다, 이렇게 볼 수 있는 것이죠. 왜냐하면 서로 연관되는 지식과 기능의 체계를 폭넓게 알고 있으니까 문제를 접했을 때 다각도로 종합적으로 고찰하고 분석하는 능력이 높아지는 거죠. 이러면 우리는 복잡한 문제를 좀더 실효성 있고 정밀하게 풀어나갈 수가 있어요. 그래서 관련 있는 학습경험들을 사실, 개념, 원리, 방법상으로 연결하고 연계시켜 나가도록 하는 것이 학습경험 조직에서의 세 번째 과제가 되는 것입니다.

3 학습경험 조직의 원리

학습경험의 범위와 계열과 통합의 문제를 다루는 것이 학습경험 조직이라고 한다면, 실제적으로 이러한 세 가지 문제를 풀어나갈 때 우리는 어떤 원리를 적용해서 학습경험을 효과적·효율적으로 조직해 볼 수 있을까요? 학습경험을 조직하는 일반적인 원리는 기본적으로 세 가지를 들 수 있습니다. 첫 번째, "계속성 또는 연속성의 원리"; 두 번째, "계열성의 원리"; 그리고 세 번째, "통합성의 원리"가 그것입니다. 여기에 하나 더 추가해 보겠습니다. 그것은 계속성, 계열성, 통합성의 원리를 전체적으로 적용하는 새로운 방식의 학습경험 조직의 원리입니다. 그것은 네 번째, "나선형 조직의 원리"입니다.

1. 계속성(연속성)의 원리	
2. 계열성의 원리	4. 나선형 교육과정 조직
3. 통합성의 원리	

그림 35 학습경험 조직의 원리

계속성의 원리

학습경험을 조직하는 첫 번째 원리는 "계속성(continuity)의 원리"입니다. 연속성의 원리라고도 합니다. 계속된다는 말은 연결되어서 지속된다는 의미도 가지기 때문에 연속된다는 의미도 가져요. 그래서 계속성 또는 연속성이라고 부릅니다. 일반적으로는 계속성이라는 용어를 더 많이 사용하는 것 같아요.

이 계속성의 원리는 "동일한 학습경험을 반복해서 제시"하는 것입니다. 계속해서 제시하는 거예요. 여러분, 동일한 학습경험을 학습자에게 반복해서, 계속해서 제시하면 어떤 효과가, 어떠한 결과가 나타날까요? 동일한 학습경험을 반복해서 습득하게 되면 그 학습경험을 숙달할 수가 있습니다. 마스터할 수가 있어요. 그래서 이 계속성의 원리는 학습경험에 대한 학습자의 숙달 혹은 완전학습을 겨냥해서 학습경험을 조직할 때 사용하는 원리입니다.

학습자의 입장에서는 배우는 내용을 완전하게 학습해야 되지요. 선생님의 입장에서는 학습자가 학습기능을 완전하게 숙달하도록 해주어야 합니다. 그러려면 같은 학습경험을 반복해서 제시해 주어야 한다는 것이죠. 예를 들면, 한번 제시되었던 덧셈학습이 진도가 나가면서도 계속해서 반복적으로 제시되는 것은 계속성의 원리를 적용하여 학습경험을 조직하는 것이라고 할 수 있습니다. 이때 학습경험의 동일성은요, 완전하게 동일하진 않더라도 유사성을 가진 즉 같은 계열 속에 속해 있는 학습경험이라면 반복적으로 지속되도록 할 수 있습니다. 동일한 학습경험이 시간이 지나면서 반복되는 조직의 원리가 계속성의 원리입니다.

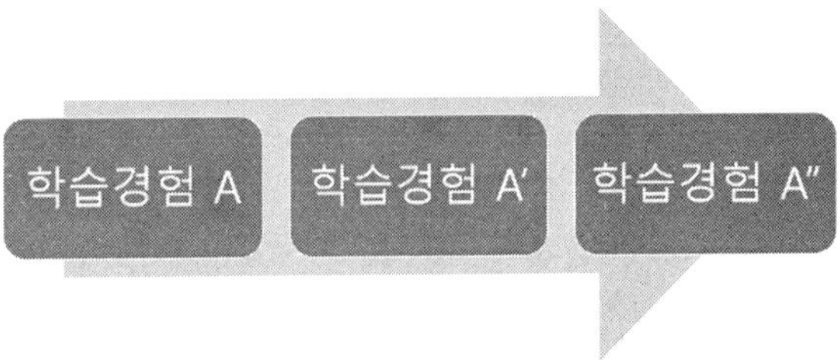

그림 36 계속성: 학습경험의 반복·계속

계열성의 원리

학습경험 조직의 두 번째 원리는 "계열성(sequence)의 원리"입니다. 계열성의 원리는 학습경험을 제시하는 순서를 정하는 원리예요. 이 계열성의 원리란 하나의 영역 안에서 각각의 학습경험을, 내용의 깊이는 심화하고 내용의 넓이는 확장해 가면서 점점 더 수준 높은 형태로 제시해 나가는 것을 말합니다. 즉 내용을 심화·확장하여 점점 더 수준 높은 형태가 되도록 편성하는 것이 학습경험 조직의 두 번째 원리인 계열성의 원리입니다. 예를 든다면 덧셈학습을 제시한 후에 뺄셈, 곱셈, 나눗셈 등의 학습을 제시하는 것이나, 사칙연산을 익히도록 한 후에 1차 방정식이나 연립방정식 같은 것을 학습하도록 하면 학습은 계열화되어서 제시가 될 수 있습니다.

요컨대, 계열성의 원리란 학습경험을 심화·확장시키는 원리입니다. 서로 다른 학습경험이지만 하나의 교과 안에 편성되어 있는 학습경험들을 내용의 깊이와 넓이를 고려해서 계속해서 심화되고 확장되도록 순차적으로 배치하는 것이 계열성의 원리입니다. 그래서 위로 놀라갈수록 내용이 점점 더 어렵게 되어 있고 학습경험의 폭은 그만큼 확장이 되어 있습니다. 계열성의 원리 때문에 앞 단계의 학습내용을 완전히 이해·숙달하지 못하면 후속단계의 학습이 힘들어집니다. 이렇게 시간이 지날수록 심화·확장이 되는 학습경험들을 순차성 있게 제시해 나가는 학습경험 조직의 원리가 계열성의 원리입니다.

그림 37 계열성: 학습경험의 심화·확장

통합성의 원리

학습경험 조직의 세 번째 원리는 "통합성(integration)의 원리"입니다. 통합성의 원리란 서로 다른 영역에 속해 있는 학습경험들을 사실이나 개념, 원리 또는 법칙 등에 의거하여 서로 관련시킴으로써 점차로 하나의 더 큰 학습경험으로 통합하도록 제시하는 것을 말합니다. 그러니까 통합성의 원리란 A 과목에서 배우는 특정한 개념과 B 과목에서 배우는 특정한 개념이 서로 연결될 수 있도록 비슷한 시간대에 학습하게 하는 것을 뜻합니다. 이것이 좀더 강화가 되면 아예 A 과목과 B 과목의 내용을 서로 같은 시간에 함께 공부하도록 하는 통합교과 편성이 이루질 수도 있습니다.

예를 든다면 국어시간에 배우는 기미독립선언문 내용이 국사시간에 배우는 3·1운동과 연결되도록 하는 것입니다. 국어시간에는 독립선언문의 문구와 내용을 자세하게 공부를 하고, 국사시간에는 기미독립선언문을 공표하고 일제의 침략에 항거한 3·1운동의 전개 과정을 공부를 합니다. 이때 국어시간의 학습경험과 국사시간의 학습경험이 서로 밀접하게 관련될 수가 있죠. 독립선언, 독립운동이라고 하는 공통된 학습요소가 연결고리가 됩니다. 이것을 비슷한 학습시간대에 진행하면 독립선언문에 대한 국어학습과 3·1운동의 전개에 대한 역사학습이 서로 연결되어서 학습자에게는 3·1 독립운동에 대한 더 커다란 학습경험, 즉 더 커다란 지식과 기능과 태도를 형성시켜 주는 것이죠. 이것을 좀더 강하게 통합시켜가면 아예 같은 시간에 국어활동과 역사탐구 활동을 함께 묶어서 수업을 구성해 볼 수도 있는 것입니다.

통합성의 원리는 학습경험들을 서로 연결 짓고, 그 연결의 결과로 학습경험이 확장되도록 하는 학습경험 조직의 원리입니다. 서로 다른 교과이지만 내용이 연계되는 학습경험들을 비슷한 시기에 학습하도록 하거나 하나의 통합된 학습시간 속에서 한꺼번에 모듈화해서 학습하도록 하면 각각의 내용을 개별적으로 학습했을 때보다 서로 밀접하게 하나의 전체로 연결되는 학습결과를 얻을 수가 있다는 거예요. 이렇게 통합성이 증가된 통합적 지식은 우리의 일상생활에서의 문제상황에 대한 해결 효율이 무척 높습니다. 그래서 지식을 통합적으로 가르치고 배우려고 하는 거예요. 일상생활의 복잡한 문제를 효율적으로, 효과적으로 해결해 나가도록 하기 위하여 관련되는 지식을 통합된 형태로 배우도록 하는 것이죠. 통합교과나 융합교과는 학습경험 조직의 세 번째 원리인 통합성의 원리를 강하게 적용한 사례라고 할 수 있습니다.

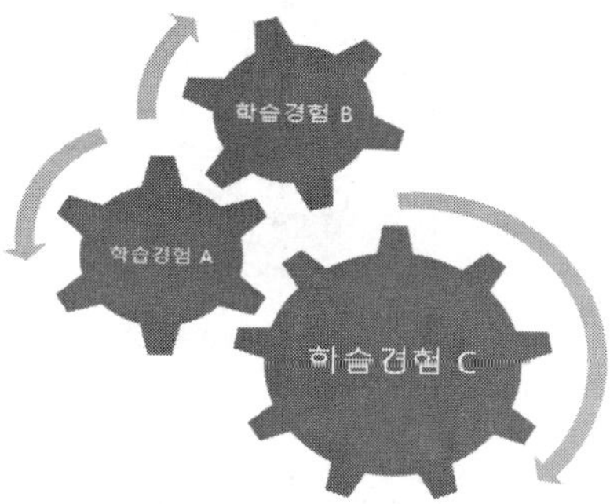

그림 38 통합성: 학습경험의 연계·확장

나선형 조직의 원리

그런데 이 계속성, 계열성, 통합성의 조직 원리를 전체적으로 서로 연관지어가면서 한 번에 적용하는 교육과정 조직의 원리가 등장하게 됩니다. 바로 "나선형 교육과정(spiral curriculum) 조직"이라고 하는 원리예요. 이 나선형 교육과정 조직은 브루너의 학문중심 교육과정 모형, 내용중심 교육과정 개발모형에서 제시된 것입니다.

나선형 교육과정 조직은 한 교과 내에서 지식의 구조를 정립하여 초등교육에서부터 중등교육을 거쳐 고등교육까지 반복적으로 다루어 지도록 하는 것입니다. 그러니까 지식의 구조라고 하는 핵심적인 학습내용이 초등학교, 중학교, 고등학교, 그리고 대학교에 이르기까지 반복해서 다뤄지도록 하는 교육과정 조직의 원리입니다. 그림을 보시면 회오리 치면서 올라가는 소용돌이가 보이시죠? 나선형 교육과정을 가리키는 핵심적인 그림입니다.

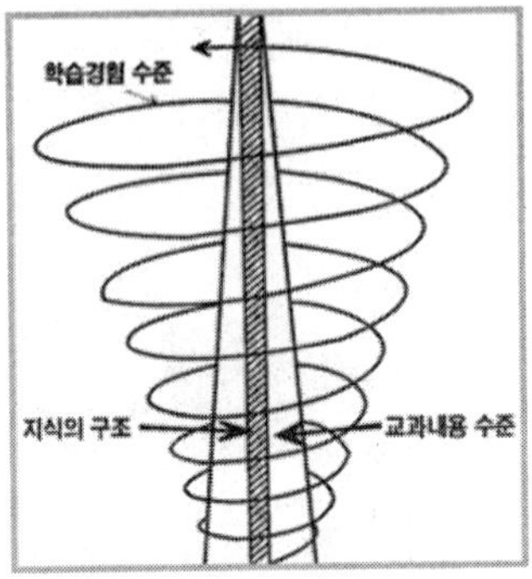

그림 39 나선형적 조직

지식의 구조라고 하는 하나의 줄기가 있고, 이 지식의 구조를 표현하는 형태가 학습자의 인지발달 단계에 맞춰서 점점 회오리 모양으로 편성이 되는 거예요. 이때 회오리 친다라는 개념은 위도상으로는 점점 수준이 높아지는 모양이 되죠. 그러니까 교과내용 수준과 학습경험 수준이 점점 높아지는 걸 보여주는 거죠. 그런데 교과내용 수준이 점점 높아지면서, 지식의 구조를 학습자의 인지단계별로 다양한 형태로 학습함으로써, 학습수준은 높아지면서 학습경험은 다양해지는 효과를 갖습니다. 이러한 교육과정 조직이 나선형 교육과정 조직입니다.

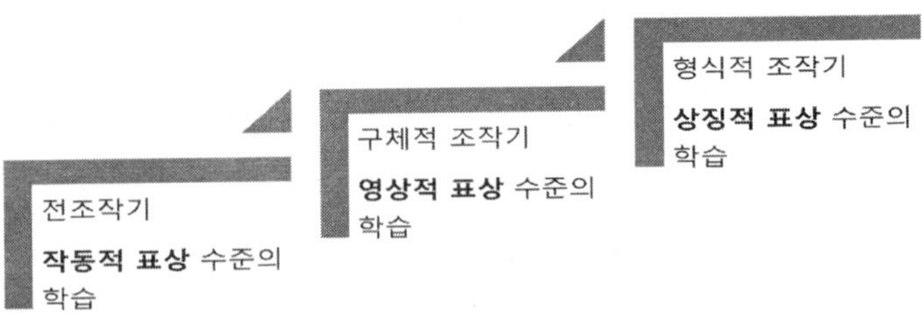

그림 40 인지발달단계에 의거한 학습내용 수준

이 나선형 교육과정 조직을 하려면요, 학교 급이 올라가면서 학습자의 인지발달 단계에 맞춰서 내용이 심화되도록 하는 것이 관건입니다. 학습자의 인지발달 단계에 부합하도록 학습내용을 심화해 나가는 것이죠. 이 나선형 조직에서 적용하는 인지발달단계는 피아제의 인지발달단계입니다. 피아제는 인지발달단계를 크게 네 단계로 나누고 있죠. 감각운동기, 전 조작기, 구체적 조작기, 그리고 형식적 조작기로 나누고 있습니다. 유아교육에 해당하는 전조작기와, 초등교육에 해당하는 구체적 조작기, 그리고 중등 및 고등교육 단계의 형식적 조작기에 맞추어 교과 편성에서 학습자의 인지발달 특성을 반영하여 교과의 내용수준을 점점 심화시켜 나가고 학습내용의 폭을 확장시켜 나가도록 한 것이 나선형 교육과정인 것이죠. 나선형 조직이란 지식의 구조를 반복 제시하지만 학습자의 인지발달 단계에 맞추어 내용상으로 심화·확장되도록 제시하는 방식입니다.

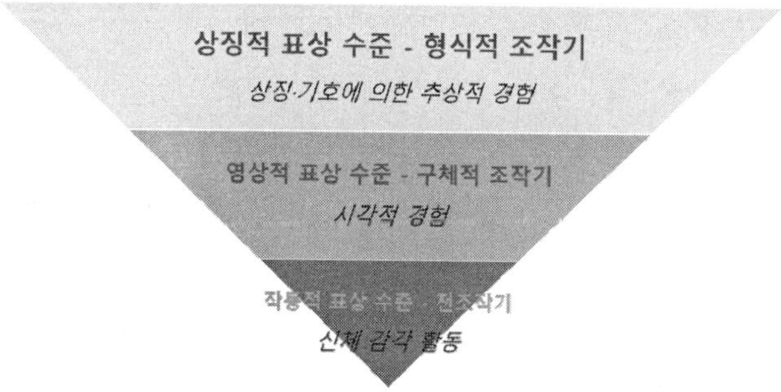

그림 41 나선형 조직의 개념도

나선형 교육과정에서는 지식의 구조라고 하는 동일한 학습요소 또는 학습경험이 학교 급이 올라가도 여전히 반복이 됩니다. 그렇지만 그 내용의 수준은 학교 급이 올라갈수록 점점 심화되고 확장이 됩니다. 어떻게 심화·확장이 되느냐 하면, 예컨대 초등교육의 단계에서는 전조작기나 구체적 조작기의 특성을 반영하여 학습수준이 작동적 표상 수준 또는 영상적 표상 수준으로 형성이 되도록 학습경험을 조직해 나갑니다. 중등교육, 즉 중학교 또는 고등학교 교육에서는 구체적 조작기와 형식적 조작기의 발달 특성을 반영하여 학습경험의 수준을 영상적 표상 수준과 상징적 표상 수준으로 심화·확장되도록 편성을 합니다.

그러니까 지식의 구조를 표현하는 방식을 크게 작동적 표현방식, 영상적 표현방식, 상징적 표현방식이라고 하는 세 가지 수준으로 정하고, 학습의 기초를 작동적 표상 수준으로 제시해주고, 그것을 심화·확장시켜서 영상적 표상 수준으로 표현해주고, 다시 그것을 또 심화·확장시켜서 상징적 표상 수준으로 전개해 나가도록 학습경험을 조직하는 것이 나선형적 조직이라고 하는 것이죠. 이 나선형적 조직은 작동적 표상 수준에서는 학습의 범위, 학습 경험의 폭은 그렇게 크지 않습니다. 전조작기적 특성을 반영하여서 작동적 표상 수준에서는 주로 신체·감각활동에 의한 수업이 진행이 되는 것이죠.

이 신체·감각활동을 바탕으로 하는 작동적 표상 수준의 학습경험이 충분히 학습이 되면, 그다음엔 시각적 경험을 중심으로 삼는 영상적 표상 수준의 학습수준으로 심화시켜나갑니다. 이 영상적 표상 수준은 구체적 조작기의 특성을 반영한 것이죠. 학습은 이전 단계보다 학습 경험의 폭이 훨씬 더 넓어지고, 수준은 더 높아지게 됩니다.

영상적 표상 수준의 학습이 충분히 발현이 되면 이제 최종적으로는 상징적 표상 수준의 학습으로 심화·확장됩니다. 이 상징적 표상 수준의 학습은 상징과 기호에 의한 추상적 경험이 중심이 되는 학습경험의 수준입니다. 형식적 조작기의 발달특성을 반영한 것이죠. 아래 단계에서는 구체적 학습이 진행되는 거고요, 위로 올라갈수록 추상적인 학습이 이루어지도록 전개해 놓은 학습경험 조직의 원리가 나선형 교육과정 조직입니다.

열두 번째 강의
교육과정의 이면(裏面): 잠재적 교육과정과 영 교육과정

드디어 대망의 마지막 종착역에 우리가 도착했습니다. 오늘 열두 번째 강의를 하면 이제 우리가 교육과정 과목에서 중요하게 공부해야 될 핵심내용을 다 공부하는 겁니다. 여기까지 오시느라고 고생 많으셨고요, 마지막 강의니까 열심히 한번 같이 공부해 봅시다. 마지막에 공부할 강의 내용은요, 교육과정이 가지고 있는 사회적 특성과 그로 인하여 나타나는 교육과정의 숨겨진 차원들에 대한 논의입니다. 교육과정의 이면(裏面)을 들여다보자라는 겁니다. 여러분들이 공부해야 할 학습내용은 첫 번째, 교육과정의 사회적 성격; 두 번째, 잠재적 교육과정의 개념; 세 번째, 영(零)교육과정의 개념입니다.

1 교육과정의 사회적 특성

맨 먼저 교육과정의 사회적 특성에 대해서 공부하겠습니다. 교육과정의 사회적 특성은요, 교육과정이 학교 교육 속에서 실행되면서 나타나는 사회적 특성을 말하는데요. 학교 교육이 사회현상으로서 혹은 사회제도로서 실행이 되면서 교육과정 속에 일정한 사회적 역할을 부여하게 되고, 그로 인하여 교육과정 속에 일정한 사회적 특성이 발현되게 됩니다. 달리 말하면 학교 교육의 사회적 특성이라고 할 수도 있습니다.

교육과정의 사회적 특성으로는 크게 "강제성", "평가성", "계열성" 이라고 하는 세 가지 특성을 이야기해 볼 수가 있습니다. 학교 교육의 실행 과정 속에서 교육과정이 갖는 기본적인 사회적 특성은 강제성, 평가성, 계열성 이 세 가지입니다.

강제성

첫 번째로, "강세성"이라는 건 "부과성"이라고도 부르는데요, 교육과정이란 학교가 학생들에게 강제적으로 부과한다, 바로 이러한 과정 속에서 나타나는 특성을 말합니다. 교육과정은 여러분들이 선택해서 배우는 과목들도 있지만 기본적으로 학교가 여러분들에게 일정 정도의 강제성을 가지고 부과하는 것이죠. 여러분들이 싫든 좋든 억지로 배워야 하는 것이라는 의미이기도 합니다.

교육과정은 학교가 학생들에게 강제한다는 특성을 갖습니다. 즉 교육과정은 학교 교육에서 학생들에게 강제로 부과되는 것이죠. 그래서 이를 부과성이라고도 합니다. 물론 교육과정의 교과목 체계 가운데 일부 교과목들은 학생들이 자유롭게 선택할 수 있도록 구성되어 있습니다. 그리고 요즘에는 교육과정 전체의 체계를 학습자들이 선택하거나 직접 구성하도록 하는 교육과정도 있습니다. 하지만 기본적으로 교육과정이란 학교가 학생들에게 강제로 부과하여 학습하도록 하는 체계라는 특성을 갖습니다.

평가성

두 번째로, "평가성"이라는 것은 교육과정의 성취결과를 반드시 평가해 나간다는 걸 뜻하는데 것이지요. 교육과정을 이수한 결과는 점수를 매기고, 그 점수를 통하여 학생들의 학업성취, 학습상의 발달 과정 이런 것들을 살펴보게 됩니다.

학생이 교육과정을 이수한 결과는 반드시 평가의 과정을 거칩니다. 우리가 교육과정을 개발하는 단계를 공부했을 때도 보았지만 평가가 교육과정 개발의 마지막 단계, 완료 단계에 실시하게 되어 있죠. 학교는 평가를 통하여 학습자가 교육과정을 충실하게 이수하였는지를 검정합니다. 또한 평가를 통하여 학습자들은 학업성취도 도달자 또는 학업성취도 미달자로 구별됩니다.

이때 평가는 교육과정 속에 들어있는 지식, 기술, 태도가 학습자에게 효과적으로 스며들도록 하는 중요한 장치가 됩니다. 즉, 평가를 실시하기 때문에 학습자는 열심히 지식, 기술, 태도를 익혀서 자기 것으로 만든다라는 것이죠. 학습자는 평가 과정을 거치면서 교과서에 들어있는 지식, 기술, 태도를 사회적으로 의미 있는 것으로서 받아들이게 되는 것입니다.

계열성

교육과정의 세 번째 사회적 특성은 "계열성" 혹은 "단계성"이라고 하는 특성인데요. 교육과정을 전개하고 실행하는 과정에는 일정한 단계와 계열이 정해져 있다라는 거죠. 한 단계, 한 단계 거쳐 올라가는 걸 뜻하는 계열성은 사회적 특성의 측면에서 보면 학습자가 점점 위로 올라간다, 상향한다, 점점 고급 교육과정에 접근한다, 일정한 선발의 과정을 거쳐서 고등교육의 기회에로 접근한다는 의미를 가지게 됩니다. 사회학적으로 계층 상승 이동의 기회를 맞게 되는 것을 뜻합니다.

교육과정은 학교 급별, 학년별, 학기별로 계열화되어 있습니다. 계열화된 교육과정은 학기에서 학년으로, 학년에서 학교 급별로 단계화되어 학습내용의 깊이는 점점 심화되고, 학습 내용의 넓이는 점점 확장됩니다. 특히 상급단계의 교육과정은 사회적으로 고급지식 또는 전문지식이라고 인정받는 지식, 기술, 태도로 구성되어 있죠. 초등학교보다는 중학교의 지식이, 중학교보다는 고등학교의 지식이, 고등학교보다는 대학에서의 지식이 좀더 '고급'이고 '전문'인 지식, 기술, 태도인 것입니다. 한마디로 말하자면, 교육과정 속의 지식, 기술, 태도는 위계화되어 있습니다.

그래서 평가를 거쳐서 상급의 교육과정을 이수하게 된 학생들은 사회적으로 높은 위계에 속하게 되는 결과를 얻을 수가 있습니다. 교육과정에 의거한 평가를 통과한 학생들로 하여금 상급단계의 교육과정을 이수하도록 함으로써, 높은 수준의 전문지식, 고급지식을 습득한 전문인력 혹은 고급인력이라고 하는 사회적 평가를 받게 해준다는 것이죠.

2 교육과정의 사회적 역할과 그 함의(含意)

지금까지 살펴본 강제성이라든지, 평가성이라든지. 계열성 같은 이러한 교육과정의 사회적 특성들을 깊이 살펴보면, 우리는 교육과정의 사회적 의미 내지는 그 사회적 함의를 다시 생각해보게 됩니다. 교육과정의 사회적 특성이 어떻게 형성됐느냐를 살펴보면서 우리는 교육과정은 어떤 사회적 역할을 담당하는가 라는 질문을 던지게 됩니다. 즉 교육과정이 담당하는 사회적 역할, 학교 교육이 교육과정을 통하여 담당하는 사회적 역할을 살펴보면 교육과정이 학교 교육에서 실천

되면서 그동안 논의되지 않았던 새로운 차원의 교육과정의 모습들을 밝혀내게 된다라는 것이죠. 이러한 질문을 통하여 우리는 잠재적 교육과정이라든지 영 교육과정이라고 하는, 교육과정 이면의 교육과정 실천의 현상들을 밝혀내게 됩니다.

교육과정은 누가 만드는가?

그렇다면 맨 먼저 교육과정은 누가 만들고 누가 결정하는 것일까요? 결론부터 말씀드린다면 교육과정을 만드는 주체는 사회를 지배하는 권력을 지닌 집단, 즉 지배계층이라고 말씀드릴 수 있습니다. 기본적으로 교육과정은 학교가 만들지요. 학교가 교육과정을 만들어서 학생들에게 가르치는 겁니다. 그렇지만 학교가 자기 마음대로 교육과정을 만드는 건 아니에요. 학교는 국가의 요구와 기업의 요구와 대학의 요구를 받아들여서 교육과정을 만들고 있습니다.

국가

맨 먼저 국가의 요구, 정치권력의 요구가 있죠. 한 국가가 지속적으로 발전하고 존속하려면 국민들에게 반드시 가르치고 익히도록 하여야 할 지식이나 태도나 기능이 있게 마련입니다. 대체로 우리가 국어나 국사, 국민윤리나 국악에서 찾아볼 수 있듯이, 한 나라의 정체성이 형성·유지되도록 하는 데에 필요한 국가 차원의 교육내용들이 있습니다. 또한 국가가 발전하려면 국민들이 사회적으로나, 지적으로나 유능하고 똑똑한 집단이 돼야 되겠죠. 국민들을 유능하고 똑똑한 집단이 되도록 하는 데는 지식중심의 교육이 필요하게 됩니다. 따라서 국가는 국가의 발전을 위하여 필요한 모든 요구를 교육과정 속에 집어넣게 되는 것이죠.

기업

이와 더불어 요즘에는 기업으로 대표되는 경제권력이 학교의 교육과정을 만들고 결정하는 데 큰 영향을 미치고 있습니다. 기업에서 요구하는 지식이나 기능 혹은 태도들을 학교 교육을 통하여 장시간 동안 전문적으로 가르치도록 하는 것이죠. 특히 교육과정의 모형이 변천되는 역사적 과정을 공부했을 때 우리가 맨 마지막에 공부했던 역량기반 교육과정이라고 하는 것은 기업의 요구가 가장 극대화되어 반영된 교육과정 모델이었다고 할 수 있겠죠. 기업에서 요구하는 협업능력이나 문제해결능력 이런 것들은 반드시 학교 교육의 내용으로 들어오게 되어 있습니다.

대학

또한 대학으로 대표되는 지식권력이 있는데요. 이것이야말로 학교 교육과정을 결정하는 중요한 압력요인이 되고 있습니다. 쉽게 말씀드리면, 대학입시에 반드시 반영되고 큰 비중을 차지하는 과목들은 고등학교, 더 내려가면 중학교, 더 내려가면 초등학교에서조차 중요한 과목으로 간주되고, 교육과정에서 아주 중요하게 가르쳐지고 있죠. 대학에서 요구하는 인지적·사회적 스킬들은 입시라는 통로를 통하여 초·중·고등학교의 교육과정에서 가르치는 주요 교육내용이 됩니다.

이렇게 국가와 기업과 대학은 교육과정을 만드는 과정(過程)에서 대표적인 압력요인으로 작용을 하게 되는데요, 이러한 국가·기업·대학은 사회의 지배층 곧 사회의 지배집단으로서 대표성을 갖는다라는 것입니다. 이에 따라 우리는 교육과정의 사회적 의미 내지 사회적 함의(含意)를 다음과 같이 정의 내려볼 수 있습니다. 교육과정은, "한 사회가 그 사회의 가치관과 그 사회의 필요에 의해서 적극적으로 개발하고 구성한 일련의 지식체들을, 학교 교육 속에 집어넣어서 실행하는 체제(체계)이다."라고 정의해볼 수 있습니다. 간략하게 말하면, "교육과정이란 사회적으로 구성된 지식체"라고 볼 수 있다라는 것이죠. 그리고 이 말은 사회의 지배적인 전통에 의거하여 집단적 협의 과정을 거쳐 교육과정을 구성한다는 걸 뜻하는 의미이겠습니다.

교육과정은 누구를 만드는가?

그렇다면 교육과정이 실행하는 사회적 역할은 무엇일까요? 학교 교육을 통하여 교육과정은 어떤 역할을 수행하는 것일까요? 이 또한 결론적으로 먼저 말씀드리면, 교육과정은 교육과정을 배우고 이수하는 사람들을 "사회적으로 형성해내는 역할"을 한다는 것입니다. 즉 교육과정은 "사회에서 요구하는 사람을 만들어내는 역할"을 한다라는 것이죠. 사실 우리 모두는 태어날 때는 자연인입니다. 〈나는 자연인이다〉라는 프로그램도 있지만 태어날 땐 우리는 어떤 특정한 사회에 소속되어 있는 것이 아니라 생물학적 자연인으로 태어나는 것이죠. 그러다가 학교 교육을 받으면서 차츰차츰 사회적 기능과 역할과 가치관을 배우게 되죠.

그걸 우리는 사회학에서 '사회화 과정'이라고 말합니다. 교육과정은 이러한 사회화 과정에서 사회가 요구하는 지식과 기능과 태도를 갖춘 사람으로서 학생들을 바꿔내고, 형성해내고, 길러내는 중심 역할을 하고 있습니다. 쉽게 말씀드리면, "베짱이로 태어난 우리 모두를 사회가 필요로 하는 개미로 길러내는 역할"을 교육과정이 실행한다라는 것이죠. 그리고 이는 △공식적(公式的) 교육과정 △잠재적(潛在的) 교육과정 그리고 △영(零) 교육과정의 실행 과정을 통하여 알게 모르게 진행되고 있습니다.

3 교육과정의 이면(裏面)

사회적 실천 과정으로서 교육과정을 조명해보면 우리는 교육과정의 두 얼굴이랄까요, 교육과정의 감춰진 모습들을 파악해 볼 수가 있습니다. 베짱이를 개미로 길러내는 장치인 교육과정은 겉으로 드러나서 보이는 모습 하나와, 드러나지 않고 감추어져 있어서 눈에 보이지 않는 모습이 두 개가 있습니다. 즉 교육과정이 그 사회적 역할을 담당·수행하는 과정에서 공식적 교육과정, 잠재적 교육과정, 그리고 영 교육과정이라고 하는 교육과정의 모습들이 나타납니다.

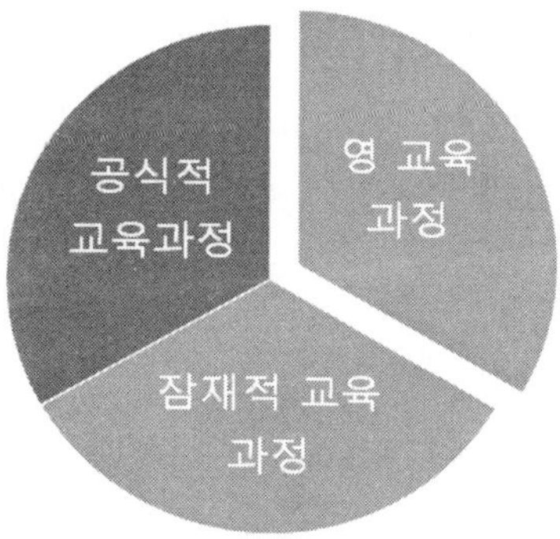

그림 42 교육과정의 사회적 차원

제일 먼저 학교에서 공식적으로 가르치는 "공식적 교육과정"의 모습이 있습니다. 이것은 학교가 문서화해서 가르치는 교육과정의 영역을 뜻합니다. 두 번째로는 "잠재적 교육과정"이라고 하는 모습이 있습니다. 이 잠재적 교육과정은 학교 교육의 모습 속에서는 보이지 않지만 "숨어 있는 형태로" 학생들에게 지식, 기술, 태도를 가르치는 교육과정 영역을 뜻합니다. 그러니까 학교 교육과정은 기본적으로 공식적 교육과정과 잠재적 교육과정이 합쳐져 있는 것이라고 볼 수 있습니다. 이 둘은 학교 교육과정의 영역인 것이죠.

그런데 실상은 아예 없는, 존재하지 않는, 그래서 당연히 눈에도 안 보이는 또다른 모습의 교육과정이 있습니다. 하나가 다른 차원에 있는 거죠. 그것은 바로 영 교육과정입니다. 이 영 교육과정은 학교에서 가르치는 공식적 교육과정과 잠재적 교육과정에는 해당하지 않지만, 일정한 교육과정으로서의 효과 혹은 교육과정으로서의 존재감을 드러내는 세 번째 차원의 교육과정이라고 말할 수 있습니다. 이 영 교육과정은, 단어로 표현한다면, 안 가르치는 교육과정입니다. 가르치지 않는 교육과정이 영 교육과정입니다.

공식적 교육과정은 '가르치는 영역'입니다. 잠재적 교육과정은 '숨어 있는 형태로 가르치는 영역'입니다. 그런데 이 영 교육과정은 '아예 대놓고 안 가르치는 영역'입니다. 이렇게 교육과정은 가르치는 영역, 숨어서 가르치는 영역, 그리고 안 가르치는 영역으로 구별해 볼 수가 있습니다. 이것은 교육과정의 '사회적 차원'이라고 이름 붙여도 좋을 것 같네요.

공식적 교육과정

제일 먼저 "공식적 교육과정"에 대해서 살펴보겠습니다. 공식적 교육과정은요, '드러내어 가르친다' 이렇게 이해해 볼 수 있습니다. 공식적 교육과정을 영어로는 formal curriculum이라고 합니다. 이 공식적 교육과정이란 공식적으로 무엇을 가르칠 것인지를 정하고 공표한 교육과정 체제를 말합니다. 여기서 핵심 키워드는 공표입니다. '공식적으로 표방했다'라는 것이죠. 그래서 유치원에서는 유치원 교육과정, 초등학교에선 초등학교 교육과정, 중학교나 고등학교에서는 중학교 또는 고등학교 교육과정이라고 해서, 우리는 이러한 걸 가르쳐요라고 공식적으로 공표한 교육과정 체제가 있습니다. 이 공식적인 교육과정 체제에 따라서 학교 교육이 진행되는 것이죠. 이것은 '겉으로 드러나 있는 교육과정이다'라는 의미에서 '표면적 교육과정'이라고도 부릅니다.

우리가 지금까지 《교육과정》 강의를 통해서 배운 것이 공식적 교육과정에 관한 내용이죠. △교육과정에 대한 개념 정의 △교육과정의 변천사(變遷史) △교육과정 개발모형 △교육과정 개발절차, 이것들은 모두 공식적인 교육과정을 개발하고 실행하는 데 관련된 지식·이론들이었습니다. 공식적 교육과정은 정규 교육과정(regular curricular)과 특별활동(extra-curricular activities)으로 이루어져 있습니다. 즉, 학교에서 공식적으로 가르치는 교육과정의 체계는 "정규 교육과정 + 특별활동의 체계"로 구성되어 있는 것이죠.

잠재적 교육과정

교육과정의 두 번째 모습은 "잠재적 교육과정"입니다. 잠재적 교육과정은, 쉽게 표현한다면, "숨어서 가르친다"는 의미가 되겠습니다. 영어로는 Latent curriculum 또는 Hidden curriculum이라고 부르는데요, latent, hidden 다 숨어있다는 의미를 갖죠. 잠재적 교육과정이란 "학교 교육에서 공식적으로 공표되어 있지는 않지만 즉 겉으로 드러나 있지는 않지만, 학생들이 학교에 다니는 동안에 자기도 모르게 은연 중에 배우게 되는 것들"을 가리키는 개념입니다. 교육이 실행되는 과정 전반에 걸쳐서 은연 중에 학생들이 배우게 되는 비체계적이고 비공식적인 지식, 기술, 태도 등을 말하는 것이 잠재적 교육과정입니다.

체계적이지도 않고 공식적이지도 않지만 학교를 다니는 중에 알게 모르게 은연중에 학생들이 배우게 되는 내용들을 우리는 잠재적 교육과정이라고 부릅니다. 잠재적 교육과정은 주로 학교 자체의 생태적인 환경 특성에서 비롯되는 것으로서, 지식이나 기능보다는 태도나 가치관 등을 익히는 데서 더 두드러집니다. 예를 든다면, 우리는 학교를 다니면서 배운 지식들 가운데 상당수를 시간이 지나면서 잊어먹습니다. 세월이 지나면 학교 다닐 때 배웠던 지식들은 다 잊어먹게 되는 것이죠. 그렇지만 학교를 다니면서 우리가 익힌 태도나 가치관 또는 습관 등은 평생 없어지지 않고 우리 몸속에 들어있습니다.

즉 학교를 다니면서 배웠던 수학공식, 수학문제 푸는 방법 혹은 과학지식 등은 시간이 지나면서 잊어먹지만, 수학시간에 수학을 공부하면서 우리가 느꼈던 생각이나 감정, 과학에 대한 우리의 태도 또는 과학적인 가치관 이런 것들은 우리 몸속에, 우리 머릿속에 들어와 앉아서 평생 없어지지 않고 우리의 행동을 촉발시키는 기본적인 장치가 되는 것이죠. 대표적인 예로서, 학교를 다니면서 우리는 성실성, 근면함, 규칙을 잘 지키는 태도, 상급자에 대한 순응심 이런 것들을 배웁니다. 수업시간에 교과목을 통해서 배운 건 아니지만요. 학교를 다니면서 등교시간을 잘 맞춰서 다니고, 수업시간표에 맞춰서 활동을 하고, 학교 교칙을 잘 지키고, 선생님 말씀을 잘 듣거나 선배의 말에 잘 순응한다거나 이런 과정들을 거쳐서 우리는 시간을 잘 지키고, 근면성실하게 일하고, 규칙을 준수하고, 상급자의 권위에 대해서 순종하는 태도 같은 것들을 배우게 되는데요. 이런 것들은 모두 잠재적 교육과정을 통해서 배우게 되는 것들이죠. 그리고 이러한 잠재적 교육과정을 통해서 배운 것들은, 다시 말씀드리지만, 공식적인 교육과정을 통해서 배운 것보다는 훨씬 더 오래도록 우리가 기억하고 간직하는 것이 됩니다. 실상 우리를 베짱이에서 개미로 만드는 장치는 바로 이 잠재적 교육과정이라고 해도 좋을 것입니다.

영 교육과정

교육과정의 세 번째 모습은 "영(零) 교육과정"입니다. 여기에서 '영(零)'이라는 말은 숫자로 표현하면 '0'입니다만, 영어로는 'null'입니다. 우리가 아는, 잘 쓰는 영어단어로 '0'을 나타내는 단어는 'zero' 입니다. 그런데 zero와 null은 의미가 달라요. zero는 0이라는 값이 존재하는 걸 말합니다. 이건 측정할 수 있습니다. 칼로리 제로, 이러면 칼로리가 0으로 측정이 된다는 얘기입니다. 그런데요, null은 아예 존재하지 않는 값을 말하는 겁니다. null은 '없다'는 개념입니다. null은요, 존재하지 않으니까 당연히 측정할 수가 없습니다. 측정해도 아무런 값이 안나옵니다. 사실 뭘 측정하는지조차 알 수가 없어요. 왜냐하면 존재하지도 않고, 측정할 수도 없으니까요. 전산학, 물리학 이런 데서 쓰는, 좀 어렵고 고급진 개념이 null입니다.

그래서 아무튼 영 교육과정을 한 문장으로 말씀을 드린다면 '안 가르친다', '가르치는 게 없다' 이렇게 표현해 볼 수 있습니다. "안 가르치는 교육과정"이에요. 여러분, 교육과정이라는 말 자체는 가르친다는 의미를 담고 있죠. 그런데 영 교육과정은 가르치지 않는다는 개념이에요. null을 숫자로 표현하면 역시 숫자 0이 되겠습니다만 말이죠. 이 개념을 만든 학자는 영국의 교육학자 윌리엄 아이즈너(Willium Eisner)라는 양반인데요, 혹시 아이즈너 교수님이 소싯적에 물리학이나 전산학 좀 공부하셨을려나요?

아무튼 이 영 교육과정이라는 것은 "공식적으로든 잠재적으로든 가르치지 않겠다고 결정하여 아예 교육과정에 넣지 않고 빼버린 지식, 기술, 태도"를 가리키는 개념입니다. 그러니까 공식적으로든 비공식적으로든 이건 가르치지 않겠다고 결정해서 교육과정에 넣지 않은 내용들이에요. 왜 특정한 지식이나 기술, 태도를 교육과정 속에 넣지 않았느냐, 왜 빼버렸느냐? 그 이유는 학생들이 '잘못된(?)' 지식, 기술, 태도를 배우게 될까 봐서입니다. 그런데 '잘못된(?)'이라는 말에 물음표가 달려 있죠?

그러니까 진짜 잘못된 건지 아닌지는 좀 따져볼 필요가 있는, 그렇지만 일단 잘못됐다고 학교에서는 판정하는, 그런 지식, 기술, 태도가 학교 교육에 빠진다는 겁니다. 즉 교육과정을 만드는 사람들의 시각에서 볼 때, "가르칠 필요가 없다거나 가르쳐서는 안 되겠다고 판단되는 내용을 교육과정 속에 넣지 않고 빼버리는 것"이 영 교육과정입니다. 그렇다면 어떤 내용이 가르칠 필요가 없다거나 가르쳐서는 안 되겠다고 판정되는 것일까요?

그것은 교육과정을 만드는 사람들의 시각에서 볼 때, 한 사회의 전통에 반(反)하는 내용 즉 한 사회의 전통적인 도덕관념이나 가치관에 반대되는 내용이나 사회의 지배세력, 기득권 세력에게 직·간접적으로 위협이 되는 지식, 기술, 태도를 가르쳐서는 안 된다고 판단하는 것입니다. 그래서 이것을 교육과정에 넣지 않는 것이죠. 특정한 지식이나 기술, 태도를 학교 교육에서 빼고 안 가르쳐주면, 사람들은 학교에서 배우질 않았으니까 특정한 영역의 지식이나 기능, 태도에 대해서는 무지의 상태, 모르는 상태로 있는 것이죠. 또 이렇게 특정한 영역에 대해서 모르는 상태가 되면, 그것을 알고 있을 때보다 사고나 행동의 폭이 제한되겠죠. 그래서 이러한 사람들은 사회의 지배적인 시각이나 지배적인 관념, 사회 지배세력의 지시에 쉽게 따를 수 있고 순응할 수 있게 된다라는 거예요.

그래서 대체로 한 사회의 체제존속에 위협이 되는 반체제적인 시각, 반체제적인 지식 이런 것들은 학교 교육에 들어오지 못하고 빠지게 됩니다. 바로 이러한 현상을 가리키는 용어가 영 교육과정이에요. 예를 들어서 보면, 좀더 이해가 쉬울 것입니다. 19세기에 찰스 다윈의 진화론이 나온 뒤에도 20세기 초반까지 미국의 대부분의 주에서는 생물교과에서 진화론을 가르치지 않았습니다. 생물교과서에 생물학 지식의 중요한 영역인 진화론이 빠져 있는 거예요. 왜 빠졌느냐면 대체로 기독교의 교세가 강한 곳에서 이러한 현상이 나타났어요. 여러분, 기독교에서는 창조론이라고 하는 교리를 믿습니다. 즉 우리 지구상의 모든 생물이, 인간을 포함한 모든 생물이 하느님의 창조에 의해서 만들어졌다는 걸 믿어요. 그런데 다윈의 진화론은 이 지구상의 모든 생물이, 하나님의 창조의 증거라기보다는, 자연발생적으로 등장한 원시생물이 고도의 진화 과정을 거쳐서 지금의 고등생물이 됐다는 걸 이야기하는 그런 과학이론이에요. 특히 인간의 경우 원숭이 과에서 유인원으로 진화하여 영장류 인간으로 진화해 왔다는 것을 보여주는 게 다윈의 진화론입니다.

이것은 기독교에서 인간은 하느님이 창조하신 피조물이다라고 하는 교리에 적극적으로 반대된다고 본 거예요. 그래서 기독교의 교세가 강한 미국의 대부분의 주에서는 과학시간에 창조론을 가르치고 진화론은 가르치지 못하게 했습니다. 그래서, 1950년대인가요, 미국에서 생물시간에 진화론을 가르친 고등학교 선생님이 고발당해 갔고 재판을 받았습니다. 이게 일명 '원숭이 재판'이라고 하는 유명한 재판인데요. 사상과 연구와 교육의 자유를 종교 교리로써 제한하는 게 정당하냐, 그러니까 종교의 이름으로 과학적인 지식을 마음대로 가르칠 수 없게 하는 게 말이 되느냐 이래서 재판까지 벌어지게 됩니다. 그래서 그 재판의 결과, 진화론을 못 가르치게 하는 건 사상과 학문의 자유, 교육의 자유에 위배된다는 판결이 나와서, 미국에서는 그 이후에는 진화론도 가르칠 수 있게 되었죠.

진화론을 가르치지 않으면 사람들은 진화론을 모르니까 진화론이 대변하는 과학의 세계, 과학적 사고와 가치관 이런 것에 접근하지 못하게 됩니다. 그렇게 되면 기독교의 창조론이 학교 교육에서 여전히 가르쳐지니까 사람들은 기독교 창조론의 시각을 그대로 고수하게 되고 진화론에 입각한 과학적인 세계관은 반대하는 시각을 가질 수밖에 없게 되겠죠. 이러한 현상은 오늘날에도 많이 나타나고 있습니다. 지금도 중동 지역의 이슬람 국가에서는 과학교과에서 진화론을 가르치지 않습니다. 역시 자신들의 이슬람 교리에 어긋나기 때문인 것이죠. 이슬람교에서도 창조론을 믿기 때문입니다.

지금까지 과학의 분야에서 특정한 내용을 빼버린 영 교육과정의 현상을 살펴봤는데요, 이러한 현상은 사회과목이나 역사과목에서도 많이 나타납니다. 예를 든다면 이웃나라인 일본은 자기네 근·현대사에서 우리나라를 침탈하고 아시아를 침략하여 급기야 태평양전쟁까지 일으킨 전쟁범죄의 역사를 빼고 가르치지 않습니다. 그러니까 역사상으로 1차 세계대전, 2차 세계대전이 일어나는 이 시기에 서구에 있는 여러 강대국들이 아시아나 아프리카를 쳐들어가서 식민지로 삼고 그랬잖아요? 바로 그때 일본이 서양문물을 받아들여서 강대국이 돼요. 일본이 강대국이 되면서 제일 먼저 한 일이 북쪽으로 홋카이도를 쳐들어가서 자기네 땅으로 만들고요, 남쪽으로 오키나와를 쳐들어가서 또 자기네 땅으로 만들어요. 그리고나서는 우리나라를 침탈하여 식민지로 만듭니다. 우리나라는 제대로 일본하고 전쟁 한번 못 해보고 나라를 뺏기게 되죠. 여러분, 드라마 〈미스터 선샤인〉에서 보면 물론 대규모로 의병이 일어나서, 일본하고 그렇게 전투도 벌이고 하지만, 워낙 나라의 국력 차이, 군사력의 차이가 컸기 때문에 일본하고 전면적인 전쟁도 못 해보고 나라를 거의 갖다 바치다시피 합니다. 일본은 그렇게 우리나라를 침탈한 다음에 우리나라를 식민지로 삼고 중국을 쳐들어가서 만주국이라고 하는 괴뢰국가를 세워서 중국을 식민지로 삼아요. 그리고나서 다시 동남아시아 저 멀리 남태평양까지 쳐들어갑니다. 그래서 나중에는 태평양전쟁이라고 부르는 2차 세계대전의 중요한 한 축을 이룰 전쟁까지 일으켜요.

2차 세계대전은 저 독일의 히틀러가 유럽 지역에서 일으킨 전쟁과, 일본이 아시아·태평양 지역에서 일으킨 두 가지 전쟁의 양상이 크게 벌어진 전쟁인데, 아무튼 이렇게 일본이 이웃 나라를 침탈하고 침략해서 전쟁까지 일으켰는데, 얘네들은 그걸 자기네 근·현대사 역사에서 그 침략의 실상을 가르치지 않고 빼버립니다. 교과서에는 뭐라고 나오냐면요, 전쟁을 일으켜서 쳐들어가고 침략한 게 아니고 그 나라들이 '우리나라가, 여기서 우리나라라는 건 일본이에요, 우리나라가 문물이 발달하고 문명이 발달하니까 우리나라한테 좀 도와달라 다스려 달라고 해서 우리가 가서 좀 도와준 거다.' 이렇게 얘기를 합니다. 그래서 교과서에는 뭐라고 나오냐면 '아시아로 진출했다'라고 나옵니다, 진출했다고. 그래서 아시아 진출의 결과, 한국도 식민지로 침탈한 게 아니라 한국이 일본에게 '우리나라를 좀 통치해 달라, 여기서 우리나라는 대한제국인 거예요, 그래서 맡아준 거다.' 이런 식으로 얘기를 하는 거죠.

아무튼 일본 사람들은 역사시간에 자기들이 아시아를 침략하여 수탈하였다는 것을 배우지 못했기 때문에, 지금도 우리 땅 독도를 자기

네 땅이라고 우기고, 위안부 문제, 징용공 문제 이것도 전부 다 날조된 거라고 여기는 겁니다. 그러니까 자기네 역사시간에 이런 것들을 배우지 않았기 때문에 그 사람들은 모르는 거예요. 그리고 이같은 역사문제에 대해서 일본 사람들은 배운 게 없어서 모르기 때문에 한국이 나쁘다, 한국이 떼를 쓴다 이렇게 생각하고 혐한 분위기를 일으키는 거죠.

그런데 이렇게 왜곡된 역사를 배운 일본 사람들이 어떤 사회적 태도와 행동을 보여주냐면요, 과거 아시아를 침략했던 군국주의 세력이 사람들이 지금도 일본을 다스리는 지배세력인데, 이 군국주의의 잘못된 역사침략 과정을 배우지 못했기 때문에 이 군국주의 세력에 대해서 제대로 비판하질 못합니다. 그래서 지금도 아시아를 침략한 군국주의 세력을 여전히 정치적으로 지지하고, 그 사람들을 자기네들의 지도자로 뽑는 잘못된 정치적 선택을 하고 있는 거예요. 그러니까 역사를 제대로 배우지 않고, 특정한 역사를 빼버린, 이 영 교육과정이라는 현상이 나타난 역사교육을 받은 일본 사람들은 그 결과, 여전히 일본의 지배세력인 군국주의 세력을 지지하는 근건한 모습을 보이는 거죠. 말하자면, 군국주의 세력이 자신들의 기득권을 유지하기 위하여 자기네들의 체제에 위협이 되는 지식이나 기술, 태도를 빼버린 거죠. 아시아 침략의 역사를 제대로 가르친다면 국민들은 침략을 반성하고 과거를 반성하고, 평화라든가 민주라든가 이런 것들을 추구하는 태도로 바뀌지 않겠습니까? 그러면 군국주의 세력이 정치적인 지배세력으로서 더 이상 권력을 누릴 수가 없게 되겠죠. 그래서 자기네들의 체제유지를 위하여 반체제적인 지식이나 기술, 태도를 가르치지 않고 빼버리는 것, 이게 바로 영 교육과정 현상입니다.

잠재적 교육과정과 영 교육과정은 교육과정의 이면에 있는, 학교 교육의 또다른 얼굴입니다. 교육과정의 사회적 특성이라는 주제를 탐구해 보면, 공식적 교육과정보다도 잠재적 교육과정이나 영 교육과정이 사람들의 생각과 태도와 행동에 더 크고 깊은 영향을 주는 것을 알 수 있습니다. 때로는 사람들이 갖는 긍정적인 모습을 형성하는 데에, 또 때로는 사람들이 갖는 부정적인 모습을 형성하는 데에 잠재적 교육과정과 영 교육과정은 매우 효과적인 장치입니다. 그리고 그 어느 쪽이든 잠재적 교육과정과 영 교육과정이 의도하는 바는, 공식적 교육과정과 더불어서, 학교 교육을 받은 사람들을 "순종적인 인간(domacile body)"으로 만드는 데 있습니다.

이것으로서 《교육과정 강의》를 마치겠습니다. 지금까지 들어주시고, 열심히 공부해주신 우리 학생 여러분들에게 진심으로 감사를 드립니다.

저자 소개

김봉석

성균관대학교 일반대학원 교육학과 졸업

교육학박사(교육심리·교육과정 전공)

용인예술과학대학교 유아교육과 교수

교육과정 강의

2025년 12월 15일 초판 인쇄
2025년 12월 22일 초판 발행

저 자 김봉석
발행자 오동석

발행처 강현출판사
주 소 경기도 의정부시 가능로 156.201호
전 화 010.5712.9630
등 록 2007년 5월 21일(제307-2007-29호)
E-mail oods1205@hanmail.net

♧잘못된 책은 교환해 드립니다.

ISBN 978-89-94320-01-4 93370